全国高等院校就业能力训练系列教材
全国大学生就业能力训练系列教材
全国职工职业能力提升教材
全国核心能力认证 CVCC 专用教材

解决问题教程

主　编　许湘岳　吴　强　郑彩云
副主编　刘金凤　黄东斌　王　沛
编　者　张　晶　黄　琳　李姚笛　田晓燕　毕　云
　　　　董　琦　柯鑫鑫　朱　雯　傅世春　齐立辉

吉林大学出版社

图书在版编目（CIP）数据

解决问题教程/许湘岳，吴强，郑彩云， 主编.—长春：吉林大学出版社，2012.8（2019.12 重印）
ISBN 978-7-5601-8441-8
Ⅰ.①解… Ⅱ. ①许… ②吴… ③郑… Ⅲ.①分析问题和解决问题能力—教材 Ⅳ.①G442
中国版本图书馆CIP数据核字（2012）第193227号

书　名：解决问题教程
作　者：许湘岳　吴　强　郑彩云　主编

责任编辑：陈颂琴 责任校对：宋睿文　　封面设计：新立风格
吉林大学出版社出版、发行　　北京市通州兴龙印刷厂
开本：787×1092 毫米 1/16　　2012 年 8 月　第 1 版
印张：17　　字数：300 千字　　2019 年 12 月　第 8 次印刷
ISBN 978-7-5601-8441-8　　定价：39.00 元

社址：长春市明德路 501 号　　邮编：130021
发行部电话：0431-89580026/28/29
网址：http://www.jlup.com.cn
E-mail:jlup@mail.jlu.edu.cn

全国高等院校学生素质提升系列教材
全国大学生就业能力训练系列教材
全国职工职业能力提升教材
全国核心能力认证 CVCC 专用教材
编审委员会

全国核心能力 CVCC 认证项目系列教材书目：

职业沟通教程（人民出版社 978-7-01-009487-8）
团队合作教程（人民出版社 978-7-01-009532-5）
自我管理教程（人民出版社 978-7-01-009624-7）
创新创业教程（人民出版社 978-7-01-010197-2）
礼仪训练教程（人民出版社 978-7-01-010637-3）
职业素养教程（人民出版社 978-7-01-013624-0）
职业生涯规划（人民出版社 978-7-01-017476-1）
解决问题教程（吉林大学出版社 978-7-5601-8441-8）
信息处理教程（吉林大学出版社 978-7-5601-9648-0）
全国职业核心能力认证测试大纲（吉林大学出版社 978-7-5601-7122-7）

目 录

CONTENTS

序 言

PROLOGUE

职场需要什么能力

杨念鲁

中国教育学会常务副会长、原秘书长

职场究竟需要什么样的能力？这也许是众多即将进入职场或已初涉职场却屡受挫折的人们共同面临的困惑。

按照传统的观念，一个人在接受过一定年限的正规教育之后，应该初步具备了从业的基本能力。然而，事实却告诉我们，职场与校园的差别是如此之大，以致许多学业成绩优秀的求职者苦苦追求却得不到用人单位的录用，而很多幸运的职场新人虽然求职成功却无法适应工作的要求，并由此产生自卑、抱怨、厌倦等情绪，甚至有人不得不从来之不易的工作岗位上“落荒而逃”。

其实，这并不是职场新人的错，而是我们的教育存在着严重缺陷。多少年来，中国传统的重视成绩的成才观根植于社会的各个层面，包括每一个家庭和用人单位，这种观念直接影响着企业的用工机制和人才选拔制度。教育不得不屈服于来自社会的压力，迎合应试的社会需求，于是学业成绩成了衡量一个学生是否合格的唯一标准。在这种观念作用下的学校教育，忽略了人的综合素质培养，单纯以“识”取人，不同程度地背离了教育和人才成长的规律。

其实，考试也是一种能力的培养方式，并非一无是处，它也可以使人获得一定的知识和专业能力，也会有助于培养出一些优秀人才。但对于整个社会的发展和进步而言，显然是很不够的。当今社会之所以对“应试教育”批判得多，是因为它过分地强调学生的考试成绩，而忽略了他们作为未来职业人赖以生存所必需的某些关键能力，诸如自我管理、组织协调、适应环境变化、建立合作关系、应对突发事件以及创造性地解决问题的能力等。而这些能力对于人一生的发展都是至关重要的，其重要性甚至超过了学业水平或专业能力。

不少职业类学校已经意识到了应试教育的这些缺陷或弊端，努力尝试在教学中还原职业场景，模拟工作过程，提炼和概括职场所需要的专业能力，并在这一理念的指导下训练学生。这种尝试无疑对学生的就业是有益的。可是，这种模拟过程往往还只是强调训练学生的专业能力。事实上，最先觉悟的是企业的人力资源管理者们。他们发现很多拥有高分数的应聘者来到工作岗位后，面对新的工作常常显得困顿和无能为力，高分低能的现象十分突出。于是，越来越多的用人单位开始把选人和用人的目光从名牌学校和学业成绩转向综合素质和职业能力。如果说学业水平和专业能力可以使人胜任自己的工作的话，那么学业和专业以外的能力则可以帮助人获取更多的机会，为更好地从事专业工作创造条件、搭建平台，从而提升专业水准并从中获得更多的成功和职业幸福感，这种能力将使人终身受益。

什么才是“专业能力之外的能力”呢？我们称其为“职业核心能力”（Vocational Key Skills），并赋予它以下几个方面的内涵：职业沟通能力、团队合作能力、解决问题能力、自我管理能力、信息处理能力、创新创业能力。简单地说，也就是一个人适应工作岗位变化，处理各种复杂问题以及敢于和善于创新的能力。它是职业活动中最基本的能力，适用于任何职业的任何阶段，具有普适性。

信息时代最显著的特点之一就是知识爆炸，没有人可以通过一段时期的学习就掌握一生所需要的所有知识和技能；不仅如此，有人把当今社会称为“服务业主导的后工业社会”，它与工业社会的主要区别之一就是从业者变换岗位的频率大大提高。工业社会里被附加了太多贬义的“跳槽”行为在当今社会职场中几乎成为普遍现象。变化，是我们这个时代的一大特点。

既然我们的教育存在缺陷，而时代又对现代职业人提出了更高的要求，那么，“职业核心能力”是否可以通过培训得到提高呢？现在，很多有识之士正在作着这样的努力。事实证明，科学合理的培训对于职场新人来说，可以从一定程度上弥补学校教育的不足，使他们可以更快地适应职场的要求。

本套教材作为职业素质教育和培训教材无疑顺应了时代的需求。它贴近职场实际，采用“行为引导”教学法，通过构建能力目标、案例分析、过程训练和效果评估这样一种训练程序的培训，达到提高人的职业核心能力的目的。希望这个从职业场景提炼出来的职业核心能力的认证培训项目能在我们的院校和企业中开花结果，真正造福于全社会有需要的人士，使大多数职业人通过培训重获职场自信，不断走向成功。

2010年11月3日于北京

前言（第1版）

PREFACE

由于科举制度遗留的历史记忆和高考指挥棒的影响，我们的教育在努力构建着学生的知识体系，而对职场需要的能力与素养体系则似乎是雷声大雨点小。家庭、学校和社会的评估指标过于注重考试分数，每年的“高考状元”都被捧成青少年学子的偶像。学生们个个满腹经纶，走入职场，很大一部分人却缺失了职业人必备的专业以外的、岗位或职业转换时所必须的基本技能。

专业以外的基本技能应该是什么？

德国劳动市场与职业研究所所长梅腾斯教授从20世纪60年代开始对此进行研究，于1972年提出了“核心能力”（Key Skills，又译作“关键能力”），一经提出，立即得到了全球认可。

其实，这一概念所表达的职业素养体系一直存在于许多国家的教育体系中。在英国，在14—19岁学生中，他们早已开始培养核心能力的沟通交流、团队合作、自我管理、解决问题、信息处理、数字应用六个模块，还配以1—5级的国家证书，每年获得核心能力证书量的英国学生有数十万人之多。如今，该培训认证体系已延伸到了14岁以下和19岁以上的受教育人群。在美国，各州教育局早已把沟通、自我管理等列为中学生的必修课。美国全国职业技能测评协会（NOCTI）也提出了由沟通、解决问题、团队工作等八个模块构成的软技能（又叫基础技能）培训测评体系。而且，还把这个测评内容与各专业测评相结合，并运行已久。另外，欧盟和澳大利亚、新加坡等地以及我国台湾、香港地区也都纷纷推出了该培训测评体系。时至今日，核心能力的培训测评已形成了全球气候。

自从核心能力的概念进入中国大陆，我们就努力为受训者构建完整的职业能力培训和认证体系。我们编辑出版CVCC系列教材就是这个努力的第一步。在各方专家的共同努力下，职业核心能力培训和测评体系（CVCC）已经建立。我们把中国版本的职业核心能力培训课程体系分为三个层次：

基础核心能力：职业沟通、团队合作、自我管理；

拓展核心能力：解决问题、信息处理、创新创业；

延伸核心能力：礼仪训练、领导力、执行力、电子商务能力、营销能力……

这是一个开放的体系，我们希望有志之士能加入我们的研发团队，以使核心能力CVCC体系更成熟，与职场接轨更紧密。我们希望能为提升国人的职业素质和职业能力尽自己的绵薄之力。核心能力CVCC体系是一个提升就业者素质的综合工程，各位专家如果有意见和建议请发送到CVCC项目邮箱cvcc@cvcc.net.cn。全国职业核心能力认证网（www.cvcc.net.cn）是一个信息共享平台，欢迎各方专家献计献策！

许湘岳

2019年10月21日　于北京

前言（修订版）

PREFACE

自2010年全国职业核心能力培训认证（CVCC）项目正式推广以来，我们已经先后出版了《职业沟通教程》《团队合作教程》《自我管理教程》《礼仪训练教程》《创新创业教程》《解决问题教程》《信息处理教程》《职业素养教程》《职业生涯规划》等系列教材和《全国职业核心能力认证测试大纲》，逐步构建了完整的核心能力培训认证体系。CVCC项目也在全国数百所大中专院校和企业得到推广和认可，已有超过一百万的学生和企业职工采用这套教材系统学习核心能力各模块课程。

在CVCC项目推广的过程中，我们得到了很多一线教师和企业人士的反馈，我们决定对已经出版的系列教材陆续进行修订，并开发新的内容，使核心能力体系得到充实。

此次修订的教材有如下几个特点：

更完备的理论体系：新版教材对核心能力各模块的基本原理和技能点进行梳理，增加更贴合学生和职场实际的基本原理分析，对用在工作和学习相关的重要理论加以说明，并配以拓展知识或案例，使读者能加深对理论的理解和掌握。

更典型的案例分析：新版教材对案例进行重新筛选，着重挑选符合学生实际和职场的、具有代表性的典型案例，并对案例进行深度加工和点睛分析，让学习者通过案例分析加深对理论学习的理解和技能掌握的提升。

更适合的训练活动：新版教材在活动的设计上更具有可操作性和适应性，活动目的性更强，教师可以更明确、简便地操作活动，让学生能快乐、积极地参与活动，在活动中体验，在活动中感悟。

更标准的能力测评：新版教材在效果评估的设计上更注重体系的设计，以更标准、更科学的测评体系对学生核心能力各模块中的细分能力和学习效果进行评估。在测评体系设计中以量化的评估标准，评价效果更有信度和效度。

更新颖的表现形式：新版教材除了遵循原有的体例，还增加了很多小知识、小故事、小案例和小训练等，对侧边栏内容进行精选，使之与正文联系更紧密，在增加学习兴趣之外，还尽最大努力拓展学习广度和深度。

本系列教材是为了帮助学习者更好地学习和训练核心能力，加强和提升职业素养，并希望使用者在生活、学习和工作中应用它们，为自身生活幸福、职业成功助力。

教育与培训成功与否要看一个人在职场是否成功，职场是教育的硬约束。让核心能力成为学生和职业人士高飞的翅膀，让他们在广阔的职场和快乐的工作中自由翱翔！

全国职业核心能力（CVCC）培训认证教材编委会主任

（教育部）高校毕业生就业协会核心能力分会秘书长

许湘岳

2019年10月21日　北京

导读

北宋极具智慧的著名哲学家张载谈到知识分子的终极使命时指出：

“为天地立心，为生民立命，为往圣继绝学，为万世开太平。”

这掷地有声的至理名言被当代哲学家冯友兰称作“横渠四句”，因其言简意赅，在中国历史上传颂久远。张载这个典型的命题和崇高的目标，是世世代代中国知识分子苦苦追求的远大愿景，也深深影响了我们的文化内涵和性格基因。

先辈张载为我们描绘的这个宏伟梦想，其实是为我们整个人类社会的精英们描绘的努力方向。但这不是一蹴而就的事情，也不是某一个人一辈子能立马实现的。即使是这样，我们也还是要脚踏实地一步一个脚印地去沿着这条路往前走。没有发现问题，解决不了问题，你就没法做到最基本的“为天地立心”，更谈不上“立命”“继绝学”与“开太平”，那就让我们从学会发现与解决身边一个又一个的小问题开始吧。

教育家陶行知说：“创造始于问题，有了问题才会思考，有了思考，才有解决问题的方法，才有找到独立思路的可能。”

解决问题的技能决定着组织和个人的业绩，是一个人生存和发展不可或缺的重要技能。问题是创新创造的起源和根本。

“为什么犹太人只占全球总人口的0.2%，但是却获得了26%的诺贝尔奖？”根据有关统计，2017年全球犹太人总数约1400万人左右，其中630万人定居在以色列，570万人居住在美国。为什么有这么多人获得诺贝尔奖？而且，是在多个领域？

前辈学贵有疑，小疑则小进，大疑则大进。疑者，觉悟之机也，一番觉悟，一番长进。

——【明】陈献章

以色列前教育部长Shay Piron说：“我们犹太民族，有一个传统——学习的时候，老师不是去教学生答案，而是教他们问问题。教会学生问问题的难度很大，在其他很多国家和地区，人们都希望学生们安静一些，都喜欢自己提出问题，传授答案。但是，我们相信问题是全世界最好的东西。

那么，如何解决问题？

A. 解决问题要具备什么能力？

B. 解决问题有流程吗？

C. 解决问题能力可以学习和训练吗？

在研究了相关科学发展进程以及个人与组织解决问题的实际案例后，我们试图希望给你一个简单的描述，让你明白如下一些问题：

1. 什么是问题；
2. 如何描述和分析问题；
3. 如何分析得出多种可行的解决问题的决策；
4. 如何选择出最佳决策；
5. 如何通过监控实施最终解决我们面临的问题。

解决问题包括我们在学习、工作、生活中发挥基本作用的各种技能。我们可以从如下三种表述的含义来理解什么是解决问题：

A. 解决问题是要帮助我们达到比现在更好的状态。

B. 把一种现在我们不满意的情形转化为更为满意的情形。

C. 在两种状态的差距之间构建桥梁的行动。

解决问题能力是一种让人终生受益的、具有可迁移性的职业核心能力。

要解决问题，首先要有发现问题的能力，发现问题而且还要发现对的、好的问题。一个好问题能够改变我们的思维方向，能够改变一个人、一个组织、一个国家或整个世界。美国《连线》（Wired）杂志创始主编凯文·凯利（Kevin Kelly）在他的《必然》中对一个好问题给出了如下界定：

一个到处都是超级智能答案的世界鼓励人们对完美问题的追求。什么才是完美的问题？讽刺的是最好的问题不是能让我们得到答案的问题，因为随处可见的答案正变得越来越廉价。

一个好问题值得拥有100万种好答案。

一个好问题就像爱因斯坦小时候问自己的："如果和光线一起旅行，你会看到什么？" 这个问题开启了相对论、质能方程 $E=MC^2$ 以及原子时代。

一个好问题不能被立即回答。

一个好问题挑战现存的答案。

一个好问题与能否得到正确答案无关。

一个好问题出现时，你一听见就特别想回答，但在问题提出之前不知道自己对此很关心。

一个好问题创造了新的思维领域。

一个好问题重新构造自己的答案。

一个好问题是科学、技术、艺术、政治、商业领域中创新的种子。

北宋思想家、教育家、理学创始人之一的张载说过："于无疑处有疑，方是进矣。"

一个好问题是探索、设想、猜测，是能带来差异的分歧。

一个好问题处于已知和未知的边缘，既不愚蠢也不显而易见。

一个好问题不能被预测。

一个好问题是机器将要学会的最后一样东西。

一个好问题将代表受教育的头脑。

一个好问题能生成许多其他的好问题。

问对了问题，世界将会为之改变，好问题威力无穷。

对问题的探索将会为我们带来多种多样的可能性，问题的答案将会为我们开启一扇扇希望之门。如果你能在学生时代就能学习和训练这些解决问题的技能，并持之以恒地加以运用，那么，经过八到十年的经验的积累，到30岁左右时，你就能从较高层次的视角看待问题并以熟练的技巧解决问题。这时，你就可以被委以重任，能成为一个团队或组织的领导，或者开创自己可以游刃有余的事业，这种状态离你职业生涯的成功就不太远了。

现在，让我们从下面这个解决问题流程图开始切入正题吧：

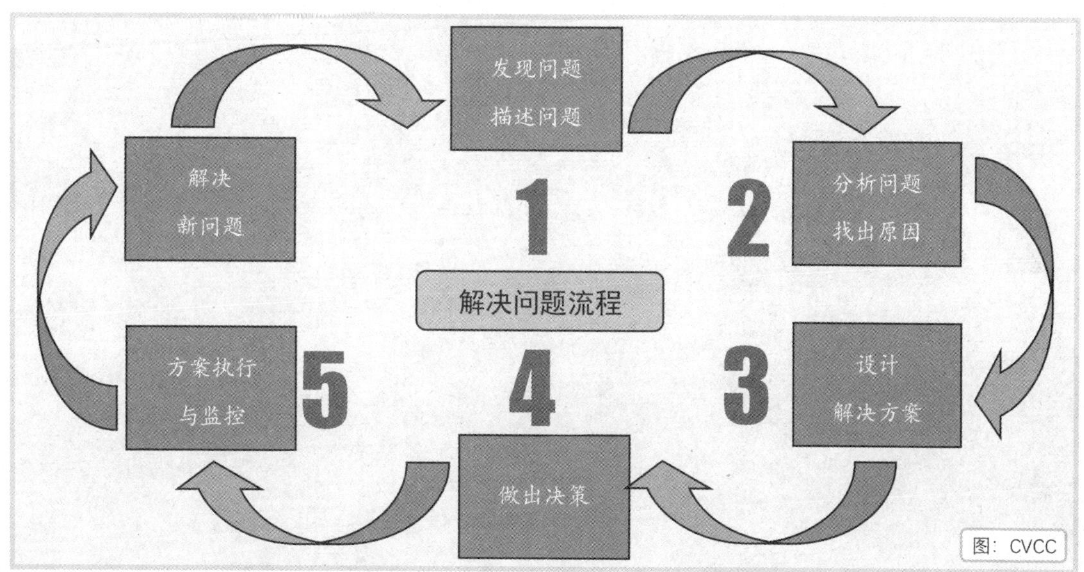

我们调查过很多如华为、腾讯、阿里巴巴、中石油这样的标杆企业，他们的人力资源经理都会提到，在大家都遵守的价值观和社会道德规范、约定俗成的规则前提下，你能不能为企业带来价值，能不能为企业解决实际工作问题，就成了企业的重要挑选条件。

本《解决问题教程》试图给职场人士和即将走入职场的学生们一个关于解决问题的清晰流程和线路图，让他们在碰到问题时不至于束手无策。让他们在职场中学会如何发现问题、描述问题，这就要求他们在一开始就要学会如何培养问题意识。有了问题意识，带着问题去工作的时候，你就会发现职场中有许多可以改善的地方。问题的呈现形态千差万别，但我们尽量用一种帮我们如何思考、分析的方法来处理它们。我们试图将复杂的理论模型简单化，混乱的信息资源条理化，让经典的案例和解决问题的方法、工具相结合。本书还告诉你碰到复杂的问题时，如何按照基本的逻辑去分析，按照特定的程序去分解它，让它变成一个一个可以驾驭的小问题。同时，教材中还通过经典案例和训练活动让我们明白解决问题的方案不能只有一两个，要尽可能地找到更多的解决方案。而且，还要以科学的方法去评估和鉴别哪些方案更适用以及用科学的工具去监测在方案实施中的执行与监控。我们相信书中的一些方法、技巧和理论会让你完全进入一个全新的境界。

在这个基础上，经过几年的学习和历练，你的职场生活就会过得越来越顺畅，你的职业愿景就更容易实现，你的同事和领导在遇到问题时就更离不开你了。

来，让我们开始吧，你准备好了吗?

第一章　问题意识

只有发现了问题，才有解决问题的可能，个体的职业成功和组织的目标才得以实现。“世界上使社会变得伟大的人，正是那些有勇气在生活中尝试和解决人生新问题的人。”印度著名诗人泰戈尔曾经如此说道。但前提是，如果没有问题意识，便没有发现问题的可能性，问题的解决更是无源之水。所以，解决问题首先要有问题意识。说起来真的很容易，很简单，但真正实施起来难度不小，就是因为我们很多人在平时日常学习和工作中，难以养成问题意识。

我们经常随意地用问题来描述任何我们认为应当改善的情况，不管这些情况是真实存在的或者是想象的。问题是在把一种情形转化为一个优选的情形或目标时所遇到的不确定性、困难或障碍。简单地说，问题是目标或理想与现实的差距。

没有问题并非就是一切顺利，反而是最大的问题。任何一个成功的人士，都有直面问题的勇气，都有一双善于发现问题的眼睛，都具有强烈的问题意识。

对问题的看法和把握方式因人的立场不同而有差异。即便是面对同一问题，一般员工或普通职员与一个管理者、经营者的看法也会有很大差别，甚至因此而形成的问题意识也可能完全不同。

问题意识，是一种对问题的产生和发展方向能做出正确预测的能力。没有问题意识，很多问题就无从谈起，更说不上要去解决它，现状就得不到改善，能力就得不到提升。

本章安排的内容：

●什么是问题

●培养问题意识

●发现问题

第一节　什么是问题

一、能力目标 Competency Goal

问题无处不在，我们生活在问题的包围之中，我们生来就是为了发现问题和解决问题而活着。只有发现了问题并正确地、有效地解决了问题才能使我们的生活更美好，才能使我们成长。那么，我们首先应该问一总要：问题是什么？问题的确切含义到底是什么？问题有哪些类型？如何区别问题与问题点？这是解决问题之前必须要明白的内容。

读书，始读，未知有疑；其次，则渐渐有疑；中则节节是疑。过了这一番，疑渐渐释，以至融会贯通，都无所疑，方始是学。

——【宋】朱熹

通过本节的学习，我们能掌握：

1. 问题的含义；
2. 问题的几种分类方法；
3. 问题与问题点的区别；
4. 问题的基本结构。

（一）问题的含义

问题是目标（或理想）与现实之间的差距，是需要思考或研究才能解决的困境、疑难和矛盾（或题目）。思考或研究的任务就是设计某种行动，这种行动能使其从现有的状态达到需要的状态。

在解决问题时，我们经常会用到图表。在描述问题时，也可以用如下一个简单的图形来表示（图1–1）：

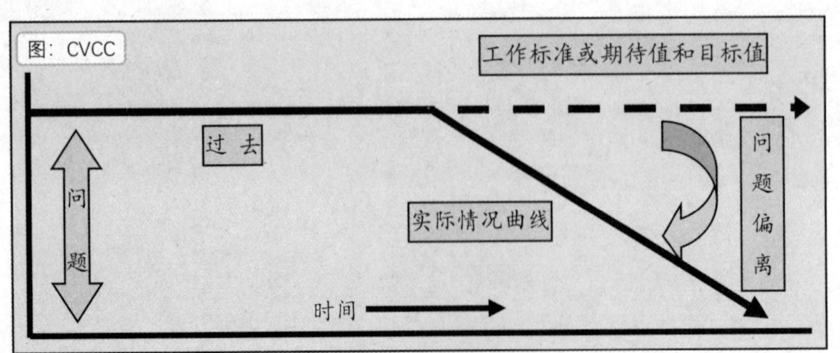

图1–1　问题简化图

问题是横亘于目标和现实之间的巨大鸿沟，只要问题解决了，目标自然就可以实现。

当你想找份好工作但不知如何才能找到时，当你想获得更高的职位又不知道从哪里做起时，当你想考过某次考试但又不知如何才能一次性顺利通过，当你想创业但不知如何创业时，你的问题就出现了。在这些例子中，你现在的状态和你想达到的状态之间存在着差异。每一种“你想去哪儿”的情形就是一个“你喜欢在那里”的想象（或思考）状态。换言之，问题的一个显著特征是存在着一个你想达到的“目标”，而且你还不知道如何才能达到这一目标。简单地说，当你想做一件事情，却又不知道如何去做时便产生了问题。

所以，问题有三个基本要素，这是心理学界的普遍认知：

1. 给定（Givens）。一系列关于问题条件的描述，主要包括内容的给予和限制，也就是问题的初始状态。

2. 目标（Goals）。对问题的结论或最终目的的阐述，即要达到的最终状态；

3. 障碍（Obstacles）。个体从给定状态达到最终状态所需要调动的认知资源、付出的认知劳动，这些都是通往目标状态的努力。

小案例

1334年，蒂罗尔（Tyrol，奥地利西南部）女公爵玛格丽塔·莫塔丝（Margareta Maultasch）将卡林西亚省（Carinthia，奥地利）的霍赫奥斯特维茨（Hochosterwitz）堡团团围住。

一段时间之后，城堡情况开始吃紧，粮食只剩下最后一头牛和两袋大麦。玛格丽塔这边的情况也同样不容乐观：部队开始变得不易控制，何时结束围城又似乎遥遥无期。就在这个时候，城堡守将做了一个看似愚蠢的决定：他命令士兵把最后的那头牛宰了，仅剩的大麦则塞进牛腹里，然后将牛尸抛下城堡，落在敌人阵营前的草地上。女公爵收到这个信息后一时气馁立即撤除了包围，转往他处去了。（案例来自《改变——问题形成和解决的原则》，保罗·瓦兹拉维克等著，教育科学出版社，2007年版）

请思考城堡守将解决问题的逻辑和蒂罗尔女公爵对所获得信息的解读。貌似不合逻辑的、非理性的行为是如何促成问题的解决。

> 如果你在走入职场之前或刚开始进行人生规划时，就开始训练这种解决问题的能力，职业生涯的成功便是你这种训练的必然产物，你就有可能成为拯救团队的英雄！

（二）问题的类型

划分问题类型的维度很多，下面为大家介绍几种常见的问题类型划分方法。

1. 根据问题的性质分类

根据问题的性质可以把问题划分为紧迫问题和重要问题，长期问题和短期问题，主要问题和琐碎问题三类。

（1）紧迫问题和重要问题

紧迫性问题一般属于急需面对和解决的问题，重要问题虽然非常重要，但可以稍后面对和解决。当然，如果重要问题没有给予重视和关注，它也有可能演变成紧迫性问题。此外，如果小问题亟待解决，那它也会变得非常重要和紧迫。

（2）长期问题和短期问题

如果一个问题需要你用一年或超过一年的时间来面对和解决，那么，这样的问题就属于长期性问题。当然，一年期以下的众多的日常问题，基本上都可归属为短期问题。短期问题如果解决不好，势必会阻碍长期问题的解决，甚至会演变为长期问题。

（3）主要问题和琐碎问题

不是所有问题的分量都相同，那些影响比较大，如果不解决就会严重妨碍目标实现的问题都可称为主要问题。反之，诸如一些产品推销电话、闲逛、朋友间闹别扭等问题都属于琐碎性问题。

> 言近而指远者，善言也，守约而施博者，善道也。
>
> ——《孟子·尽心章句》

2. 根据问题的层次和视角分类

根据问题的层次及从现有与未来角度的两个维度和四个象限来理解，可以把问题划分为发生型的问题、追求理想产生的问题、将来可能发生的问题、目标设定产生的问题四类，如图1–2所示。

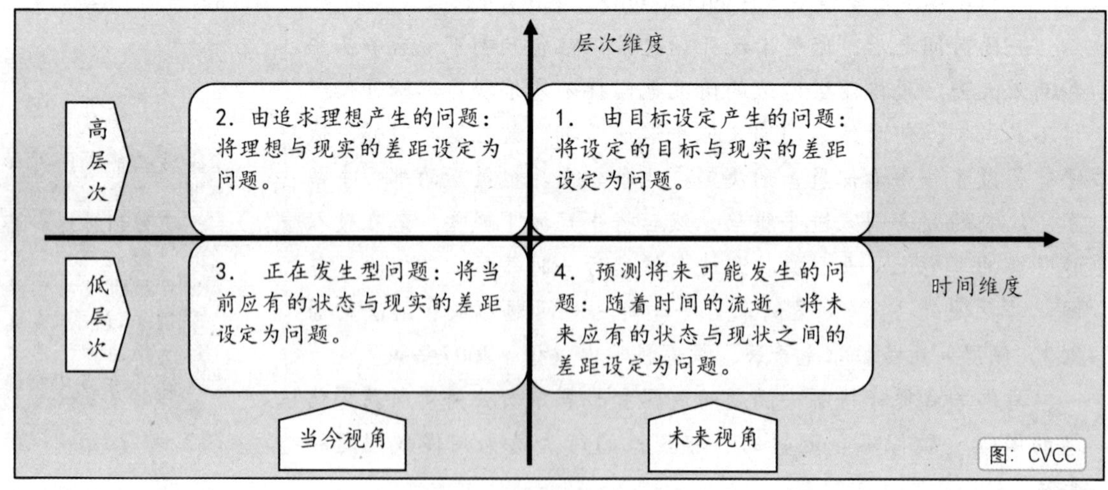

图1–2 发现问题四象限图

（1）目标设定产生的问题

随着认知水平及能力的提高、环境资源的变化，原先设定的目标状态需要重新更改与确认。更改与确认后的目标更符合事物未来发展的方向，那么由此产生的目标与现状之间的差距就是目标设定产生的问题。

（2）追求理想产生的问题

任何组织、任何个人都会为自己设定某一个理想状态，并为了这个理想而付出努力。理想状态和现实状态之间存在的差距就是你在追求理想的过程中所产生的问题。需要说明的是，不同的组织、不同的个人理想设定会有所不同，故所遇到的问题也会不一样。

（3）正在发生型的问题

正在发生型的问题是指已经产生的问题，如故障、事故、出错、出现异常状况等。针对发生型的问题，我们要做的就是准确概括问题的严重性，探究问题产生的原因，寻找适当的解决方案或善后处理方案，并能够及时采取措施有效防止类似问题的再次发生。

小案例

出现了故障或产生了废品将影响企业的正常供货，这种情况就属于图1–2中第二象限的“正在发生型问题”。如果以商品延期供货为例，按照原计划需要在五天内供货，但是因出现了某问题需要变更为在七天内供货，此时出现的发生型问题就是延期了两天。

如果你手上唯一的工具是一把锤子，那么你就会把所有的问题都看得像钉子。

——【美】亚伯拉罕·马斯洛

（4）将来可能发生的问题

将来可能发生的问题是指现在虽然尚未发生，但是预计日后可能会出现并被发现的问题。将来型问题是随时间的推移作为结果而出现的潜在性问题。

将来型问题可能不是当前急需解决的问题，但通过预测及时发现，未雨绸缪，就会大大缩小那种正在发生的问题。

小练习

根据你自己的实际情况，按照上述问题的分类，把你最近半年或最近一年所面临的问题进行归类，并对未来有可能发生的问题进行预测，完成表对1–1的填写。

表1–1　面临的问题

目标设定产生的问题	追求理想产生的问题	正在发生的问题	将来可能发生的问题
1. 2. ……	1. 2. ……	1. 2. ……	1. 2. ……

3. 根据问题发生的形态分类

根据问题发生的形态，可把问题分成发生型、探索型和假定型三种问题。这种分类法是日本管理学者佐藤允一提出来的。

（1）发生型问题

发生型问题即是已经产生的问题，是由于过去某种原因的存在出现了大家不想看到的结果。也可以说，是实际状况与之前的目标发生了偏离的状况。不合格产品的出现、消费者不满意以及各种其他事故，如2001年9月11日美国纽约世贸大厦遭到恐怖分子劫持的飞机撞击事故等就属于这种问题。

2001年9月11日，两架被恐怖分子劫持的民航客机分别撞向美国纽约世界贸易中心一号楼和二号楼，两座建筑在遭到攻击后相继倒塌。那天发生的一系列恐怖袭击事件被称为“9·11事件”（September 11 attacks）。“9·11事件”是发生在美国本土最为严重的恐怖攻击行动，遇难者总数高达2996人。此次事件对美国民众造成的心理影响极为深远，美国民众对经济及政治上的安全感均被严重削弱。

对于这种已经产生的问题，我们要做的应该是探究问题产生的原因，从中找到适当的解决方案，并能够及时采取措施有效防止类似事件的再次发生。

（2）探索型问题

探索型问题是可以进一步加以改善的问题，它与之前的预期目标间不存在偏离，但由于制定了新的目标，致使目标与现实之间出现了某种人为制定的差异。“如果改进生产工艺的话，产品质量应该会有大幅度提高吧”“调整内部结构的话，就可以大幅度提高劳动者的积极性吧”，这些不是发生型问题。这类问题需要我们抱着怀疑的态度去面对，所以被称为探索型问题。

小案例

某名牌大学的高才生到美国留学，课堂上认真听讲，作业完成出色，可一学期下来，竟然只得了个“C”。看着平时学得轻松但成绩不错的外国同学，他心情非常郁闷。后来他找到该课老师谈心，以下是他们的对话：

师：“你听过我的课吗？”

生：“我没有缺过一节课呀，作业都是优等呢！”

师：“那你在课堂上提过问题吗？帮同学解答过问题吗？”

生：“课堂上您讲的我都听懂，没有不懂的问题，而同学提的问题实在太简单！”

师：“我的课堂欢迎贡献者，而不欢迎消费者！”

这则案例鲜明地体现了当今美国大学课堂的创造教育理念。他们要培养的是有创新精神、有合作意识的高素质人才，而不是只会读书的书呆子。过去，我们很多课堂侧重于记住理论和知识，而忽视了问题意识的培养。没有问题意识，当然提不出问题。没有问题，你怎么能进步呢？所以，爱因斯坦曾说：“提出一个问题往往比解决一个问题更重要。”因为解决一个问题所用到的知识是前人总结的，需要的技能是前人所积累的；而提出一个新的问题，却需要批判性的思维，需要有创造性和想象力。

职场中很多人具有改善的欲望，这样事业才会有进步，这样的人才是有上进心的人，他们往往不会满足于现状或有着比现实更高的目标和追求，这种主观意识的作用下探索型问题才得以显现。

（3）假定型问题

假定型问题是发展方向不明确的问题。假定型问题本身并不是问题现状的一种延伸，而是一种未来某种条件下可能发生的问题，也可以说假定型问题本身是以一种假想形式存在的。对于这种问题考虑的起点最终还应是现在。这种问题也分两种情况：一种是设立一个全新目标的开发型问题，进入一个之前从未涉足过的新领域时遇到的问题就是这种问题，如大学与企业的重组与合并、多边合作等；另外一种是能规避未来各种风险的回避型问题，这种问题是面对将来可能出现的各种各样的情况，需要提前做出准备和应对的问题。如个税起征点提高，某地税务系统的电脑软件没有升级导致纳税人多缴税款等就属于这类问题。因为税务部门完全应该意识到“将来可能会引发电脑软件障碍”等问题。

“真理诞生于一百个问号之后。”

普通人都不在意浴缸放水时出水口形成的漩涡，而美国麻省理工学院机械工程系谢皮罗教授却注意到每次放洗澡水时，漩涡总是逆时针旋转。这是为什么？谢皮罗紧紧抓住这个问号反复实验和研究。

1962年，他发表论文，认为漩涡与地球自转有关。如果地球停止旋转，就不会产生这种漩涡。他认为，在北半球，漩涡逆时针旋转；南半球，漩涡顺时针旋转；在赤道，则不会形成漩涡。各国科学家纷纷进行实验，结果证明他的结论完全正确。

小练习

根据表1–1的填写结果，把这些问题按照性质再重新进行归类，并完成表1–2的填写。

表1–2　面临的问题

问　题	长期或短期	主要或琐碎	紧迫性（1 ~ 5）	重要性（1 ~ 5）	总体紧迫重要性
1					
2					
3					
4					
5					
6					
7					
8					
……					

备注：问题的紧迫性和重要性程度分为五个等级，其中1代表不紧迫（不重要），5代表非常紧迫（非常重要）。把代表每个问题的紧迫性和重要性程度的数字相加，得出问题的总体紧迫性和重要性，总分最高的问题应该优先解决。本练习可以帮助你进一步理解你面临的问题以及这些问题的所属类型。

问题的分类还有很多，如从时间来看，有过去存在的问题、现在存在的问题和将来存在的问题三类；从解决问题的能力来说，有可以解决的问题和不能解决的问题两类；从问题的范畴来说，有生活问题、情感问题、婚姻问题和教育问题等。本书不一一赘述。

小思考

思考一下，你觉得问题还有哪些分类的维度？你比较倾向上述哪种问题的分类维度？

清代书画家、文学家、"扬州八怪"重要代表人物的郑板桥（郑燮）说过："读书好问，一问不得，不妨再问。"

（三）问题与问题点

日常生活中，很多人认为在许许多多的问题之中最重要的就是问题点。当然，也有人认为，在众多的问题点当中最重要的那个就是问题所在。那么，问题与问题点到底有何区别呢？

简单地说，问题应该是作为一种结果而发生和存在的，而问题点则是隐藏在问题产生的诸多原因之中的。习惯上，我们把引起问题产生的那些原因称为问题点。

需要注意的是并不是所有引起问题产生的原因都称为问题点，只有那些能够加以解决并且有必要加以解决的原因才能称为问题点，而这些问题点也是我们分析问题时必须要关注的重点。

小案例

案例1：小王昨晚酒驾，导致一桩交通事故的发生，一人死亡，二人受伤。尽管昨晚一直下雨，路面湿滑，但小王开车速度过快、野蛮驾驶及事故发生地道路凹凸不平等因素也是导致此次事故发生的直接原因。

案例2：老张是某贸易公司的总经理，受"贸易战"影响，本季度的美国市场销售额急剧下降。老张看着仓库里堆满的货品，想起刚刚自己辞退的几名得力的国外市场销售经理异常难受。

案例3：小杨刚刚换了新的工作环境，使得家与单位的距离突然增加，上下班高峰期需要挤公交和转乘地铁，拥挤的人群、疲于拼命的赶车使得小杨上下班疲劳感陡然增强。

案例4：某石油跨国集团在国外建设过程中，其所在国家突然发生了军事政变，使得签约当事人也就是当地政府发生了改变。在这种情况下，工程的进度自然无法得到保证，无法按时完工。

阅读并分析上述四个小案例，每个案例所涉及的问题由哪些原因引起？这些原因是该问题的问题点吗？如果不是，理由是什么？

一个不能从根本上发现问题的产生原因的人，就不能将问题解决好，也就不可能"顺其自然"走向成功。

（四）问题的基本结构

问题是目标或理想与现实的差距。在完成目标或追求理想的过程中，不会是一帆风顺的，一定会受到现实环境的制约与限制，这些制约因素可能是人的因素，也可能是财的因素，也可能是物的因素，也可能是其他资源因素，这些因素的存在导致了目标与现实之间出现了差距。简而言之，制约因素就是一种阻碍我们实现目标或理想的客观事实。在判断问题的时候，不仅要注意目标与现实的因素，还要注意制约因素对问题的影响，故问题的基本结构可以包括目标或理想、现实及制约因素三方面内容。

小练习

下面这些问题的基本结构具体是什么？

表1–3 问题的基本结构

序 号	内 容	序 号	内 容
1	学习没有兴趣	7	领导对自己有意见
2	同事间缺乏合作热情	8	升职无望
3	客户满意度降低	9	调查报告规定时间完不成
4	2门课程期末考试不及格	10	不能准时交货
5	女朋友闹分手	11	工作薪酬太低
6	结婚没有房子	12	亚健康非常严重

二、案例分析 Case Study

案例一：徒步旅行（名家理论介绍）

任何问题不外乎具备三个条件：已知、未知和约束条件。没有未知条件，不是问题；没有已知条件，无法解决；只要抓住已知条件，使劲地去解那绳索一样的约束条件，未知条件就会被扯出来。改善了约束条件就可以将问题顺利解决。高德拉特博士的TOC理论就是通过改善约束条件来达到解决问题的目的。

物理学家高德拉特博士被业界尊称为“手刃圣牛的武士”（Slayer of Sacred Cows），勇于挑战企业管理的旧思维，打破所谓的“金科玉律”，以崭新的角度看问题。

艾利·高德拉特博士是以色列物理学家、企业管理大师，“TOC（Theory of Constraints）制约理论”的创造者。他的第一部作品《目标》（1984年版）大胆借用小说的笔法，说明如何通过近乎常识的逻辑推理，解决复杂的管理问题，结果在全球管理界产生深远影响。

高德拉特的《目标》中主人公罗哥带领童子军到荒野探险，这个队列中间有一个走得特别慢的孩子，他叫贺比。由于贺比前面的孩子比他快，距离就渐渐拉开了。而贺比后面的孩子由于不能超过贺比，也就不得不降低速度。

在这个队伍中，成员集体到达目的地才是目标，因此，走在前面的成员无论多早到达目的地都没有用，只有最后一个成员到达目的后才算达到目标！

如果把这个队伍作为一个系统来考虑，走得最慢的贺比就成了瓶颈，即约束条件。全队目标的实现都取决于贺比的速度。

名词解释

TOC 理论——约束理论或制约理论。是通过对约束条件的持续性改善提升系统（团队、企业、组织等）表现的一种理论。

思考:

此问题的考虑方向是提高整个队伍的速度。解决办法是改善约束条件。在上述案例中，贺比突然奋起直追，把行走速度提高1.2倍。假设此时贺比的速度仍然是成员当中最慢的，但他的提速却可以使全队的速度提高1.2倍。找出约束条件并加以改善是高德拉特约束理论的精髓。他的 TOC 约束理论共有五大核心步骤：

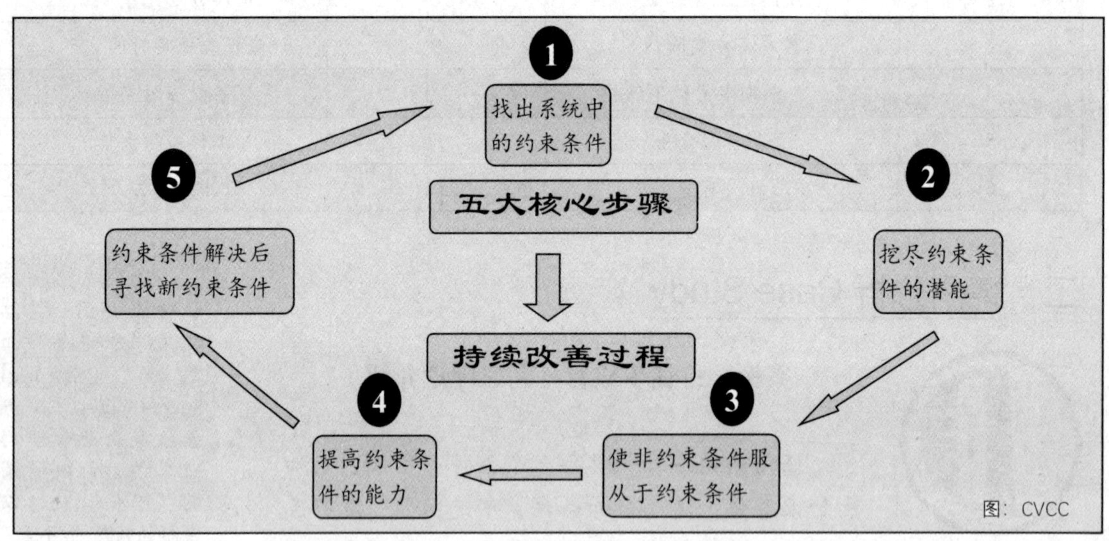

图1-3　TOC 的五大核心步骤图

案例二：300 勇士（银幕上的经典案例）

“异乡的过客啊，
请带话给斯巴达人，
说我们踏实地履行了诺言，
长眠在这里。”

这是矗立在希腊德摩比勒（Thermopylae）隘口（俗称温泉关），纪念公元前480年温泉关战役的一尊狮子状纪念碑上镌刻的铭文。

波斯王大流士一世死后，儿子薛西斯继位。薛西斯为实现父亲的遗愿，发誓要踏平希腊。他动员了整个帝国的军力，其士兵来自臣服的46个国家，一百多个民族，有波斯人、米底亚人、亚述人、帕提亚人、花剌子模人、印度人、阿拉伯人、埃塞俄比亚人、色雷斯人、高加索人等等。薛西斯一世亲率波斯军约十余万人、战船一千余艘，渡过赫勒斯滂海峡，分水陆两路沿色雷斯西进，迅速占领北希腊，南下逼近温泉关。希腊联军统帅斯巴达国王列奥尼达率领先期到达的希腊联军约七千人，扼守地势险要的温泉关。经过激烈战役后列奥尼达腹背受敌，为保存实力，命令联军主力撤退，自己率领300名斯巴达人留下来拼死抵抗。华纳兄弟电影公司于2006年拍摄了一部由扎克·辛德导演的电影《300勇士》，真实地再现了这一战争的惨烈。

影片讲述了在温泉关战役中，一小队斯巴达人运用了各种战略和战术，强化了作战能力，使得该支小部队获得了远远超出只是简单地把每一个士兵的个人能力叠加的能力。该影片生动地描述了面对强大的波斯军队，希腊人如何应战。当波斯军队同时发射足以遮天蔽日的雨点般的弓箭时，斯巴达勇士立即集结到一起，同时举起他们的盾牌，以这种方式把它们连到一处，形成了一个足以保护整个编队的强大防御能力的盾牌。

温泉关之战是第一次波希战争中马拉松战役之后第十年，波斯帝国和古希腊的又一次具有历史意义的交锋，也是第二次波希战争中的一次著名战役。希腊军队在这个狭小的关隘依托优势地形抵抗了三天，阻挡了在数量上几十倍于自己的波斯军队。但是波斯军队人数众多，在杀了近两万人（也有记载说是七千）的波斯军队后，300名勇士全部牺牲。

思考：

按TOC的约束理论来看，约束条件决定了整个系统的表现。只有当每个士兵都严格完成盾牌形成过程中自己的那部分任务时这个战术才是有效的，斯巴达勇士才可以击落不计其数的弓箭。可一旦哪一个士兵没能按时举起盾牌，那就会在整个大盾牌上形成缺口。而这个士兵的倒下会造成缺口的扩大，相邻的士兵会被暴露在敌人火力范围内。因此，一个士兵在进程中的失误将会导致整个军队的失败。

请学员们找出在学习和工作中的实例。有没有在哪次团队工作中自己或伙伴个人变成了组织的短板，进而成了本组织中的约束条件的案例？团队又是通过什么样的方法改进约束条件，并进而促使问题的解决的？

三、过程训练 Process Training

训练一：问题分析

对你最近半年或一年所遇到的问题进行详细地分析，以训练你了解所遇问题的类型、问题点及问题结构。请认真填写表1-4。

表1-4 问题分析

问　题	何种类型	产生原因	问题点	限制因素
1.				
2.				
3.				
……				

训练二：思维训练

为了不让学员们觉得太枯燥，我们会安排一些有趣而且还具有一些挑战性的训练题来训练学员们的能力。请你单独完成下面这道稍有一点挑战性的问题：

有三个传教士和三个野人来到河边要过河，只有一条能装下两个人的船，没有船工，但传教士和野人都能划船。在河的任何一边或者船上，如果野人的数量大于传教士的数量，那么传教士就会有危险。

请问：你能不能找到一种安全的渡河方法呢？

> 我没有什么特殊的才能，不过是喜欢寻根刨底地追究问题罢了。
>
> ——【美】爱因斯坦

思考：

这个问题有许多个版本。也许你觉得这不是一个高深的逻辑和数学问题，其实这是很多学生在学 Javascript 的第一个小例子。如果你已见过这个问题，那你的解决办法是什么？如果你从没见过这个问题，那你准备给传教士们一个什么样的解决方案？如果你苦思冥想而无结果，你又会产生什么想法？是放弃，是希望别人告诉你答案，还是自己另想办法解决？

通过思维与实战，你会发现解决这个问题不难，同时问题的解决过程会在你的头脑里留下深刻的印象。但是，最重要的一点是你知道这个问题只需要动手实验就可以解决，就算是一个对数学与逻辑一窍不通的人，通过思维和实战练习也能解决这个问题。这个问题的结构很有意义，因为总有两步合理移动：一步使你返回起始状态，另一步使你更接近目标状态。

现在，请你来帮传教士想想办法吧！

答案请在本章中寻找。

> “发明千千万，起点是一问。禽兽不如人，过在不会问。智者问得巧，愚者问得笨。人力胜天工，只在每事问。”
>
> ——陶行知

四、效果评估 Performance Evaluation

评估：你对问题和问题点的理解

（一）情景描述

本节为大家介绍了问题和问题点的确切含义，根据两者的定义并结合你自己的理解请思考下面的描述，有哪些符合你的看法：

1. 不用经过思考或研究就知道该如何行动，实际上就不存在问题。
2. 现实状态到目标状态之间不存在中间状态。
3. 目标与现实之间的差距可以量化，也可以定性化。
4. 目标定位错位本身就是一个问题。
5. 模糊不清的理想或目标与现实之间很难比较出差距，导致问题不存在。
6. 如果对现实状况认识不具体、不全面，就会导致问题判断不明确。
7. 满足于现状，没有目标就是问题。
8. “可以更好一些”“可以再完善一些”等属于加以改善的问题，这类问题的出现往往是由于我们抱有高于现实的理想或目标。
9. 要想从现有状态达到理想状态，需要付出大量思考和实际的行动。
10. 问题产生的原因有很多，这些原因都可称为“问题点”。
11. 有时，尽管我们已经知道问题产生的原因，但面对这些原因我们却无能为力，采取不了任何措施，这些原因就不是问题点。
12. 尽管已经知道问题产生的原因，但面对这些原因，我们感觉没有必要采取措施。在这种情况下，这些原因也不是问题点。
13. 醉酒驾驶、超速驾驶、疲劳驾驶、路面不平、潮湿是导致交通事故发生的问题点。
14. 害虫侵蚀、气候干旱是谷物收成减少的问题点。

15. 问题点绝对是问题产生的原因，但不是所有的原因都称为“问题点”。

16. 准确分辨出问题点对解决问题非常重要。

17. 出了问题，很多人会把原因归于客观因素。实际上，就是不敢承认这些原因就是问题点。

18. 一个问题可以包含一个问题点，也可以包含许多问题点。

> 职场人士拥有的知识和技能越多，他们就越有可能做出正确和明智的决策。

（二）评估标准与结果分析

请仔细核对，上面18项说法你有多少是赞成的，有多少是反对的。赞成的理由是什么？反对的理由又是什么？通过本次测评，你可以更好地理解什么是问题、问题与问题点的区别到底是什么？

第二节 培养问题意识

一、能力目标 Competency Goal

孔子的得意门生曾子说："吾日三省吾身，为人谋而不忠乎？与朋友交而不信乎？传不习乎？"其实，这就是有着深厚的问题意识并找自身问题的一个典型案例。只有这样从自身找问题，严于律己，孔子和他的门徒们的道德教化和故事才能深深地影响到我们中国人的骨髓和灵魂。

问题通常是以不同的形式在不同的地方出现。如果问题已经出现就谈不上你具备了问题意识，也没有必要去争论问题意识的有无。而应该做的是去怎样解决问题。所以"问题意识"用于还没有发现问题，或者问题的存在被我们忽视了的情境和场合。

不能有效解决问题的原因

1. 缺乏方法
2. 缺乏解决问题的责任感
3. 缺乏解决问题有关技巧和应对相关过程的知识
4. 不能有效地运用技巧
5. 信息不足或不准确
6. 不能把分析性思维和创造性思维结合起来
7. 无法确保有效实施。

通过本节的学习，你能：

1. 掌握问题意识的概念；
2. 掌握问题意识培养的途径。

（一）什么是问题意识

1. 问题意识引导事业发展

心理学研究表明，意识到问题的存在是思维的起点，没有问题的思维是肤浅的思维、被动的思维。我们生活的世界是一个被问题包裹的世界，强烈的问题意识，作为思维的动力，会促使人不断地发现问题、分析问题和解决问题。一个人就是在不断地解决问题之中得到快速的成长和发展。没有问题意识，思维的动力就会停止，发展就无从谈起。因此，培养问题意识，发挥个体的主观能动性，对顺利有效地解决问题，促使个人成功具有非常重要的作用。

小故事

维特根斯坦是剑桥大学著名哲学家穆尔的学生。有一天，著名哲学家罗素问穆尔："你最好的学生是谁？"穆尔毫不犹豫地说："维特根斯坦。""为什么？""因为在所有的学生中，只有他一个人在听课时总是露出一副茫然的神色，而且总是有问不完的问题。”后来，维特根斯坦的名气超过了罗素。有人问：“罗素为什么会落伍？”维特根斯坦说：“因为他没有问题了。”

面对同样的问题，具有问题意识的人可以很快发现问题所在并开始着手研究问题的解决方案。而那些缺乏问题意识的人，往往与重要有价值的信息擦肩而过却浑然不知。

可见，问题意识对于一个人的成功是多么的重要！工作、学习的过程就是不断发现问题、提出问题、解决问题的过程。

2. 问题意识的内涵

既然问题意识非常重要，那么，什么是问题意识？如何才能培养问题意识呢？

问题意识是一种心理素质的社会反应。它是主体在认知活动中，通过对认知对象进行积极主动的洞察、怀疑、批判而产生认知冲突，发现问题并表现出对问题的一种强烈的探究性和前瞻性的反应状态。这种状态可以促使主体不断地分析问题和解决问题。也可以说，问题意识是一种问题性心理。在人的认知中经常会遇到一些不明白的问题或者是现象，并且通常会产生疑问探求的心理状态。

小资料

学生的问题意识比较薄弱，很多人都是“闷葫芦”。主要表现为：

不敢提出问题；不愿提出问题；不能提出问题；不善于提出问题；无疑可问；不知怎样问；不思考，不怀疑，死记硬背，没有探究欲望和创新精神等等。这些现象是学生遇到问题却难以解决的原因。

拥有问题意识的条件

1. 具有解决问题的强烈意愿。
2. 能够明确指出解决问题所要实现的目标。
3. 能够在解决问题之前制订出完整的计划。
4. 能够为解决问题设定一个明确期限。
5. 能够保证解决问题进度符合既定的计划。

问题意识有强有弱，较强的问题意识可以促使个体更快地发现问题，直面问题，并积极主动地分析问题和解决问题，从而取得一个又一个突破；较弱的问题意识或没有问题意识会使个体得过且过，停滞不前，碌碌无为，不会有太大的收获。可见，有没有较强的问题意识，是成功者与失败者之间的主要差别之一。

小思考

战国时期，魏文侯死后，吴起事奉他的儿子魏武侯。魏武侯泛舟黄河顺流而下，船到半途，回过头来对吴起说：“山川是如此的险要、壮美哟，这是魏国的瑰宝啊！”吴起回答说：“国家政权的稳固在于施德于民，而不在于地理形势的险要。从前三苗氏左临洞庭湖，右濒彭蠡泽，因为它不修德行，不讲信义，所以夏禹能灭掉它。夏桀的领土，左临黄河、济水，右靠泰山、华山，伊阙山在它的南边，羊肠坂在它的北面。因为他不施仁政，所以商汤放逐了他。殷纣的领土，左边有孟门山，右边有太行山，常山在它的北边，黄河流经它的南面，因为他不施仁德，武王把他杀了。由此看来，政权稳固在于给百姓施以恩德，而不在于地理形势的险要。如果您不施恩德，即便同乘一条船的人也会变成您的仇敌啊！”

魏武侯眼光短浅，完全没有问题意识，把山川的险要看成是国家的瑰宝，而大臣吴起则超越了他的格局，看到了政权稳固的本质。

（二）问题意识的培养途径

问题意识的培养途径有很多，这里我们为大家介绍最重要的几种途径。

1. 勤学

在任何自我学习规划中，经验都发挥主要作用。但如果你仅从“社会大学”中学习，那么这种学习成本会非常昂贵。而通过对书本知识的学习则是系统学习知识且费用低廉的途径。

清代散文家刘开说过：“君子之学必好问，问与学，相辅而行者也。非学，无以致疑；非问，无以广识。”

学习要有目标，要围绕“为什么学”“学什么”“如何学”展开。21世纪是知识经济时代，知识更新变化都非常迅速，今天有用的知识可能明天就被淘汰，所以要勤学，要与时俱进，掌握最新的知识与技术。除此之外，还要广泛涉猎各种知识，拓宽自己视野，只有具备了扎实的理论知识和专业技能，才能增强辨别是非和识别洞察的能力，才能对事物有较为深刻的认识，才能在细微之处发现问题，找到解决问题的最佳方法。

学习意味着接受新的观点，且需要摒弃一些毫无帮助的过时的无用的东西。

2. 审问

孔子指出：“疑是思之始，学之端。”质疑才会多问，遇事要多问几个为什么，而绝不能人云亦云。抱着怀疑的态度，审慎看待发生的事物，不唯书、不唯师、不唯上。只有不断地提出问题，敢于并善于发现新的问题，促使自己不断地解决问题才能使自己不断地得到成长。在认知事物的过程中，怀疑、批判是发现问题最重要的方式。

小技巧

发现问题本身也是一个技巧性的问题，很多问题的发现是由对一系列问题的回答所组成，尽量穷尽所有可能性的问题。有人说，问够一百次，问题和解决问题方法自然就有了。我们可以尝试提出下列问题：

1. 什么是问题？
2. 什么不是问题？
3. 问题在哪里？
4. 问题不在哪里？
5. 它有什么与众不同之处？
6. 问题包括何人 / 何物？
7. 问题不包括何人 / 何物？
8. 问题在什么时间发生，或已经发生？
9. 问题在什么时间没有发生，或不曾发生？
10. 当问题发生时，相同情况是什么？
11. 问题的范围有多大？
12. 问题在正变大，或变小吗？
13. 当问题范围发生变化时，与众不同之处是什么？

善问者，如攻坚木，先其易者，后其节目，及其久也，相说以解。不善问者反此。

——《礼记·学记》

3. 慎思

作为即将走入职场的学生或已在职场闯荡的职业人，每天都在用你的大脑进行思维。思维是你最有用的资源，它随时随地都能用。但是你得经常系统化地、科学地训练它。请记住在任何一个组织中，个体的系统化的思维是非常重要的。如全球最有名的咨询公司——麦肯锡公司就特别看重员工的这种能力。因为作为麦肯锡的一员，在为企业咨询时分析问题常用的一种工具就是以思维作为基础的“逻辑树分析法”，这也是所有麦肯锡雇员最喜欢随身携带的一件法宝。

小知识

表1–5　系统思考五大要求

整体的思考	思考问题要全面，应将事物看做一个整体，不能将思考对象的各个要素割裂开来
联系的思考	任何事物是普遍联系的，这种联系使事物之间产生不同的作用
变化的思考	事物不是静止不动的，世界处于变化之中
有序的思考	事物的各个部分不是同一的，是存在差别和有序的
制衡的思考	任何事物的发展都会受到其他事物的影响，又对其他事物产生影响

孟子说："思则得之，不思则不得也。"大文学家韩愈更尖锐地指出："行成于思而毁于随。"有了怀疑、批判的精神，但没有慎思，就不可能有真正的"问题意识"。对于认知上的冲突或矛盾，抱着严谨仔细的科学态度，仔细思考，认真探究，就能发现隐藏在现象背后的本质，发现真问题，找到解决问题的有效方法。慎思是问题意识培养的重要方法。

当然，问题意识培养的途径非常多，你可以根据自己的实际情况，有针对性地选择培养途径。但要记住，对事物保持一种好奇心和敏感性，具有深刻洞察、怀疑、批判、慎思的精神，积极主动、认真探究事物的本质，是培养问题意识的关键因素。

> 一个人如果从肯定开始，必以疑问告终；如果他准备从疑问开始，则会以肯定结束。
>
> ——【英】培根

小思考

你觉得问题意识的培养还有哪些途径？作为一名学生或职场新人，应该如何培养自己的问题意识？学校和老师应该从哪些方面培养学生的问题意识？

4. 进取

"面对问题我应该采取什么样的心态？"决定了问题能否被发现与解决。正确的心态是一种从不抱怨、积极主动并且为了尽可能多发现与解决问题的进取心态。如果你的"想拥有一套自己的房子"的目标是因为你看到周围的朋友都已买了房子才产生的，而不是因为你自己一开始就不受任何影响迫切想拥有一套房子的想法，那这两种想法是完全不同的。前者是被动的、防御的、消极的，而后者则是主动的、进攻的、积极的，映射到发现和解决问题的层面则是失败的与成功之间的对照。

小技巧

表1-6　失败者和成功者惯用语

消极的语言（失败者常用）	积极的语言（成功者常用）
这事我已无能为力了	我来试试看有没有其他可能
我就是这样的人	我可以尝试其他方式
真把我气死了	我可以完全掌控自己的情绪
他们不会答应的	我以非常有效的沟通方式与人相处
我不能，我不行	我能，我行
我不得不……	我非常愿意……

续表

消极的语言（失败者常用）	积极的语言（成功者常用）
要是……就好了	我将打算……
他们都不配合我	咱们是一个精诚合作的团队
我有一种被孤立的感觉	在团队中我们都各尽其责
一碰到困难和障碍我总会产生恐惧和不安	每当方案行不通我总会立即寻找新的办法或援助

二、案例分析 Case Study

案例一：任正非的问题意识

华为走到今天，是因为创始人任正非天天思考的都是问题和失败。华为的成就是一个成功企业家所具有的问题意识、危机意识、忧患意识对他的最好回馈。

1992年，华为营业额突破一个亿。当时任正非说："很庆幸，我们终于活了下来。"或许这句话只有经历了那个时代创业艰辛的人才能体会得到这背后所蕴藏的酸甜苦辣。

1998年，正值互联网行业的寒冬。任正非写了一篇《华为的冬天》。文章说到在十年以来，他天天思考的都是失败，对所取得的成功均视而不见，只有这样华为才能在过去创业环境极其残酷的十年中活了下来。

> 生活的智慧大概就在于逢事都问个为什么。
>
> ——【法】巴尔扎克

有一本书叫《下一个倒下的会不会是华为》，书名的来历是任正非每年参加的一个全球分析师大会。2014年，一位来自英国的分析师问任正非："希望任总能够展望一下未来二十年后的华为会是一个什么样的状况。"任正非不假思索地回答："二十年后，华为将是一片坟墓。或许十年后华为这家公司就有可能已经不存在了。"这又让我们看到了任正非身上那种融于骨子里面的问题意识、危机意识。在他的带领下，华为始终想的是如何帮助客户去创造更好的价值，如何能够让自己活下来。如今华为已成为全球移动通信领域的行业翘楚，我们看到的却是华为对问题的探索发现和锐意进取。任正非说："华为已经进入到了一个无人区，前面有可能是万丈深渊，稍有不慎就会万劫不复。"

> 正是问题激发我们去学习，去实践，去观察。
>
> ——【英】K. R. 鲍波尔

华为给了我们值得骄傲的技术和产品，但是华为并没有自满和自傲。他们深知与西方科技巨头的差距。面对美国的强势打压，华为人在他的感召下不卑不亢，空前团结。"996"（早上9点上班晚上9点下班，一周工作六天）曾被人指指点点，但很多华为人自发地将它变成了“916”——早上9点上班，第二天凌晨1点下班，一周工作六天！他们正带着问题意识在赶往“无人区”的路上。

思考：

如果大脑中、眼中没有问题意识，就意味着我们只能做问题的奴隶，并被问题牵着走。有了问题意识才能让我们去发现问题，并往解决问题的方向迈进。任正非正是有这样的认识，才让他带领华为人将面对的一个个问题变成了一个个解决方案。正是这些解决方案才让华为抓住了客户的心理，满足了他们的需求，解决了他们的痛点，同时也让自己发展壮大了。

案例二：意识不到问题在哪里

美国激励大师拿破仑·希尔在他的《成功学全书》中讲了一个故事：

有一天，拿破仑·希尔站在一家商店出售手套的柜台前，和受雇于这家商店的一名年轻人聊天。他告诉拿破仑·希尔，他在这家商店服务已经4年了，但由于这家商店的短视，他的服务并未受到店方的赏识，因此，他目前正在寻找其他工作，准备跳槽。

在他们谈话中间，有位顾客走到他面前，要求看看一些帽子。这位年轻店员对这名顾客请求置之不理，一直继续和希尔谈话。虽然这名顾客已经显出不耐烦的神情，但他还是不理。最后，他把话说完了，这才转身向那名顾客说：“这儿不是帽子专柜。”那名顾客又问帽子专柜在什么地方，这位年轻人回答说：“你去问那边的管理员好了，他会告诉你怎么找到帽子专柜。”

4年多来，这位年轻人一直处于一个很好的机会中，但他却不知道。他本来可以和他所服务过的每个人结成好朋友，而这些人可以使他成为这家店里最有价值的人。因为这些人都会成为他的老顾客，而不断回来同他交易。

但是，他拒绝或忽视运用自制力，对顾客的询问爱搭不理，或是冷淡地随便回答一声，把好机会一个又一个地损失掉了。

世界上最著名的管理咨询公司之一的麦肯锡公司把每位员工的不足称为“改进方向”。这是强调未来的提高空间，而不是今天的不足。

思考：

看问题，眼睛不能老是盯着别人，首先要从自身找原因。案例中年轻人正准备跳槽，他认为是他的老板的“短视”，他的服务并未受到店方的赏识，所以没有发展机会。问题的本质在这里吗？这位年轻人虽然也有“问题意识”，但他寻找问题的方向全然错误，从而导致错误的结论。如果方向错误，走得越远错得越离谱。

请学员们以这位年轻人的状态作为参照，思考一下自己工作中有没有类似的情形。如果有，这样的问题应该怎样解决？

三、过程训练 Process Training

训练一：培养你的问题意识

问题意识的培养不是一蹴而就的，是一个长期的过程。强烈的问题意识是我们发现问题、分析问题、解决问题的重要前提。根据本节介绍的知识，通过文献搜集与整理、调研，并结合你自己的思考和理解，完成下面的训练。通过训练，有意识地在借鉴别人经验的同时来培养你自己的问题意识。

（一）研究名人的问题意识

找几个有代表性的名人（如牛顿、爱因斯坦、钱学森、屠呦呦等），仔细研读他们的生平事迹，总结出他们强烈的问题意识主要体现在哪些方面或体现在哪些事迹上？

表1–7　问题意识表

人　物	问题意识主要体现

（二）寻找企业家的问题意识

企业家的问题意识直接体现在他（她）的企业经营理念当中。找几位知名的企业家（如任正非、乔布斯、比尔·盖茨、马云等），仔细研读他们的事迹以及他们所创办公司的经营历程，总结出他们强烈的问题意识主要体现在哪些方面，或体现在哪些事迹上。

表1–8　问题意识体现表

人　物	问题意识主要体现

（三）强化个人的问题意识

通过上述两项训练，结合自己的理解和思考，并考虑自己的实际情况，思考一下有哪些途径和方法可以强化个人的问题意识。

表 1–9 问题意识强化方法和途径表

提高自己个人问题意识的方法和途径	
1	
2	
3	

训练二：我的问题意识 SWOT 分析

SWOT 分析是用图表的方法来总结具体的过程、产品、部门、个人或机构的优势、劣势、机遇和威胁。

（一）规则和程序

认识自己，了解他人，理解环境，明确需求，从而激发学员发挥潜能解决问题。

1. 学员把自己的优势、劣势、机会和威胁填在 SWOT 分析表中，并与小组成员分享。

2. 对四个领域进行头脑风暴。

S（Strengths，优势）：内部特征、行为、业绩等方面比较强的那部分。

W（Weaknesses，劣势）内部特征、行为、业绩等方面比较弱的那部分。

O（Opportunities，机会）：外在于分析主体并能够带来增长或改进的积极机遇的事件、机会或变化。

T（Threats，威胁）：外在于分析主体并可能对业绩产生不利影响的事件、机会或变化。

以产品开发过程为例的 SWOT 分析样例：

表 1–10 SWOT 分析操作表

S	W
历史上曾经有过创造性的成功产品开发 能够迅速启动新项目 都愿意利用功能互补的团队	了解最新工程技术的经验有限 预算限制 近些年来对新技术的投资有限
O	**T**
部门领导很快就要退休了 母公司在推动新产品系列 很多分析报告显示该产品成长性非常看好	传闻竞争对手 M 投巨资重新装备实验室 竞争对手 A 正在宣传研究人员 总部想对工厂测试部门加以限制，可能会裁员

学员与学习伙伴讨论团队的SWOT的四个方面，以便商定优先行动的内容。

3. 教师或讲师可以将学员划分成3～6人的小组，以小组形式讨论个人以及整个团队的优势及劣势、机会及威胁。并请参照图1–4做出自己及自己团队的SWOT分析图。

（二）相关讨论

1. 做了SWOT分析并和团队进行沟通讨论之后，自己是否对自己以及自己所在团队的认识更加深刻了？

2. 与小组的其他成员分享了之后，学到了些什么？是不是对解决某些问题更有信心？

3. 人与人之间思维方式有很多相似或差异之处。人要想了解自己，需要更全面地看问题。

四、效果评估 Performance Evaluation

评估一：孔子的问题意识

（一）情景描述

情景一：两千多年前的周王朝时，鲁国有一条法律明示，鲁国人在国外沦为奴隶，如果有人能把他们赎回来的，回国后就可以到国库中领取与赎金等额的补偿金。有一次，子贡在国外赎回了一个鲁国人，回国后不接受国家补偿金。

情景二：孔子的另一个弟子，性情刚直、好勇尚武的子路（仲由，字子路，又字季路，“孔门十哲”之一、“孔门七十二贤”之一）救起了一名落水者，那人为了感谢他就送了他一头牛，子路收下了。

同样是救人事件，这两位著名门徒的做法不一样。你如何看待这两位孔门大弟子处理事情的方式？如果你是事件的当事人，你将如何处理？

> 子贡，即端木赐，复姓端木，字子贡，春秋末年卫国人。“孔门十哲”之一，孔子曾称其为“瑚琏之器”。
>
> 子贡善于雄辩，且有干济才，办事通达，曾任鲁国、卫国之相。他还善于经商之道。“端木遗风”指子贡遗留下来的诚信经商的风气，成为中国民间信奉的财神。

（二）情景分析

子贡和子路都是“孔门十哲”之一，是孔子最器重的门徒。乍一看，摆在今天，普通人会认为子贡把我们的老乡救回来，且不拿国家一分钱，做得好，做得对啊，这是高风亮节啊，还为国家节约了经费，一举两得。而子路跳水救人也做得对，不过，救了人还要受人家的厚礼，似乎有点说不过去。伟大的教育家孔子却不这么看，他的眼光更长远，他的问题意识更鲜明，从这两件事的本质看出了事件本身的影响。

孔子说："子贡做错了，从今以后，鲁国人就不再愿意为在外的同胞赎身了。你接受了国家的补偿金，并不会损害你的行为；而你不肯拿回你抵付的钱，别人就不肯再赎人了。"（孔子曰："赐失之矣。自今以往，鲁人不赎人矣。取其金则无损于行，不取其金则不复赎人矣。"）

对于子路从水中救人后子路受人家礼物孔子表达了肯定，并说："这下子鲁国人一定会勇于救落水者了。"

夫子见微知著，洞察人情，实在是了不起。"子贡赎人"用自己的钱做了一件对自己对他人都受益的好事，本应该被树为道德典范，夫子为何反而要批评他？其实，子贡的错误在于把原本人人都能达到的道德标准超拔到了大多数人难以企及的高度。这样使很多人对赎人这样的事情望而却步。违反常情、悖逆人情的道德是世上最邪恶的东西。把道德的标准无限拔高，或者把个人的私德当作公德，两种做法只会得到一个结果，这就是让道德尴尬，让普通民众闻道德而色变进而远道德而去。所以，孔子的伟大之处就是让我们普通人感受到"道德其实应该是一个人人都能够做到的、无损于己而又有利于他人和社会的原则和道理"。

> 子路，即仲由，字子路，又字季路，鲁国卞之野人。"孔门十哲"之一，受儒家祭祀。
>
> 仲由性情刚直，好勇尚武，被孔子启发诱导，设礼以教，跟随孔子周游列国，做孔子的侍卫。后做卫国大夫孔悝的蒲邑宰，以政事见称。任内开挖沟渠，救穷济贫，政绩突出，辖域大治。

评估二：问题意识的强弱

（一）情景描述

问题意识有强弱之分，个体较强的问题意识与较弱的问题意识在思想、行为上会表现出不同的特征。下面有一组测试题，请根据你的实际情况，实事求是地进行选择。

1. 在认知事物的过程中，对认知对象我特别喜欢进行仔细观察、怀疑和批判。

A. 是的　　B. 很少　　C. 从不

2. 在认知事物的过程中，一旦产生了疑问，就会有一股吸引力让我持续不断地探究下去。

A. 是的　　B. 很难说　　C. 从不

3. 一旦发现了存在的问题，我就会欢呼雀跃，异常开心。

A. 是的　　B. 很少　　C. 从不

4. 我对存在的问题有一种自然的发掘的欲望。

A. 是的　　　　　　B. 很难说　　　　C. 从不

5. 对于发现的问题，我会及时分析，想尽各种办法去解决。

A. 是的　　　　　　B. 很少　　　　　C. 从不

6. 我常常认为自己是问题发现的高手，而不是解决问题的高手。

A. 从不这样　　　　B. 很少这样　　　C. 经常如此

7. 我常常不自信，对解决问题没有强烈的欲望。

A. 从不这样　　　　B. 很少这样　　　C. 经常如此

8. 我经常认为“信息抓得越快越准，就越能发现真问题”。

A. 是的　　　　　　B. 很难说　　　　C. 从不

9. 我经常认为“细节决定成败”。

A. 是的　　　　　　B. 很少　　　　　C. 从不

10. 我对问题高度敏感，任何细小的问题我都不会放过。

A. 经常如此　　　　B. 很少如此　　　C. 基本没有

11. 涉及到自己的问题我会拼命跟进，和自己无关的问题我漠不关心。

A. 从不　　　　　　B. 很少　　　　　C. 经常

12. 对于自己解决不了的问题，我往往知难而退，束之高阁。

A. 从不　　　　　　B. 很少　　　　　C. 经常

13. 我经常觉得对问题要具有高度的责任感，不管这个问题是大是小，和你是否有关。

A. 是的　　　　　　B. 很难说　　　　C. 从不

14. 我经常能准确判断出问题的性质及严重性。

A. 是的　　　　　　B. 很少　　　　　C. 从不

15. 我能轻而易举地对众多的问题进行归类。

A. 是的　　　　　　B. 很少　　　　　C. 从不

16. 我觉得我的问题识别能力比较高，同事或朋友也非常赞同我这一观点。

A. 是的　　　　　　B. 很少　　　　　C. 从不

17. 对问题的识别、解决让我的创新能力不断得到增强。

A. 是的　　　　　　B. 很难说　　　　C. 从不

18. 我经常在问题识别、解决中有发现式创新。

A. 是的　　　　　　B. 很少　　　　　C. 从不

> 一个人想做点事业，非得走自己的路不可。要开创新路子，最关键的是你会不会自己提出问题，能正确地提出问题就是迈开了创新的第一步。
>
> ——李政道

（二）评估标准与结果分析

选择 A 得3分，选择 B 得2分，选择 C 得1分。各项得分之和就是本次评估总得分。42分以上，表明你当前具有较强的问题意识；

34～41分之间，表明你当前的问题意识一般；20～33分之间，表明你的问题意识有待加强；19分以下，表明你的问题意识很差。需要说明的是，该评估仅是一种定性评估，你的得分仅表明你目前问题意识的状态。只要你不断实践，有意识地加以训练，你完全可以提高你的问题意识。

缺乏问题意识的表现

1. 重复问题一再发生。
2. 品质不良率偏高且无改善。
3. 极少改善提案。
4. 工作被动。
5. 各种浪费现象严重。
6. 异常情况常被掩盖。
7. 工作表面化。
8. 遇事找借口。

附录：

第一章第一节“过程训练”“传教士与野人”答案：

第一步：先过去两个野人，再回来一个（或先过去一个传教士和一个兽，传教士回来）；

第二步：过去两个食人兽，再回来一个（再过去两个兽，再回来一个兽，下面的一样）；

第三步：过去两个传教士，再回来一个传教士和一个食人兽；

第四步：过去两个传教士，回来一个食人兽；

第五步：过去两个食人兽，再回来一个食人兽；

第六步：最后两个食人兽过去。

这是一个训练问题解决策略的数学问题：过河方案中每一步的状态，将影响其后一步的结果，这在现代数学中被称为多步决策理论。

第三节　发现问题

一、能力目标 Competency Goal

问题在任何时间和任何地点都有可能出现，我们看不出问题或者问题没有表露出来是因为它们隐藏在某些表象下面，问题也不是显而易见，很多问题不是有形的，它常常被你所处的环境掩盖，它也经常善于伪装成很平常的样子。西方有一句格言曾说："如果我们能意识到问题的出现，就等同于我们已经将问题解决了一半。"这句话告诉我们，要发现问题并不是一件特别容易的事情。

通过本节的学习，你能理解：

1. 发现问题是解决问题的前提；
2. 如何提升发现问题的能力；
3. 如何发现问题。

> 学校的目标是应当培养有独立行动和独立思考的人。不过，他们要把为社会服务当做自己人生的最高目标。
>
> ——【美】爱因斯坦

（一）解决问题始于发现问题

1. 问题无处不在

有些问题我们可以直接感觉到或观察到它们的存在，但有些隐藏在现象背后的问题我们并不能马上觉察到它们的存在。也许有人会说"我每天过得很快乐、很充实，没发现任何问题啊"。但是，没有发现问题并不代表没有问题。当然，也必然会有一些你发现不了的问题。

小知识

如下事情容易产生问题：

表1–11　容易产生问题的事情

自己有疑问的事情	自己无法解决的事情	目标不明确的事情
自己不适应的事情	无法达成目标的事情	缺乏适当实现条件的事情
会引起争执的事情	与他人存在意见分歧的事情	没有条理的事情
使自己感觉到有压力的事情	现状有异常的事情	未来可能出现危机的事情

所谓我们看不见的问题，有些是那些我们没有意识到的问题，抑或是我们忽视了其存在的问题。问题是客观存在的，不管你看得到或是看不到，问题无处不在。忽略或忽视问题的存在，不仅不能解决问题，而且会进一步扩大问题的危害。等到要解决时，你会发现为时已晚或者要耗费巨大的资源。这种情况并不少见，就像我们人体身上的癌细胞一样，在很多情况下，当我们发现它的时候已经为时已晚。

问题无处不在，任何一个人都无法避免或视而不见，那么，我们就应该勇敢面对问题，善于发现问题，为有效解决问题提供前提和基础。

小思考

在一般企业面临的如下普遍问题中，有多少与你有关？

表1–12　企业面临的问题表

利润率越来越低	产品研发没有进展	同事间没有合作意识	对工作缺乏热情
会议和文书多影响效率	客户满意度下降	团队内耗严重	开拓能力下降
竞争日趋激烈	销售额不见增长	产品竞争力下降	执行力不强
价格持续走低	产品库存过多	研发计划过多	成本居高不下
交货延期	团队成员沟通不畅	基层执行力不强	订单减少

2. 发现问题是解决问题的开始

在同样的背景和环境中，有些人能够发现问题，而有些人则不能。例如，在工作中，某些人自认为事情处理得很得当，但当他向领导汇报时，却得到如此质疑：“你这么做有什么理由吗？你这么做肯定行不通！”这是因为领导或其他资深人士发现了问题所在，而当事人却根本没有意识到有问题。这就很容易判断一个人的能力高低。

美国钢铁大王卡内基说过：“大凡能够为人类事业做出贡献的人，在他们思想中装着的净是问题。他们的思维是不会清闲的，旧的问题解决后新的问题又接踵而至。试问，有多少员工是这样做的呢？”

小思考

有些人觉得能力强的人面对的问题会少一些，而能力弱的人面临的问题会更多一些。你怎么看待这种说法？在职场中的实际情况是这样的吗？

中国科学院外籍院士姚期智认为，一个好的理论计算机小组应该是一个能够把握时机，看到这个世界上别人还没有想到、更没有做到的最新需要解决的问题。微软亚洲研究院理论研究组的宗旨是要使得别人到这里来学习，而不是想去解决别人的问题。所以，从某种角度来看，发现问题比解决问题更重要。

小故事

英国著名物理学家、化学家波义耳平常非常喜爱鲜花。一天，波义耳拿起一束紫罗兰边欣赏边走向实验室。进了实验室，他把紫罗兰往桌上一放就开始了化学实验。实验过程中，他不小心把少许盐酸酸液溅到了紫罗兰的花瓣上，谁知发生了奇妙的现象：紫罗兰转眼间变成了“红罗兰”。这惊奇的发现立即触动了波义耳，盐酸能使紫罗兰变红，其他的酸能不能使它变红呢？波义耳立即用不同的酸液试验起来。实验结果是酸的溶液都可使紫罗兰变成红色。酸能使紫罗兰变红，那么碱能否使它变色呢？变成什么颜色呢？紫罗兰能变色，别的花能不能变色呢？由鲜花制取的浸出液，其变色效果是不是更好呢？经过波义耳一连串的思考与实验，很快证明了许多种植物花瓣的浸出液都有遇到酸碱变色的性质。特别是衣类植物——石蕊的浸出液变色效果最明显，遇酸变红，遇碱变蓝。自那时起，石蕊试液就被作为“酸碱指示剂”正式确定下来。

> 提出一个问题往往比解决一个问题更重要。因为解决问题也许仅是数学上的或实验上的技能而已，而提出新的问题，新的可能性，从新的角度去看旧问题，却需要创造性的想象力，而且标志着科学的真正进步。
>
> ——【美】爱因斯坦

可见在研究领域发现问题是解决问题的前提和基础，甚至比解决问题更为重要。

（二）发现问题的能力

有很多人对问题非常敏感，面对任何微小的线索和信息，他们在短时间内就能发现问题并找到问题的解决方案，这些人的大脑可能具有较强的逻辑整理和分析能力。他们可以把现实中的各种情况加以整理和分析，有较强的发现问题的能力。

1. 发现问题需要能力

如果一个组织或团队无法发现问题，就没能发展机会；一个员工不能发现问题，他就不会取得工作业绩。只有具备了发现问题的能力才有解决问题的可能。

（1）发现问题需要观察能力

所有的知识和技能都始于观察。我们必须具有精确的观察世界的能力，只有如此才能辨认不同的行为模式，抽象出法则，类比事物的性质，创作出新的行为模式进而革新创新。

（2）发现问题需要信息处理能力

发现问题需要与众不同的思考角度，需要从外界众多的信息中发现自己所需要的有价值的信息，需要自己独创性的判断。只有这样，才能挖掘到隐藏在事物背后的本质。因此，发现问题是一种能力，是一种创新。对于显而易见的问题谈不上发现，只有发现那些绝大多数人看不到或意识不到的问题才能彰显出一个人能力的大小。问题是命运送给你的机遇，直面问题，善于发现真问题，才能为有效解决问题提供坚实的基础。

（3）发现问题需要学习能力

没有学习能力就不能发现工作中出现的新问题。学习能力包括注意力、记忆力、理解能力、思维能力、分析能力、计算能力、视觉能力、听觉能力等方面。只有不断地坚持学习，才能适应形势发展、跟上时代前进的步伐、符合岗位与职业发展的需要，才能开阔视野、创新思维、增长才干，才能胜任工作的要求。

小案例

法国安盛保险公司是世界著名的保险公司之一，该公司无论是上层领导还是普通营销人员能力都非常出众，薪金待遇也十分丰厚。一次，一个很出色的业务主管忽然宣布辞职，他的领导、同事和下属都难以理解：他平时的业绩很好，而且收入不菲，为什么辞职呢？还是在没有流露出任何迹象的情况下提出的辞职，这一现象引起了区域经理的高度重视。经过调查，区域经理发现有两个原因：首先，这位主管并不想永远只做一个主管。因为他认为自己担任主管职位已经两年多，工作积极，表现良好，可是销售总监居然连自己的名字都叫不上来，感觉升职无望。其次，销售总监和区域经理在工作过程中，忽视了员工的精神追求，导致员工的内驱动力有问题。针对这一发现，区域经理及时采取措施，改进管理方法，避免了类似事件的发生，同时在更大程度上提高了员工的积极性。

思考：

如果区域经理没有发现这一问题，后果会有哪些？

观察问题出错原因

1. 被事物的表象所迷惑，没有深入研究事物的本质。
2. 被无关紧要的线索引入歧途。
3. 过于感性，观察问题太主观、太片面。
4. 由于能力所限，不能观察到问题的本质。
5. 受到某些观点影响，从而使观察毫无作用。

2. 如何提升发现问题的能力

事实证明，只有发现了问题之后才能正确地分析问题，进而解决问题。那么在日常生活中，如何才能提高发现问题的能力呢？方法其实很简单：要学会敏锐的洞察力；要具有责任感；要明白自己每天的目标是什么；要清楚自己每天具体做的是什么；要多问自己几个为什么；要时刻保持清醒的头脑和活跃的思维；要经常与人沟通；要善于注重细节；要努力学习专业知识，涉猎相关非专业知识；要加强专业能力的培养；要具有广阔的视野；要经常进行实践锻炼；不受常识左右等等。

（三）如何发现问题

不是任何人都能及时发现问题，但很多具有丰富经验的领导和职场前辈则能发现工作中的问题，并根据经验得知不同问题所带来的不同影响。职场新人亦不要惧怕困难，通过学习、培训和阅历的积累或一些方法的训练也可以发现工作中的问题。

"没有问题"是禁语

面对"你的工作是否存在问题"的询问，我们往往得到的答案是"我的工作没有问题"。

其实，"没有问题"这种表述不够准确，准确的表述方式应该是"我现在暂时还没有发现问题"。

1. 原则

要发现问题的本质必须立足于一定的原则基础上，只有这样才能正确地理解事物的基础。如下三原则是我们要考虑的：

（1）不拘泥于眼前得失，用长远的眼光看问题。

（2）不局限于某一方面，全方位多角度地看问题。

（3）不纠缠于细枝末节，要看清事物本质。

小思考

你身边有哪些人属于善于发现问题的人，仔细观察他或她，并与其交流，总结出他（她）们善于发现问题的性格、行为、习惯等特点，并研究学习之。

2. 方法

发现问题不能单凭想象而做出看起来漂亮的分析，而是要充分理解客户或服务对象的想法，想着要如何与竞争对手角逐或自己的团队和组织采取了什么行动，这一切均需基于对事实进行理解。要发现问题，我们必须在充分理解问题的基础上采取如下一系列方法与措施：

（1）创造机会与他人多沟通，学习他人的经验。一个人的常识与阅历毕竟有限，其他人或许能看到问题的另外一面。同时，他人的经验可避免自己犯错。

（2）多收集数据，将问题量化，用数据来确认问题。数据是准确客观的东西，数据不会欺骗任何人。

（3）多问几个为什么。问为什么是用来分析问题原因的一种简单技巧。日本管理学者大前研一说过："问够100个问题，问题的原因就会显现出来。”当然，这100个问题必须按照非常严密的逻辑构成。因为原因可能就在你提出问题的相反的一面。

（4）对自己擅长的东西多加关注。在自己擅长的方面观察，自然就会明白哪些偏离了轨道，哪些正在正常运转。

（5）灵活运用问题检查表等问题识别工具。检查表是对信息进行收集和分类的一种方式，由此可以比较容易地对信息进行描述和分析。它在解决问题的过程之初特别有用，不仅用于收集资料，而且一旦情况有所变化也可以用来监控运营状况。

（6）从不同的角度去看待事物。宋朝诗人苏轼也说道：

横看成岭侧成峰，远近高低各不同。
不识庐山真面目，只缘身在此山中。

这首诗告诉我们：我们观察事物的立足点、立场不同，就会得到不同的结论。我们只有摆脱了主观的局限，置身于事务与问题之外，高瞻远瞩，才能真正看清问题的本质与真面目。

> 沟通不良是导致人际冲突的最主要的原因。人们用将近70%的清醒时间进行沟通，因此阻碍群体工作绩效的最大障碍在于缺乏有效的沟通。

3. 范例

所有发现问题、分析问题与解决问题的目标都是让我们自身和组织进入一种更好、更理想的境界。富有使命感的人因为他们的个人目标与组织目标一致，所以，更容易在工作中发现问题。不仅如此，他们还会经常或定期向自己发问，并以此为准绳来提升个人与组织的效率。管理大师彼得・德鲁克说：“组织使命和领导力并不是一些随便读读、随意听听的东西，你必须有所行动。自我评估能将良好的意向和有用的知识转化为有效的行动——不是在明年，而是从明天早晨开始。”

> 彼得・德鲁克是“现代管理学之父”，其著作影响了现代追求创新以及最佳管理实践的学者和企业家们，各类商业管理课程也都深受彼得・德鲁克思想的影响。

自我评估的内容包括：你在做什么，为什么要这么做，怎样做才能提高组织的绩效？于是，他就提出了一套完整的自我评估的五个最基本的、经典的问题：

（1）我们的使命是什么？

（2）我们的顾客是谁？

（3）我们的顾客重视什么？

（4）我们的成果是什么？

（5）我们的计划是什么？

这是五个非常简单却引人深思和反省的问题。它的涉及面极广，可以适用于任何组织，于是被各种各样的组织领导者奉为圭臬。这样的自我评估可以迫使个人和组织去聚焦在实现自己的使命上。如果经常用这几个问题去问自己，去衡量自己与组织行为，我们就更容易发现本质问题。

小工具有时候能帮大忙，如鱼骨图就是一个非常有价值的工具。它可以让使用者关注原因而非症状，同时可以提供为什么会有这样的结果的一个清晰画面，还为进一步收集资料和行动提供坚实的基础。其他常用的工具还有“SWOT分析”、“帕累托法则”、“六顶思考帽”、“PDCA戴明环”、矩阵图、“甘特图”、树形图、“优先坐标法”等等，本教材将选一些最常用的工具做简单介绍和使用说明，好让大家在工作中加以利用。

很多团队或组织中的领导和成功人士经常将自己的经历作为参照，针对当前发生的现象准确地找到问题点，但对职场新人来说，掌握了事物或项目的标准，也可像领导或成功人士一样很快地对问题进行定义继而发现问题。

二、案例分析 Case Study

案例一：画一条线1万美元

20世纪初，美国福特公司正处于高速发展时期，一个个车间、一片片厂房迅速建成并投入使用。客户的订单快把福特公司销售处的办公室塞满了。每一辆刚刚下线的福特汽车都有许多人等着购买。突然有一天，福特公司一台巨大的电机出了毛病，几乎整个车间都不能运转了，相关的生产工作也被迫停了下来。公司调来大批检修工人反复检修，又请了许多专家来察看，可怎么也找不到问题出在哪儿，更谈不上维修了。福特公司的领导真是火冒三丈，别说停一天，就是停一分钟，对福特来讲也是巨大的经济损失。

在定义问题时，我们要学会用数值来把握现状和当前人们的状态，用数值来衡量和显示问题与理想状态的差距。只有用数值来显示，别人或你的团队成员才会对问题一目了然。

这时，有人提议去请著名的物理学家、电机专家斯坦门茨帮助，大家一听有道理，急忙派专人把斯坦门茨请来。斯坦门茨要了一张席子铺在电机旁，聚精会神地听了三天，然后又要了梯子，爬上爬下忙了多时，最后在电机的一个部位用粉笔画了一道线，写下了“这里的线圈多绕了16圈。”工作人员照办了，令人惊异的是，故障竟然排除了！生产立刻恢复了！

福特公司经理问斯坦门茨要多少酬金，斯坦门茨说：“不多，只需要1万美元。”1万美元？就只简简单单画了一条线！当时福特公司最著名的薪酬口号就是“月薪5美元”，这在当时是很高的工资待遇，以至于全美国许许多多经验丰富的技术工人和优秀的工程师为了这5美元月薪从各地纷纷涌来。1条线，1万美元，一个普通职员一百多年的收入总和！斯坦门茨看大家迷惑不解，转身开了个清单："画一条线，1美元；知道在哪儿画线，9999美元。"福特公司经理看了之后不仅照价付酬，还重金聘用了斯坦门茨，并高价收购了他所在的小企业。

什么是专家？专家是特别精通某一学科或某项技艺的有较高造诣的专业人士，他们能发现问题点在哪里，并能用最简单、最经济和最有效的办法解决问题的人就是专家。

思考：

该案例说明了哪些道理？

你对"有些时候，发现问题比解决问题更重要"这种说法有何看法？

案例二：影像帝国的没落

"70后"和"80后"们可能对胶卷有些许记忆，但许多"90后"们却已不知它为何物了。胶卷在20世纪为记录真实的图像和信息立下了汗马功劳，同时它也是热爱摄影的人士的必备物品。现如今，它在我们的日常生活中几乎找不到踪影了。

"你只按下按钮，其余交给我们！"这句曾经让全球摄影爱好者耳熟能详的广告语的主人、拥有132年历史的百年老店——美国柯达公司，2012年1月19日上午，在纽约向法院提出申请破产保护。曾经的柯达，先后研制出胶片和"傻瓜相机"，将摄影的乐趣带向普通百姓。但如今的柯达却已经风光不再，自2005年以来，年年亏损。2011年12月《财富》杂志评选出的美国五百强十大烂股中柯达以85%的跌幅名列第三位。从2011年1月11日到2012年1月5日，柯达的股价跌去了93.7%。在一项关于"2015年前消失的五个品牌"的预测调查中，柯达受到了27%的被调查者提名，排在首位。

如果我们不把自身当作一个问题看待，就永远不会发现生活中的其他问题。

柯达因为掌握了最为先进的摄像胶卷技术，曾执全球摄像市场之牛耳。但从数码成像技术出现的那一刻开始，依靠传统的胶卷摄像的冲印技术就清楚地显示了它的落后，从而逐渐被消费者所抛弃。可惜的是，尽管世界上第一台数码相机是柯达自己于1975年由工程师史蒂芬·萨松研发成功的，但它却未能及时地将其转化为消费品，当全球市场迅速为数码摄像技术而激动的时候，柯达仍然固守着它在传统模拟相机胶卷上的地盘，没能跟上市场业态的变化，所掌握的拳头技术变成了它的包袱，成为一种拖累它前进的负资产。

柯达依据其独特的竞争力和行业地位设计了冲洗和打印的健全经营体系，沉浸在成功的光环下。柯达迷失了，疏忽了消费者拍摄图片的存储习惯和用途变化，没有感知数码时代对传统行业的冲击的必然趋势。没有发现问题，或者说感觉到了问题但并没有着手去解决问题，导致了柯达沦落到了请求破产保护的命运。今天，按下按钮的人越来越多，但交给柯达的事情却完全没有了。

一个人不能发现问题可能只影响个人职业生涯，一个企业不能及时发现问题，可能影响整个产业链和一代又一代消费者对这个行业的记忆。一个国家不能发现问题，只能导致国家的覆灭甚至民族的消亡。

科学始终是不公道的。如果它不提出十个问题，也就永远不能解决一个问题。

——【英】肖伯纳

思考：

柯达公司为什么没能发现问题？作为世界上第一台数码相机的研发者的柯达公司为什么没能把握机会？这对我们有什么启示？

三、过程训练 Process Training

训练一：我所面临的问题

问题无处不在，包括你自己，平时也会面临这样或那样大大小小的问题。结合你最近一个月或一周的实际情况填写下表，以了解自己所面临的问题，并请用清晰的语言和逻辑描述这些问题、问题产生的真正原因。如果可能，设计出三种以上解决这些问题的方案。

如果不能发现问题，请求你身边的同学、同事、朋友或家人的帮助来发现你的问题。

表 1–13　我所面临的问题

	工作方面	学习方面	家庭方面	爱情方面	生活方面
面临的问题	问题 1： 问题 2： 问题 3： 问题 4： ……	问题 1： 问题 2： 问题 3： 问题 4： ……	问题 1： 问题 2： 问题 3： 问题 4： ……	问题 1： 问题 2： 问题 3： 问题 4： ……	问题 1： 问题 2： 问题 3： 问题 4： ……

训练二：我的成功五问

请回答下面参照管理大师彼得·德鲁克的企业管理的五个经典问题而设计的一个让正在学习或工作中的你能够回答的成功五问。

回答这五个问题对你个人的工作和生活以及所面临的职业都有积极而正面的意义：

1. 你想要什么？（这反映了你的目标）
2. 你怎样才能得到？（督促你做出你的计划）
3. 过程中的完美和不完美是什么？（你的实施过程怎么样）
4. 你愿意为之付出什么样的代价？（你的成本和你的决心是什么）
5. 如何行动才能达到预期结果？（你将如何开展行动）

你自己甚至还可以设计依据你自身的特点和优势的成功五问，并和学习与工作伙伴一起来回答。

松下幸之助在经营松下公司的同时创办了松下政经学校，请了很多优秀教师任教。他们不采用惯用的教学方法，而采用学生提出问题，老师解答的教学方式。如果学生提不出问题，老师就什么也不教。为了提出问题，学生必须对所学知识或技术产生疑问，并经过仔细思考，深入探究。这一教学模式，提高了学生的学习积极性，增强了学生学习的内驱力，培养了学生的问题意识。

训练三：思维训练

解决问题必须具备一定的思维能力。为了训练我们的思维能力，请尝试做一下下面这道思维题“谁养斑马”。

这个任务含有两个问题，完成它的世界纪录是10分钟，现在我们给大家20分钟，相信大家一定会做得很好了。

现在请看题，并开始计时：

有5栋房子，每栋大门颜色都不一样，分别住着来自不同国家的人，有不同的宠物和不一样的饮料。每个人吃不同的食物。

1. 澳大利亚人住的房子的门是红色的。
2. 意大利人养狗。
3. 有绿色大门的房子里的人喝咖啡。
4. 乌克兰人喝茶。
5. 有绿色大门的房子紧挨着有象牙色门的房子的右边（你的右边）。
6. 吃蘑菇的人养蜗牛。
7. 有黄色大门的房子里的人吃苹果。
8. 中间那栋房子里的人喝牛奶。
9. 挪威人住在左边的第一栋房子里。
10. 吃洋葱的人住在养狐狸的人的隔壁。
11. 吃苹果的人住在养马人的隔壁。
12. 吃蛋糕的人喝橙汁。
13. 日本人吃香蕉。
14. 挪威人住在有着蓝色大门的房子的旁边。

请问：谁喝水，谁养斑马？

要发现问题，必须把握正确的方向。如果方向弄错的话，即使工作进展再快也没有任何意义，反而与目标偏差更大，损失更多，问题更难以解决。

现在请答题，并请不要往下看，在花完给你的20分钟时间后再往下看。

在解答过程进行到大约一半的时候会出现两个岔道，或者说是两次思维转折。解决问题的唯一方式就是尝试错误。如果你选择的路径不对，就得折回。

我们在这里提供给大家一种答题思路：用大门颜色、国籍、宠物、饮料和食物列一个表格或做成一个矩阵，这样做起来就会轻松一些。

（答案在本节最后。）

四、效果评估 Performance Evaluation

评估一：你对问题无处不在的理解

（一）情景描述

逃避问题、对问题视而不见或没有发现问题的存在都无法改变问题无处不在的事实。下面每一个问题都有三个相同的选项：A.（是），B.（不确定），C.（否）。请结合你自己的实际情况，实事求是地选择最符合你的答案，评估一下自己对问题无处不在的理解与认识。

1. 问题分为看得见的问题和看不见的问题两类。
2. 看得见的问题需要马上面对和解决。
3. 看不见的问题可以当它不存在。
4. 发达国家和发展中国家面临有共同的世界性问题。
5. 发达国家要比发展中国家面临的问题多且复杂。
6. 我国政治、经济、文化发展举世瞩目，不存在急需解决的重大问题。
7. 我国所面临的各方面问题与我关联都不大。
8. 所在区域存在的问题很多，尤其是经济与社会生活方面。
9. 区域存在的问题涉及各方面，若不及时解决会阻碍区域经济发展。
10. 所在单位或所在学校存在的问题我不关注。
11. 所在组织存在的问题对我没有太大的影响。
12. 家庭、爱情或婚姻，只要经营得好是不会存在问题的。
13. 朋友之间、同事之间只要坦诚相待也不会存在问题。
14. 经常能发现自己工作中、学习中或生活中存在的问题。

> 有教养的头脑的第一个标志就是善于提问。
>
> ——【俄】普列汉诺夫

15. 没有问题面对，感觉很幸福，没有烦恼和忧愁。

16. 问题无处不在，不会逃避问题，会积极面对问题。

（二）评估标准与结果分析

上面1题、2题、4题、8题、9题、14题、16题选择A得3分，选B得2分，选C得1分；3题、5题、6题、7题、10题、11题、12题、13题、15题选A得1分，选B得2分，选C得3分。把每道题得分相加，即为评估得分。其中，36分以上，表明你对问题无处不在的理解比较到位，对问题存在有正确的看法；24～35分，表明你对问题存在的看法及问题无处不在的理解尚可；23分以下，表明你对问题无处不在的理解不到位，对问题存在的看法认识模糊不清。

有人说，好问的人，只做了五分钟的愚人；耻于发问的人，终生为愚人。

评估二：发现问题的能力

（一）情景描述

发现问题是一种能力，它涉及更多的是创新。能力有强有弱，同样，对不同的人而言，发现问题的能力也会有强弱大小之分。下面每一个问题都有5个相同的选项：A- 完全符合，B- 符合，C- 不确定，D- 不符合，E- 完全不符合。请实事求是地选择最符合你自己实际情况的选项。

1. 我的想象力非常丰富。
2. 我对新事物有强烈的好奇心和旺盛的求知欲。
3. 我经常具有充沛的精力和清醒的头脑。
4. 我经常会问自己几个“为什么”。
5. 我不会人云亦云，我经常有自己的理解和判断。
6. 我对事物经常持怀疑态度，并会深究到底。
7. 工作、学习或生活中，我善于从细节着手，发现问题。
8. 别人经常夸我看问题比较深刻，对问题理解也比较到位。
9. 我经常能透过现象抓住事物的本质。
10. 我经常能用长远的眼光看问题，不拘泥于眼前的事物。
11. 面对大量的信息，我总能抓住最需要、最有价值的信息。
12. 我沟通能力很强，与人交流时能很快捕捉到有价值的信息。
13. 我的责任感非常强烈，并愿意承担任何后果。
14. 我目标明确，很清楚自己在干什么。
15. 我知识渊博，视野广阔。
16. 我深信“实践出真知，工作经验越丰富，发现问题的能力就越强”这句话。

人无远虑，必有近忧。

17. 我工作或学习上取得的成绩一直都令人鼓舞。
18. 我经常能跳越思维怪圈，创新性地发现问题。
19. 我经常换位思考而且善于从不同的角度看问题。
20. 我特别具有创新意识，经常有意想不到的发现。

（二）评估标准与结果分析

选A得5分，选B得4分，选C得3分，选D得2分，选E得1分。把各题的所得分相加，就得出此次评估得分。75分以上，表明你具有很强的发现问题的能力；55～75分，表明你具备较好的发现问题的能力；35～55分，表明你发现问题的能力一般；35分以下，表明你发现问题的能力比较差。要努力啊！

附录：

第一章第三节“过程训练”中“训练三”答案：

表1–14　谁养斑马答案表

大门颜色	黄色	蓝色	红色	象牙色	绿色
国　籍	挪威人	乌克兰人	澳大利亚人	意大利人	日本人
宠　物	狐狸	马	蜗牛	狗	斑马
饮　料	水	茶	牛奶	橙汁	咖啡
食　物	苹果	洋葱	蘑菇	蛋糕	香蕉

第二章　解决问题

生活或工作中，我们所面临的问题有各种类型，但每一种问题都有产生的原因，都有关键的问题点。要想使事物从初始状态的情境达到目标状态的情境就必须借助于问题解决的程序。

解决问题的程序（步骤或流程）包含如下五个方面：

> 解决问题主要依靠对问题的正确认识，正确认识问题意味着你有更多机会找出正确的解决办法。

1. 发现和描述问题
2. 分析问题
3. 设计解决方案
4. 做出决策
5. 方案执行与监控

只要我们具有足够的解决问题的能力，很多问题都可迎刃而解。当然，并不是所有的问题都需要解决，对问题进行有效的评估是解决问题的前提之一。此外，问题的分解对问题顺利有效的解决也具有积极的意义。

有些人能更好地运用自己的知识和技能准确地感知问题并完美地解决问题，他们能更快捷地适应这个瞬息万变的世界，更能控制局面，更能在一个组织中发挥影响力，更容易获得职业生涯成功。

职场上最受欢迎的就是那些能发现问题且解决问题能力强的员工，同事、朋友和领导在最需要帮助的时候总是首先想到他（她）。

本章安排的具体内容：

●评估与分解

●什么是解决问题

●逻辑推理训练

第一节　问题评估与分解

一、能力目标 Competency Goal

解决问题前，必须对问题进行评估与分解，明确有哪些问题值得解决，有哪些条件会限制问题的解决，解决问题的主体是谁以及问题如何分解才能为分析问题提供便利等。弄清楚这些内容，对顺利有效地开展问题解决有非常重要的意义。

通过本节的学习，我们能：

1. 正确进行问题评估；
2. 掌握什么是问题分解。

（一）问题评估

对问题进行及时有效的评估是顺利解决问题的前提之一。问题评估的内容涉及很多方面，在解决问题前，问题的风险评估、价值评估和条件评估是最重要的几个方面。当然，在解决问题的过程中，很多环节都包含有问题评估，如描述问题是否具体、问题的紧迫性和重要性、解决问题方案的可行性、问题解决的目标是否明确、问题解决的方案是否最优、问题解决效果是否理想等等，这些内容我们将在后面的章节中涉及。

对问题有一个正确的认识，问题就已经解决了一半。而失败往往源自于准备不足。

小思考

晋朝第二位皇帝晋惠帝是位善良而智商极低的人。《晋书·惠帝纪》："帝尝在华林园，闻虾蟆声，谓左右曰："此鸣者为官乎，私乎？"或对曰："在官地为官，在私地为私。"及天下荒乱，百姓饿死，帝曰："何不食肉糜？"其蒙蔽皆此类也。

作为一位皇帝，对青蛙的叫声还要问是为官的还是为私的；对面临饥荒饿死的百姓，问为什么不吃肉粥。这是在完全不掌握信息及常识的情况下，对问题完全没有任何评估能力而发出的荒唐提问。所以，我们在发现、评估及提出问题对策时一定要掌握全方位的信息资源，以免作出有违常理的反应。

1. 风险评估

我们对问题进行风险评估的理由在于要采取预防措施防止潜在的问题出现以及制订对应某种潜在风险发生的预案。任何问题都要考虑的风险有六种类型，如表2-1所示。

表2-1 问题中的六种风险

风险类别	示 例
时间	你可能无法达到时间进度表的要求
成本	问题解决花费可能比预期多，现行成本方案在执行后可能过高
质量	方案可能不适合组织，方案可能对达成目标而言不够好
资源	不能获得解决问题所需人员，被指派到团队中的人员可能不具备必要技能
范围	环境可能改变，对解决问题所设定的目标也可能会因时间的变化而变化
规模	问题规模越大，出错的机会就越大，团队越大，解决问题所需的时间和其他成本也会更大
信心	信心越少，成功实施的可能性就越小，但过度的信心可能导致缺乏防范措施

风险是解决任何问题的根本驱动力，在解决一切问题前我们都要评估它的风险是什么。为确定一种潜在风险的后果，我们应该假定特定情节，来确定一旦潜在的问题出现将可能发生什么。例如，若某个问题不得不增加资源投入，那么它对解决问题成本有什么影响？如果面临人员短缺，我们可能要允许人员成本的增加，或延长解决问题的最后期限。

2. 价值评估

问题的价值评估主要是确定问题是否有价值。如果问题没有价值，解决它就没有实际意义。问题的价值评估可以从以下六个方面入手：

（1）该问题是否遵循了基本的科学原理？

（2）迄今为止，能否确认该问题尚未得到充分解决？

（3）在你周围，该问题是否具有普遍意义？

（4）在多个问题同时发生时，该问题是否是主要问题？

（5）解决该问题所需的投入是多少？产出如何？投入产出比是否理想？

（6）解决该问题是否面临风险？风险的大小如何？

简单地说，如果该问题解决对个人、他人、组织或周围环境没有任何积极意义，该问题就没有价值，解决起来毫无意义。

> 无创造力的心灵能指认出错误的答案，但要指认出错误的问题有赖于创造性的心灵。
>
> ——【英】安东尼·杰伊

小资料

问题是理想或目标与现实的差距，如果理想或目标本身存在不科学、不合理、不现实的情况，那么该问题就没有价值，无须理会和解决。当然，如果理想或目标科学合理，但现实状况不具备条件，那么该问题暂时也没有价值。

3. 条件评估

任何问题都根植于一定的环境之中，都离不开一定的条件限制。问题的条件评估主要涉及两个方面：

一是主观条件评估。即问题解决者自身的知识、素质与技能是否具备，是否能够解决问题？如果不能，应如何提升解决者自身的知识、素质与能力？

二是客观条件评估。问题的解决都需要借助一定的人力、物力、财力以及时间，需要一定的材料、资料、仪器、设备、空间以及技术等作为支撑。但这些资源都是有限的，准确地对这些资源进行评估，会让我们对解决问题的条件有一个清晰的认识，不至于使我们在问题解决中途出现夭折。

（二）问题分解

我们常常被一些复杂性问题或规模大的问题所迷惑，但你是否尝试过将这些迷惑你的大问题分解成一个个小问题来解决呢？问题分解就是通过对问题进行分解，从而将问题分解成有限个规模更小、内容更简单或要素更清晰的子问题，从而找到问题解决的方法。一般而言，问题分解与问题的规模和复杂性密切相关，通过降低问题的规模可以达到降低问题的复杂程度，从而有利于问题的解决，如图2-1所示。

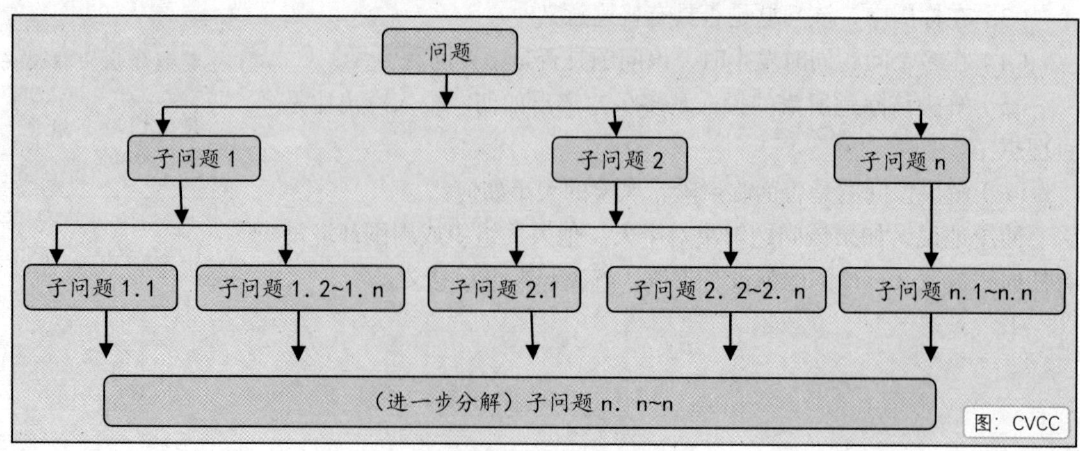

图2-1　问题分解结构图

问题结构分解对问题解决具有重要的作用，它具有化整为零、消融难点，使问题明朗化、具体化，使解决问题过程条理化的显著特点。一般而言，问题越复杂，对之进行分解的可行性与必要性也就越大。因而，问题分解具有广泛的适用性。如编制软件程序就是首先把它分解成若干个小问题，然后一个一个地解决。

小故事

约翰·冯·诺伊曼（1903–1957），美籍匈牙利数学家、计算机科学家、物理学家，是20世纪最重要的数学家之一。他在纯粹数学和应用数学方面都有卓越的贡献。1954年，约翰·冯·诺伊曼被任命为美国原子能委员会成员。他多年的老朋友斯特劳斯是这样评价他为该委员会服务的情况的："从他被任命到1955年秋，约翰干得很漂亮。他有一种使人望尘莫及的能力，最困难的问题到他手里，都会被分成一件一件看起来十分简单的事情。而我们所有的人都奇怪为什么自己不能像他那样清楚地看透问题的答案。用这种方法，他大大地促进了原子能委员会的工作。"

可见，把看似"无法解决"的问题分解成一个个易于解决的小问题对我们解决问题具有非常重要的意义。

约翰·冯·诺伊曼是在现代计算机、博弈论、核武器和生化武器等领域内的科学全才之一，被后人称为"计算机之父"、"博弈论之父"。早期以算子理论、共振论、量子理论、集合论等方面的研究闻名，开创了冯·诺依曼代数。第二次世界大战期间曾参与曼哈顿计划，为第一颗原子弹的研制作出了贡献。

问题在分解过程中，要考虑问题所包含的内容是否全面充分，分解后的各子问题是不是相互独立。如果问题的内容没有考虑具体、充分，就会导致问题分解不到位；如果分解后的子问题相互不独立，而是彼此联系，很可能会出现一个子问题得到了解决，另一个子问题受其影响无法解决或解决受到严重限制的局面，甚至导致不能同时处理好所有的子问题。所以，问题分解时一定要注意相应的原则。

问题得到合理的分解也可以使问题描述变得简单快捷，规模大且复杂的问题描述起来相对困难，也很难让人抓住重点。但是，分解后的子问题就可以使问题描述变得容易起来。当然，在分析问题时，很可能会发现即便分解了的问题仍然难以解决，此时再完善问题的分解仍然对问题解决具有积极的意义。

小思考

罗马城不是一夜造成的，而是一天一天地逐步修建的。编写一个拥有强大功能的计算机软件程序，需要一个个小部分的编写才能实现。思考一下，现实生活或工作中，你遇到的问题有哪些也是通过对问题进行分解来解决的？

二、案例分析 Case Study

案例一：解决人口增长问题的风险评估

假设现在是1750年，而你恰巧是欧洲一个小国的君主。现在的时机非常好：你的国土肥沃，城市繁荣，国民富足。作为一个拥有三个健康继承人的34岁世袭国王，你根本不用顾虑国王继位的问题，你的眼光放在了长期发展上。你希望采取一些政策来促进国家的经济繁荣，而且作为一位仁慈的君主，你当然希望采取睿智的行动。你有如下四种选择：

A. 寻找借口对邻国发动一场战争。

B. 邀请新潮经济学家亚当·斯密，离开寒冷的格拉斯哥到温暖的首都定居，并在你的王国里尝试他的新理论。

C. 作为社会生活的引领者，你启动一种喝早茶和下午茶的潮流。

D. 引入一种全新的概念——儿童福利津贴。这在某种意义上是一种“反向税”，即让国家为生育孩子的家庭进行补贴。

睿智的国王进行了艰难的抉择，在向多位著名的经济顾问咨询之后，宣布选择D方案，即一种全新的“反向税”。决策制定后不久，档案记录者发现了一份记录着君主风险评估过程的备忘录：

选择A，向邻国发动一场战争，可能可以获得提高我们农业生产能力的成果。但由于农业生产没有任何问题，战争会对人口特别是城市青壮年数量产生不可避免的消减作用，因此，A看起来不是明智之举。因为我们的目标是获得经济繁荣，而不是为了荣耀，或者仅仅是为了战争而战争。而且，失败的可能性总是存在。历史告诉我们，针对邻国的战争，通常只会使战胜者和战败者的境况都变得更差，而很难让获胜者取得财富。

选择B，邀请亚当·斯密来做我们新政府的首席经济顾问是一个有趣的建议。但是他实际上会做些什么，我们还不清楚。近期的历史表明，任命一位苏格兰裔的财政奇才效果不佳。毕竟不久之前的约翰·劳（John Law）刚刚毁坏了人口最多，也是表面上最具有经济实力的法国。

我认为方案C无关紧要。饮茶有什么用？

方案D是一个真正的创新，也是我们最终的选择。在我们这个王国漫长而光荣的历史上，我们忠诚的国民一直是国家税收的主要来源。因此，君主向他们拨一些钱一点都不新鲜。但是，这个想法背后的思想却非常漂亮！这个思想的基础是它认识到了我们经济增

> 当政者如何为政，如何解决问题？司马光在《资治通鉴·卷第七·秦纪二》中给出了一个不错的答案：
>
> 夫为国家者，任官以才，立政以礼，怀民以仁，交邻以信；是以官得其人，政得其节，百姓怀其德，四邻亲其义。夫如是，则国家安如磐石，炽如焱火，触之者碎，犯之者焦，虽有强暴之国，尚何足畏哉！

> 亚当·斯密（1723–1790）出生在苏格兰法夫郡（County Fife）的寇克卡迪，英国经济学家、哲学家、作家，经济学的主要创立者。亚当·斯密是现代资本主义经济制度的创立者，强调自由市场、自由贸易以及劳动分工，被誉为“经济学之父”。

长的主要动力是人口增长，而人口增长主要受出生率的影响。难道还有什么措施能够比儿童福利津贴更能促进出生率的提高吗？太迂回了，嗯？当然，我们知道这个政策需要经过一些年头才能体现出效益，而短期内它确实会增加财务负担。没关系，我们不是在寻找速效疗法，长期利益才是最重要的。为城市居民额外增加一些补贴怎么样？这样就可以保证城市人口会是增长最快的那部分了。

明智的君主采纳了方案D，并实施了20年。然而，未曾预料到的是虽然出生率在上升，但财富却减少了，城市人口并没有增长，经济虽然增长了一点，但并没有预期的那么多。而且，死亡率在上升！事实上，城市经历了几次可怕的疾病侵袭后经济中唯一的亮点是葬礼业务。结果，城市人口在减少！

唯一例外的是一个和印度有海上贸易的海港，这个城市的经济不断增长，最后成为这个大陆上最大的城市。而且，这个城市的贸易税在供养着整个“反向税”计划。君主来到这个城市，试图理解这是为什么。在招待会上，市长为她呈上一杯浅棕色液体。

“我们可以用它来干什么？”

“饮用，陛下！”

“饮用？”

“是的，陛下！饮用。非常美味。但是，我必须承认这依赖于后天形成的味觉习惯。它在这美好的城市里极度流行。”

“真的？哦，好吧，既然你那样说，它叫什么？”

“茶，陛下！”

> 整体的解决方法始于单一个体的个别努力。
>
> ——【美】李奥·贝纳（美国20世纪60年代广告创作革命的代表人物之一）

茶确实是一种令人愉快的饮料：口感良好，还有一定药效——它富含单宁酸，可以杀菌。

思考：

中国在经历了40年的高速增长后，人口红利也趋于消失，经济增长率也因为经济体的日益庞大和高成本而越来越低，虽然这符合经济学的规律，但人们习惯于高增长的环境，总是以高高的GDP增长率而自豪。经验增长确实依赖大量的年轻人口，在生育率日益下降的情况下，如何实现经济的增长确实是一个问题。案例中，二百多年前英国国王的决策分析确实有些道理，但结果却与出发点有偏差。请你思考一下，有哪些可以实现国家经济增长的方法？请列举三条，并给出适当理由。

案例二:“蜘蛛人”伯森·汉姆

1983年,伯森·汉姆徒手登上纽约帝国大厦,在创造了吉尼斯纪录的同时也赢得了“蜘蛛人”的称号。

美国恐高症康复协会得知这一消息后,致电“蜘蛛人”汉姆,打算请他做康复协会的心理顾问。因为在美国,有数百万人患有恐高症,他们被这种疾病困扰着,有的甚至不敢站在椅子上换一只灯泡。

伯森·汉姆接到聘书后,先是打电话给协会主席诺曼斯,要她查一查他们协会里的第1042号会员的情况。这位会员的资料很快被调了出来,他的名字叫伯森·汉姆!就是“蜘蛛人”自己!原来,这位创造了吉尼斯纪录的高楼攀登者本身就是一位恐高症患者。

> 为了易于解题起见,把你所研究的每个问题尽你所能尽你所需地分解成若干部分。
>
> ——【法】勒内·笛卡尔

诺曼斯对此大为惊讶。一个站在一楼阳台上都会心跳加快的人,竟然能徒手攀上300多米高的大楼,这确实是个令人费解的谜,他决定亲自去拜访一下伯森·汉姆。

诺曼斯来到费城郊外汉姆的住所。这儿正在举行一个庆祝会,十几名记者正围着一位老太太拍照采访。原来,伯森·汉姆94岁的曾祖母听说汉姆创造了吉尼斯纪录,特意从100公里外的葛拉斯堡罗徒步赶来。她想以这一行动为汉姆的纪录添彩,谁知这一异想天开的想法无意间竟创造了一个94岁老人徒步行走的纪录。

《纽约时报》的一位记者问她:“当你打算徒步而来的时候,你是否因年龄关系而动摇过?”

老太太神采奕奕地笑了:“小伙子,打算一口气跑100公里也许需要勇气,但是走一步路是不需要勇气的,只要你走一步,接着再走一步,然后一步再一步,100公里也就走完了。”

诺曼斯趁着这个机会,赶忙问伯森·汉姆:“你高楼攀登的诀窍是什么?”

伯森·汉姆看着自己的曾祖母说:“我和曾祖母一样,虽然我害怕300多米高的大厦,但我并不恐惧一步的高度。所以,我战胜的只是无数个‘一步’而已。”

思考:

在我们面前有无数的问题和恐惧,这往往让我们不知道从哪儿开始。伯森·汉姆和他曾祖母的故事非常形象和具体地告诉了我们,面对难以解决的问题我们应该怎么办。这好像在我们面前开启了一扇思维之窗,问题原来没有想象的那么难。这个故事也告诉了我们问题分解对我们解决问题现实的帮助。

请与你的合作伙伴分享,你曾经在面对比较棘手的困难问题时如何着手下一步的。

三、过程训练 Process Training

训练一：问题评估

针对你或你所在部门遇到的问题进行评估，以理解问题评估的意义。评估时请按照下面的表格内容进行，评估前请认真研读本节介绍的知识，并进行仔细思考。

表2-2 问题评估表——风险评估

问 题	风险评估						
	时 间	成 本	质 量	资 源	范 围	规 模	信 心
问题1							
问题2							
问题3							

表2-3 问题评估表——价值评估

问 题	价值评估					
	是否遵循科学原理	是否具有普遍意义	是否充分解决	是否为主要问题	投入产出比	其 他
问题1						
问题2						
问题3						

表2-4 问题评估表——条件评估

问 题	主观条件评估（解决者）			客观条件评估（资源）			
	知 识	素 质	能 力	人	财	物	其他资源
问题1							
问题2							
问题3							

需要说明的是：问题评估的内容虽然有很多，但通过上述三个方面的训练，可以让你理解问题评估对问题解决的意义。

训练二：买电脑的目标分解

（一）背景描述

解决问题能力强的人士，通常都具有具体的目标，为了实现一个大的梦想或目标，会同时制定长期的目标与短期目标。这几年做什么，这几个月做什么，这几天做什么，逐一制定具体的目标。然后考虑实现目标的方法，付诸行动。

阿康很喜欢3D动画，看了很多经典动画片后萌生了想从事动画行业的想法。但自己没有电脑，想买电脑又没有钱，怎么办？

（二）问题分解

让我们来帮帮阿康吧。

我们可以帮他建立自己解决买电脑的"分解之树"的解决问题模型，即把目标一步一步分解。

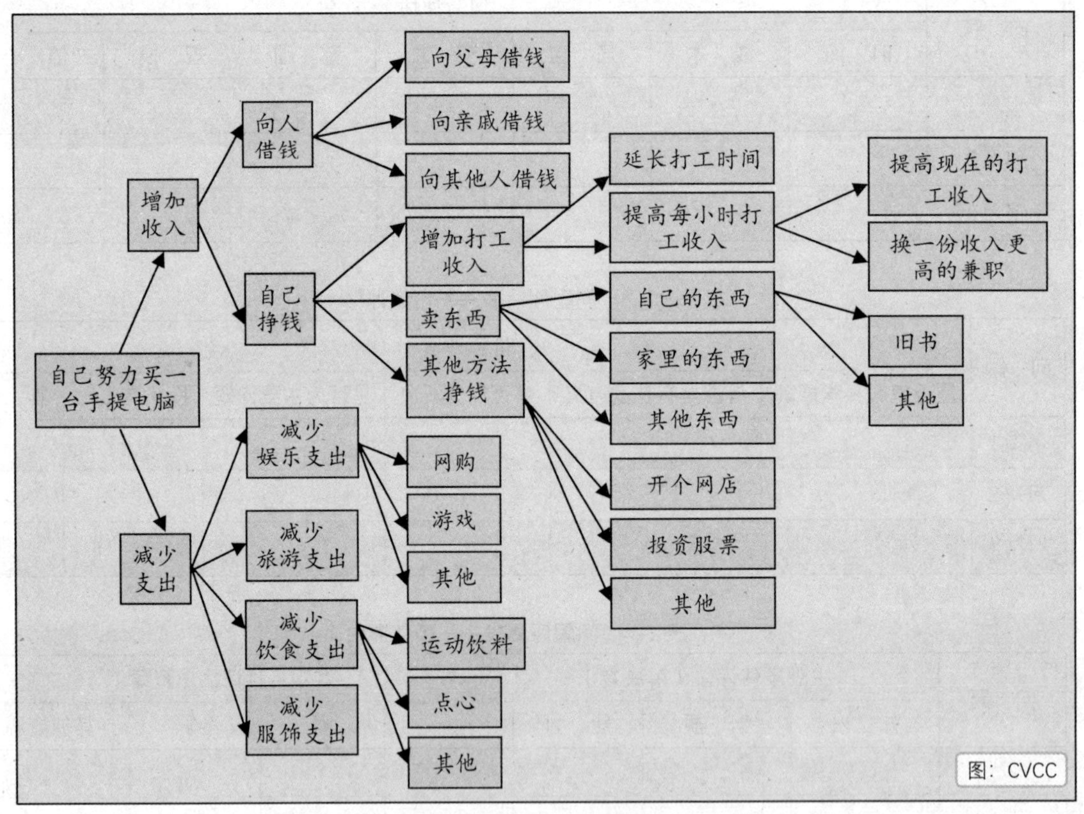

图2-2　阿康买电脑的"分解之树"图

接下来，我们把重点放在已经尽可能扩大范围的"分解之树"上。要全部付诸实施不太可能，所以要删掉不可能实现的、收不到效果的或是花费时间太长的选项。

然后，删掉与自己价值观不符的、不符合自己作风的选项。即使勉强保留，也无法继续下去。阿康决定自己存钱，放弃了"向父母借钱"和"向亲戚借钱"等方法。另外，学习时间不能少，而且自己还想为自己的社团多出力，所以要删掉"延长打工时间"这一选项。

阿康最后假设：如果减少娱乐支出、旅游支出和服饰支出，卖掉不需要的书，找到价钱更高的家教兼职，半年内左右就能买到一台不错的手提电脑了。

当然，这还只是方案，要买到电脑，必须要付诸行动。

“类比分析法”是将一类事物的某些相同方面进行比较，以另一事物的正确或错误证明这一事物的正确或错误，这是运用类比推理形式进行论证。

简单地说，就是用一个已知相似的案例，对照现存案例来获得问题的解释。

四、效果评估 Performance Evaluation

评估：你对问题评估与分解的认识

（一）情景描述

对问题的评估与分解在一定程度上决定了问题是否能够有效地得到解决。下列陈述中的每一个问题都有四个答案：A（总是）、B（经常）、C（很少）和 D（从不）。请实事求是地选择最符合你实际情况或最符合你认识的答案。

1. 一旦发现了问题，我马上着手解决。

2. 所有面对的问题，我都会想办法努力把它们解决掉。

3. 即使付出的努力大于收获，我还是会坚持把问题解决掉。

4. 我喜欢冒险，即使解决问题时所面临的风险超出我承受的范围，我也会勇往直前。

5. 我有时会对一些无厘头的问题产生浓厚的兴趣，想尝试解决。

6. 我只对具有普遍意义的问题有兴趣，其他的一概没有兴趣。

7. 对自己有益，对他人无益或妨碍他人实现利益的问题我会想清楚后再决定是否去解决。

8. 我坚信自己现有的知识、素质与能力能让自己应付所遇到的各种问题。

9. 我不会轻易放弃对问题的解决，尽管没有相关资源的支撑。

10. 解决问题要趁早，哪怕现有的条件暂时不具备我也要提前准备与部署。

11. 我觉得问题是谁产生的就应该由谁来解决。

12. 我认为导致问题产生的主体就是受该问题影响最大的主体。

13. “站在谁的立场考虑问题”与“解决问题的主体是谁”这两种说法我认为意思相同。

14. 无论何种问题，在解决前我都会对其进行问题分解。

15. 对问题进行分解，可以使我厘清解决的思路。

16. 我会按照内容是否全面、分解后的要素是否相互独立的原则来进行问题分解。

17. 无论多么复杂的问题，经过问题分解都会使我变得清晰明朗起来。

我们也许没有能力一次就取得大的成功，但我们可以积累无数个小成功。

（二）评估标准及结果分析

1～14题选A得1分，选B得2分，选C得3分，选D得4分；15～17题选A得4分，选B得3分，选C得2分，选D得1分，以上各题得分之和为本次测试总得分。

1. 58分以上，表明你对问题评估与分解的认知比较到位；

2. 35～57分之间，表明你对问题评估与分解的认知较为一般；

3. 34分以下，表明你对问题评估与分解的认识不到位，需要加强学习。

第二节　什么是解决问题

一、能力目标 Competency Goal

成功人士不仅具有强烈的问题意识，善于发现问题，更重要的是能够解决问题。什么是解决问题？解决问题有哪些程序？什么是解决问题的能力？如何成为解决问题的高手？这些是本节要介绍的主要内容。解决问题所追求的是找出问题的根本原因，然后想出解决办法。能够想出办法解决问题者是当今企业和社会所需要的稀缺资源。

通过对本节的学习，我们能理解：

1. 什么是解决问题；
2. 解决问题有哪些程序；
3. 什么是解决问题的能力；
4. 通过程序化训练，使自己成为一名问题解决的高手。

（一）解决问题的概念

解决问题是指利用某些策略和方法，使事物从初始状态的情境达到目标状态的情境的过程。其中，解决问题中的“解决”应该包含两层含义：其一，是达到目标状态或理想状态；其二，是找到了解决问题的方法（解决问题的程序）。图2–3可以很好地说明解决问题的概念。

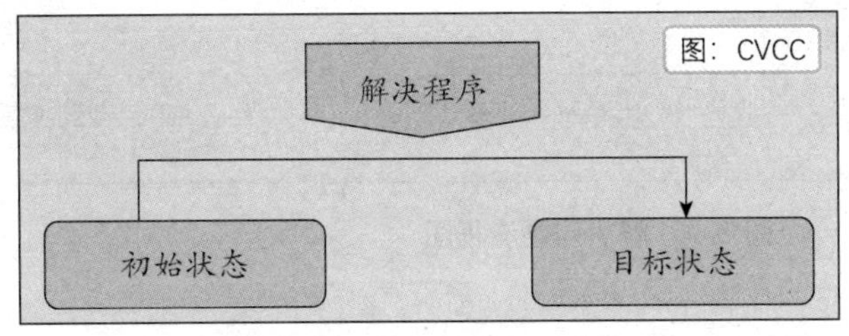

图2–3　解决问题概念示意图

信心有助于解决问题

信心直接影响问题解决者的态度和行为，也会影响思维过程，对问题解决的信心强，可以使思维处于激活状态，更容易想出对策来。相反，如果对自己没有信心，那就完不成事情了。

图2–3中所说的解决程序，即是解决问题的步骤或流程。

解决问题一般包含三个基本的特征：

1. 目的性

解决问题必须要有明确的目的，如果没有明确的目的，也就缺乏解决问题的方向，解决问题就是一句空话。当然，目的可以是事先拟定的理想或目标，也可以是针对发生的问题重新确认的目标或理想。

你要么成为问题的一部分，要么成为解决问题的一部分。

2. 操作程序

伴随着问题的解决必然有一系列的操作程序或流程，这些程序可以使得问题有条不紊地得到解决。没有这些程序或流程就无法把问题解决的初始状态和目标状态链接起来。

3. 认知操作

解决问题必须要有认知成分参与，要依赖于认知操作来实现。如果没有认知，就无法对信息进行准确判断，无法对问题进行深刻剖析，无法找到正确的问题解决方案。认知的过程也是思考的过程，它可以使人们获得更多的知识，掌握更多的思维方法。

小思考

“问题的自动解决自始至终都不属于问题”这句话主要说明了什么？打绳结、分桥牌、买草莓味的冰激凌是否属于解决问题？思考一下解决问题的程序一般会有哪些。

（二）解决问题的程序

解决问题的程序即解决问题的步骤或流程，一般包括描述问题、分析问题、设计解决方案、做出决策、方案执行与监控五个方面，如图2–4所示：

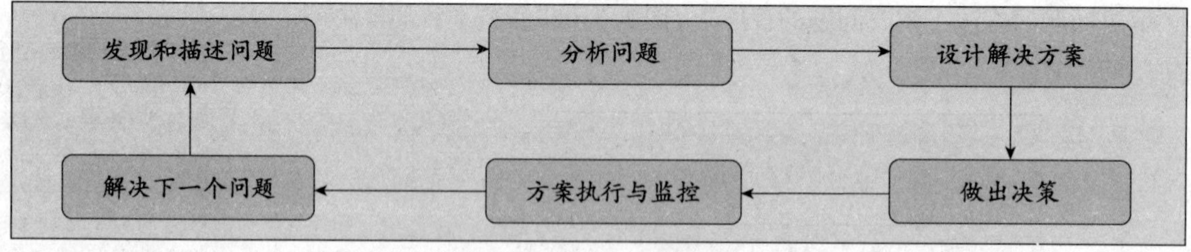

图2–4　解决问题流程图

1. 发现和描述问题

解决问题首先必须要有发现问题的能力，在发现问题之后还要清晰准确地描述问题。问题描述有助于分析问题和解决方法的获得。

2. 分析问题

发现了问题之后，要想有效地解决问题，首先必须对问题进行科学地分析，查找问题产生的原因，寻找关键的问题点，从而明确解决问题的目标。

3. 设计解决方案

查找到问题的原因就可以有针对性地提出假设，寻找各种解决问题的方案。该阶段是解决问题的关键步骤，是具有创造性的阶段，需要对已有的知识经验进行组织，涉及大量的认知活动。方案的设计必须依赖一定的方法与途径，设计的方案至少要有两种或两种以上。

人生伟业的建立，不在能知，乃在能行。

4. 做出决策

你不能无限期地推迟决定，你必须从设计的几种问题解决方案中做出选择。并不是所有的方案都是最好的，你需要做的就是选择对问题解决而言最优且最合适的方案。方案的选择涉及决策的标准与方法。

5. 方案执行与监控

做出决策以后，你还需要执行你选择的最优方案。方案的执行有赖于你的执行计划。在执行过程中，你还需要随时随地对进度进行监督。一旦发现偏离目标的行为出现，就需要及时地进行控制。

不闻不若闻之，闻之不若见之，见之不若知之，知之不若行之。

——荀子

方案执行完毕，问题得到解决。但解决的效果如何？解决问题的过程中还存在哪些需要改进的地方？这还需要你最后对问题解决的效果进行评价，找到不足的方面，为下次解决问题提供借鉴。

小案例

小李今年大学毕业，他把就业的目标城市定位在“北上广深”等一线城市。经过连续几个月的努力，小李终于被广州天河的一家公司录用，但遗憾的是该公司不提供住宿。来到广州之后，小李的住宿一下子就成了问题。刚开始的几天，小李暂住郊区一个小旅馆里，但距离上班地址较远，每天起得很早，交通成本又高，再加上每天60元的租金，使得小李带来的2000元钱很快就要用完。小李非常焦急，公司待遇刚开始不高，家里也没有钱给自己，天河区房租又高，怎么办呢？请你尝试用解决问题的五个步骤来帮助小李解决一下住宿问题。

（三）解决问题的能力

人的能力有高有低。在解决问题时，不同的人解决问题的能力也会有所差别。面对问题，一些人很快就能抓住重点，找到有效的解决途径，快速解决了问题。但也有一些人，总是无法找到关键的问题点，面对问题最终也只能摇头叹气。可见，解决问题能力的高低对问题能否顺利有效解决至关重要。我们要做的就是要不断提高解决问题的能力。

那么，什么是解决问题的能力呢？简单地说，解决问题的能力就是指能准确分析问题产生的原因，找到关键问题点，利用有效资源，设计解决问题的各种方案，并选择最优方案，付诸实施，进行调整和改进，使问题得到快速有效解决的能力。

小资料

表2-5 解决问题所需要的心理能力维度

解决问题所需要的心理能力维度		
维度	能力描述	工作范例
数字运算	快速而准确的运算能力	会计：在一个经营项目中计算营业税
言语理解	理解读到的和听到的内容，理解词汇之间的关系的能力	企业管理者：推行企业一系列管理政策、措施
知觉速度	迅速而准确地辨认视觉上异同的能力	调查员：鉴别各种事故（如火灾、刑事案件）的证据和线索
归纳推理	确定一个问题的逻辑后果以及解决这一问题的能力	咨询员：对未来一段时间内某一产品的市场需求量进行预测
演绎推理	运用逻辑来评估某种观点的价值的能力	主管：在员工提供的两项不同建议中做出抉择
空间视知觉	当物体的空间位置变化时，能想象出物体形状的能力	室内装饰师：对办公室进行重新装饰
记忆力	保持和回忆过去经历的能力	销售员：回忆客户的资料和相关案例
创新思维	从多角度、多侧面、多层次、多结构去思考，去寻找答案	科研人员：旧的方法、理论不适应新的形势，就得另辟蹊径

问题有大有小，有简单有复杂，有容易有困难，有单一有综合，作为即将走入职场和已入职场的人士，应该对大的、复杂的、困难的、综合性的问题具有较好的解决能力。在解决问题时，按照解决问题的程序（步骤或流程）进行解决，并反复训练，一定能提高你解决问题的能力。

小思考

能力有高有低，解决问题的能力也会有高有低。思考一下，你觉得低的解决问题能力有何衡量标准，高的解决问题能力有何衡量标准，中等的解决问题能力又有何衡量标准呢？

（四）成为问题解决者的步骤

要成为一个成功的问题解决者，有时候必须按照一些必要的步骤来进行。日本管理学家大前研一曾提出了一个比较可行和有效的步骤：

1. 理解问题解决的基本

何为问题解决的基本？也就是说什么事情都要从细小处着手，要在脑中对全局有个了解后再从小处着手，这样会易于理解。

2. 理解所处的环境

在了解全局前知道些什么好，以及知道什么后会明白什么。比如，你在企业工作，你要解决你所在部门的问题你就要这样来理解环境：

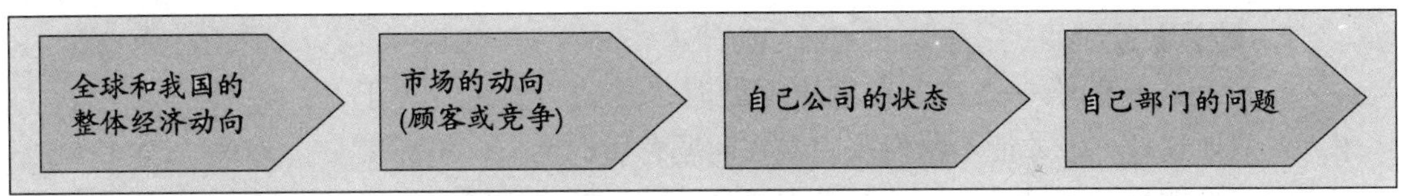

图2-5 理解环境图

3. 学习有效的信息收集法

这里要求我们按流程来收集信息。

图2-6 信息收集流程图

4. 把问题数据图表化

数据图表化不是为了看起来更美观，而是想要通过图表化来思考，让问题变得更清晰。有时候，大段大段的文字不太利于表述和理解，通过视觉化的图表来表述使复杂的文字更简洁，可以加深自己和他人对目标的理解，短时间内还能传播大量的信息，能顺利地进行到下一步。比如英国人托尼·博赞（Tony Buzan）发明的思维导图就是极其方便和实用的工具。

5. 熟练使用结构化思维

可能大家都会遇到这样的情况：当收集信息或数据过多就容易产生混乱，或者过于注意某一部分信息时，从中得出的结论会偏离方向，看不出对自己要解决的问题有什么意义。这时，用结构化思维来整理，会使问题变得很有条理。使用结构化思维的意思是通过画一个结构图，把信息放到里面进行整理（这一点，我们将在第四章第二节有说明）。

（五）做一个解决问题的高手

工作就是解决问题。一个人的历练和成功都是在解决一个又一个问题中获得的。做一个解决问题的高手，是你取得成功的重要基石。如何才能做一个问题解决的高手呢？你可以尝试从以下几个方面来努力：

1. 主动承担责任

尽量多地承担工作，并投入其中，坚持不懈，可以让你发现越来越多的问题。同时，责任感的驱使会让你不断地尝试解决各种问题。在这种环境下，你自己解决问题的能力也会得到不断地加强和提升。

2. 勤于思考

思考是成长的唯一方法。在解决问题时，要勤于思考、善于思考。只要这样，你才能不断发现隐藏在问题背后的本质，不断发现限制问题解决的关键因素，不断发现最佳的问题解决方案。可以说，解决问题的过程也是思考的过程。只有勤于思考，才能不断提升解决问题的能力。

3. 培养自己出色的执行力

执行力是指利用有效资源，保质保量地按时完成任务的能力。一旦确定了解决问题的最优方案，就要靠出色的执行力来落实方案，解决问题。一个人执行力的强弱对问题解决至关重要。较弱的执行力，就算再好的解决方案摆在面前也会因自身因素使得问题得不到及时有效地解决。

斯坦门茨帮福特公司解决了马达的问题后，福特先生很想把他挖过来。原来，斯坦门茨从德国来到美国，举目无亲，四处流浪，后来得到一家小工厂老板青睐，雇他担任制造机器马达的技术员。他十分感谢这位老板，刻苦钻研，很快便掌握了马达制造的核心技术，帮小工厂接到了很多订单。福特先生高薪邀请他加盟，没想到他却对福特先生说，他不能离开那家小工厂，因为那家小工厂的老板在他最困难的时候帮助了他，一旦离开，那家小工厂就要倒闭。福特先生感慨不已。不久，福特先生做出了收购斯坦门茨所在的那家小工厂的决定。董事会的成员都觉得不可思议。福特先生说："因为那里有斯坦门茨那样懂得感恩和有责任感的人！"

小案例

小李是一家企业的白领，工作积极主动，但一遇到问题就会推卸责任，常常抱怨是客观因素造成的。工作两年来，他感觉自己满腔抱负没有得到上级的赏识，就经常想如果有一天能见到老总，有机会展示一下自己的才干就好了！

小李的同事小王，也有这样的想法。不过小王想，贸然直接找老总总是不好的，应该找一个合适的场所来展示才对。于是，他就去努力打听老总的上下班时间，算好他大概何时进电梯，自己也会在这个时间进电梯，希望能遇到老总。但遇到老总几次，小王却始终鼓不起勇气。

他们的同事小张，不仅工作业绩好，与同事关系也非常融洽，同时还善于思考与反思，所以工作上很受自己直属领导赏识。但就是一直没有和老总沟通，展示过自己的才能。于是，小张详细了解了老总的奋斗历程，弄清老总毕业的学校、人际风格、关心的问题等，并精心设计了谈话的内容与开场白，在算好的时间去乘电梯，并积极主动与老总打招呼沟通。经过几次谈话后，小张很快取得了更好的职位。

面对同样的问题，小李、小王、小张各自的解决策略是什么？你觉得三人之中谁是真正的解决问题高手？他的优点有哪些？

失控的情绪会让你失去慧根，你的智慧在此时处于被麻痹的状态，不要在此时去做轻率的决策。

4. 善于反思与总结

善于反思和总结，可以使你清晰掌握解决问题的过程中存在的问题、有待改进的环节、失败的教训、成功的经验等；可以让你学会更加全面地分析问题和解决问题；可以让你不断地认清自己的优势与劣势；可以让你确定正确的目标。反思与总结是提升解决问题能力的非常重要的方式。

5. 具有稳定的情绪调节能力

在处理棘手的问题时要耗费大量的精力，特别是难以解决的问题往往是考验一个人的能力和情绪的关键。情绪的沉着冷静会让自己有更多的时间来思考，进而能使麻烦和危险降低，不会做出不利的决策。一个人在稳定的情绪状态下其决策也是符合形势需要和理性的。

小案例

情绪处理失控往往使你做出极端的事情。

某天早上，当你开着你新买的小汽车在高速公路上正赶往市中心上班，突然，一个具有侵犯性的、无礼的年轻司机开着他的大众甲壳虫冷不防地紧贴着你超车，吓得你冷汗直冒，可你偏偏咽不下这口气，紧接着与他在路上展开了追逐。20秒钟后，前面的车来了一个紧急刹车，你反应不及，撞个正着。当然，你要对这起交通事故负百分之百的责任。报警、理赔、保险、维修、请事假等等，好多麻烦事！当天的工作肯定做不完了。另外，这件事还将使你好几天、好几个星期甚至几个月都无法平静。

所以，在情绪失控状态下，你失去了“慧根”，此时的任何决策都是冲动的、不理性的甚至是危险的，必将付出高昂的代价。

当然，拥有较强的沟通与表达能力、团队合作的能力及创新思维能力，理论知识扎实，专业技能深厚，多涉猎各领域知识，多投入社会实践，做好每一件事情等都可以在一定程度上让你提升解决问题的能力，成为一名解决问题的高手。

每一个情绪都是你的灵魂带给你的信息，你的情绪就是一首专为你写的歌。而你的工作就是去聆听它。如果是负面的情绪就去修正它，如果是正面的情绪就去加强它。

二、案例分析 Case Study

案例一：传音这样赢得非洲人民喜爱

手机市场竞争极为激烈，在非洲市场尤其如此，曾经遥遥领先的三星，在不经意间拱手将冠军宝座让给了一家名不见经传的、在中国本土几乎没有什么名气的公司——深圳传音控股股份有限公司。该公司2018年手机出货量1.2亿部，在非洲的市场份额为45.9%。

传音在非洲多地进行了调研，根据用户痛点和非洲用户的特点对症下药，推崇实用主义的方法，针对他们发现的问题，提出了如下解决方案：

1. 非洲本地运营商较多，消费者更换运营商的成本很高。所以，非洲很多人有多张手机卡，但手机价格高。于是，传音推出支持双卡双待的手机，为此还开发出三卡三待、四卡四待的手机。方便用户在不同运营商之间的转换。

2. 非洲人热爱音乐和舞蹈，他们推出主打音乐功能强大的手机，满足非洲人民载歌载舞的需求，让他们随时随地可以载歌载舞。

3. 非洲部分区域电力供给不足，经常停电，晚上大部分地方没有路灯。传音就在手机上加入大功率的手电筒，以提升手电筒的亮度。同时，做出超长待机手机，号称“可以待机一个月”。

4. 非洲人肤色黑，在逆光弱光环境下图像与人融为一体，于是传音给非洲黑人同胞们推出了美颜和滤镜，让他们上镜不再是一团黑。国际大厂很少能针对非洲人民的拍照问题给出解决方案。传音手机通过眼睛和牙齿聚焦定位，加强曝光，不仅更加清晰，还支持滤镜，把肤色改为其他颜色。

传音不靠运气，他们也没有三星、苹果和华为等在公司的强大研发能力，但他们注重用户的使用体验和接地气的巧劲。他们通过农村包围城市的战略，陆续在印度、第三世界国家取得一些成绩。现在整个世界的手机行业正在趋于饱和，因此传音不可避免地要与三星、苹果、华为等一线企业竞争，能否在非洲之外取得成功，还有待观察。但传音通过差异化竞争成功在手机行业中做大做强，确是如今每一位创业者应该学习的地方。

思考：

如今，一个产品要给客户提供全方位的服务是比较困难的。你实习和就业的单位或你创业的项目从事的是哪一个行业？你们有没有给客户提供差异化的服务？如果没有，你将如何改变你现在的策略？

案例二：ABC汽车销售公司业绩不均衡的问题

问题陈述：在销售型企业中，销售人员的业绩极为不均衡。比如，ABC汽车销售公司好的销售员一个月能卖8～10台车，差的销售人员则一台也卖不出去。两者差异为何这么大？其实，公司应该好好梳理一下这个问题。如果每位销售员从平均5台上升到6台，其销售的增长率就达到了20%。这个增长率，在汽车行业里简直就是革命性的变化。ABC公司的销售问题应该怎么办？

分析一：我们来看看是不是销售员经验的问题。经验的问题还可以引申到销售员投入的时间的多少、沟通能力的强弱等等。总之，经验丰富的员工有着更多优势。如能把卖出10台车的销售员的秘诀推广给所有销售员的话，即使不到10台，哪怕只要增长1台，业绩不均衡的问题就得到明显改善。

ABC公司发现一批又一批的新人进来，业绩的不均衡都没有太大的改观。业绩差的销售人员就会被炒鱿鱼或自己主动走，而留下来的销售人员则拿着高额的提成和奖金。管理者也明白，差的销售人员走了，新进来的销售人员也会照样让公司销售业绩形成新的不平衡。经过探究发现，经验不是关键问题。

> 执着地追求和不断地进行分析，是走向成功的双翼。不执着，便容易半途而废；不分析，便容易一条道走到黑。

分析二：是不是区域分配的不均衡导致了业绩的差异？

经过调研，销售菜鸟得到的区域很多都是偏远地区，上下班的路途远不说，当地区域的消费水平不高，需求不畅，与业绩好的员工所在区域有着天壤之别。业绩差的员工得到的区域潜在的消费量可能只有100台，而业绩好的员工得到的区域的潜在消费量则可能达到1000台。所以，最好的办法是公平分配或者抽签决定销售区域。如果抽到了不好的区域，以前每月销售10台的老手，有可能1台都卖不出去。这种情况，有可能与经营管理者的预期有很大的差距。

思考：

解决问题就是要这样来分析问题的不同原因，针对不同的原因建立各种各样的假设。再去收集分析各种有用的数据，用事实或可靠的数据来证明这个假设的成立。然后，针对推导出的真正原因提出可行的改善方案。

三、过程训练 Process Training

训练一：解决问题过程示例

解决问题是一个复杂的过程，每一个环节都是与其他环节缠绕在一起的，难以进行清晰地界定。然而，解决问题还是主要包括一个比较明显的阶段。在本教材中我们将有一个过程详解，在这里我们先用一个“西南片区的销售额下降”的案例用表格来说明这个问题的解决过程，好让学员对此有一个总体印象。

问题描述：某公司在西南片区的销售额下降了。

问题的解决步骤与流程如表2-6所示。

表2-6 问题解决与步骤流程表

解决问题的阶段	实际问题的解决过程
发现问题	各种迹象表明：西南片区的销售额下降
定义问题	
当前的情形	西南片区的销售额上个月下降了10%
渴望的情形	西南片区的销售额至少恢复到原来的水平
目标	今后三个月西南片区销售额要得到恢复，并比原来水平高出5%
分析问题	西南片区销售人员是李经理，半个月前刚搬家，他从家到工作地需要3小时
设计解决方案	把李经理调离该工作地
	李经理加薪，鼓励他在西南片区连续工作两周回家一次
	重新分配销售区域
理想方案	在西南片区的销售得到恢复，在各项销售数据上比上一年度都有所增长

续表

解决问题的阶段	实际问题的解决过程
	不增加额外的成本
	如果可能，把李经理留在西南片区，因为他有经验
最佳方案	替换李经理
方案执行与监控	为李经理提供其他可选择的工作
	招聘和培训在西南片区工作的新的销售经理
方案回顾与评价	李经理辞职
	西南片区的销售额在一个半月增加了15%
	新的销售经理导致了招聘和培训成本的增加

训练二：小张的难题

（一）背景介绍

小张在某工业园区旁边开了一家餐馆，店铺位置优越，是很多年轻员工上下班必经之地，具有明显的地理优势，卫生条件不错，店铺装修高档，员工服务态度很好。餐馆主打川菜，价格适中，能同时容纳30人就餐。小张既做老板，又是大厨。该工业园区有员工五六千人，主要以四川、河南、湖南人为主，年轻人居多，而且基本上员工都在外边吃饭。但奇怪的是，小张的餐馆生意一直很清淡，甚至面临倒闭的危险。

相反，旁边30米左右的一家餐馆生意非常红火，他们经营的也是川菜，虽说价格还高点，但该餐馆种类多，服务更周到，同时可以容纳50人就餐，虽装修一般，但设有雅座。主厨是烹饪学校毕业，很有水平。他们的老板不拘小节，经常免费赠送汤水。也开辟有外卖和网上订餐。小张觉得自己竞争不过人家，想关门算了，但又不甘心。

思考：

请按照解决问题的程序替小张解决一下难题，帮助他将餐馆的经营业绩提高上来。

（二）训练内容

请按照以下指引来帮助小张解决难题（表2-7）。

表2-7 问题解决程序表

解决问题的阶段	实际问题的解决过程
发现问题	

续表

定义问题	
当前的情形	
渴望的情形	
目标	
分析问题	
设计解决方案	
理想方案	
最佳方案	
方案执行与监控	
方案回顾与评价	

四、效果评估 Performance Evaluation

评估你解决问题的能力

（一）情景描述

下面有一组测试题，请根据你自己的理解，不用思考，实事求是地选择一个你觉得最符合你的答案。

1. 你身边的一个朋友要过生日，你会（　　）。

A. 对此毫无兴趣。

B. 假装不知道，这样就不需要送礼物。

C. 只给自己最重要的朋友送礼物或祝福。

D. 常常精心准备，搜集一些比较新颖的礼物送给他（她）。

2. 你和朋友在逛街的时候，遇到一个小孩缠着你买朵玫瑰花，你会（　　）。

A. 不予理睬，继续逛街。

B. 言辞呵斥，让小孩走开。

C. 询问朋友是否需要，再决定是否购买。

D. 与小孩进行攀谈，了解小孩的基本情况与需求，思考这种现象的缘由。

3. 你看到两个中年妇女在街头吵架，你会（　　）。

A. 已经司空见惯，没有兴趣，赶紧走开做其他事情。

B. 驻足观赏，感觉很有意思。

C. 进行观察，通过她们吵架的语言了解她们吵架的根本原因。

D. 不仅关注两人吵架的根本原因，而且也能结合观者的反应全面认识这种现象。

4. 你在工作中遇到了一个问题无法解决，你会（　　）。

A. 直接选择放弃。

B. 找其他人去完成，自己脱身。

C. 认真思考一下，看有没有其他方案可以代替，如有可以考虑。

D. 积极寻求各种资源支持，坚信自己有能力解决。

5. 你的手机在公交车上被偷了，你会选择（　　）。

A. 自认倒霉算了。

B. 大声询问“有没有人看到我的手机”，以引起注意。

C. 主动寻求身边乘客的帮助，看他们是否注意到自己的手机被偷。

D. 立即向司机、乘客请求帮助，详细地向他们说明自己手机的牌子、款式、价格、发现被偷的时间等信息，并报警。

6. 假如你是团队的领导，你们打算搞一次旅游活动，你会（　　）。

A. 自己直接决定去什么地方旅游。

B. 自己决定旅游的地方，并告诉成员知道。

C. 自己提出旅游的地方，让大家一起进行探讨。

D. 把所有成员聚集到一起，共同探讨旅游的地方和旅游的时间。

7. 你把工作的一项任务派给一个人去完成，结果他没有完成，你会（　　）。

A. 大发雷霆，对他进行批评。

B. 觉得自己选人失误，对自己很气愤。

C. 让他说明原因，进行反思。

D. 和他一起分析任务没有完成的原因，共同探讨解决问题的办法。

8. 当你和同事或朋友就某一问题产生完全不同的看法时，你会（　　）。

A. 完全停止和对方的交往。

B. 服从对方的看法。

C. 请其他人帮忙分析。

> 职场中，我们经常可以看到领导或资历较深的员工凭经验作为参照针对现象找出问题。但是，职场新人即使没有丰富的经验，如果掌握了事情应该进行的标准，也可以像资深员工一样很快地对问题进行定义。

D. 暂时回避、求同存异。

9. 你的家庭成员经常为琐事争吵，你会（　　）。

A. 选择逃避，减少回家的次数。

B. 告诉他们，再吵你就永远不回家了。

C. 全力支持其中的某一个人。

D. 发挥你的能力进行调解，并使他们改善关系。

10. 当领导否定了你提出的正确方案时你会（　　）。

A. 同其大闹一场。

B. 消极对待应该完成的工作。

C. 向更高的一级汇报，希望得到他们的信任。

D. 工作上一如既往，找机会再作解释。

11. 当你因业绩突出而遭其他人嫉恨时你会（　　）。

A. 同不友好的人闹翻天。

B. 工作不再冒尖以免得罪人。

C. 一如既往，顺其自然。

D. 工作如常，同时注意自省。

12. 同事或朋友丢了东西，有人却怀疑与你有关，你会（　　）。

A. 无所谓，身正不怕影斜。

B. 自己也到处去说对方的坏话。

C. 找人对质，暴跳如雷。

D. 逐个找人询问事情的前因后果，遇见可能发生的事情，想好对策。

> 职场中，我们的使命就是要为团队和组织解决问题，我们每天要做的就是不断地去解决问题。只有能解决问题的员工才是企业最需要的人，才是这个社会的稀缺资源。

（二）评估标准与结果分析

选A得1分，选B得2分，选C得3分，选D得4分。各题得分加总之和即是本次测试得分。

得分在20分以下，说明你解决问题的能力较差；得分在21～35分之间，说明你解决问题的能力中等，有时会稍有迟疑；得分在36分以上，说明你解决问题的能力较强。

本测试仅是你目前解决问题能力的反映，只要经过不断地训练，你解决问题的能力会得到不断提高。

第三节 逻辑推理训练

一、能力目标 Competency Goal

推理就是根据一个或一些判断得出另一个新的判断的思维过程。它是一种思维活动的过程，具有从已知推出未知的特点。从内容上看，它的进行涉及具体的知识背景、智力能力、个性倾向、心理因素等多方面的问题；从形式上看，它的形成总是表现为一定判断的联结。有效的推理能力是解决问题必须具备的基本能力之一。

通过本节的学习，我们能：

掌握归纳、演绎和类比等推理的方法和技巧。

推理的种类可以按照不同的标准来划分。下面我们按照思维的进程和推理结论是否具有必然性可把推理分为演绎推理、归纳推理和类比推理。

推理的具体分类如图2–7所示。

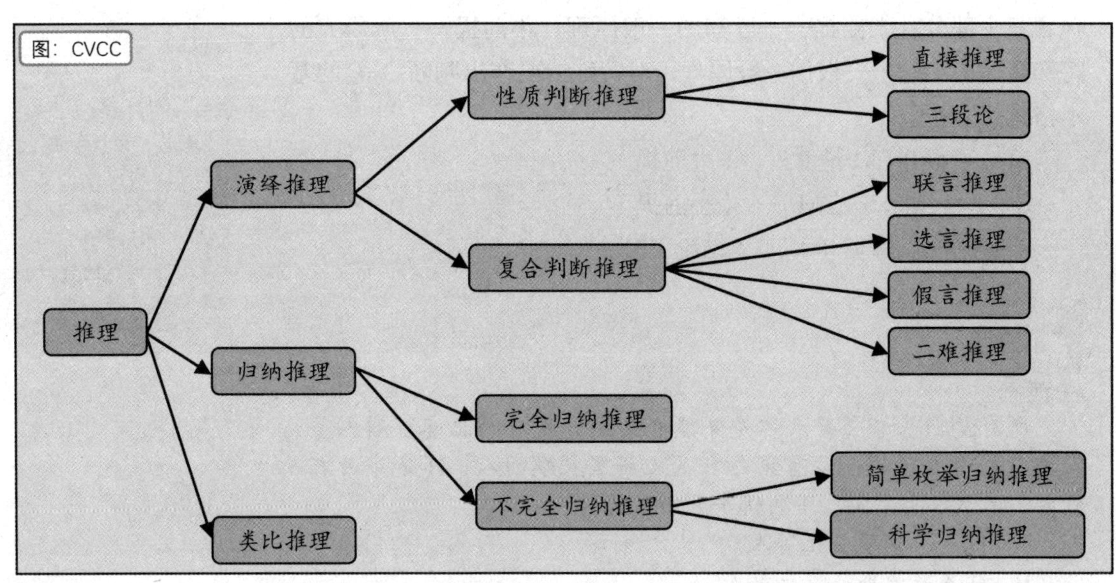

图2–7 推理的分类

面对未知的问题，由于没有先例可以借鉴，死记硬背的知识是没有任何意义的。一定要以现有的材料为基础，通过自己的研究进行逻辑思考，找到答案并解决问题。我们要训练这样一种能力：无论什么事情都能从根本开始应用逻辑推理，回归原则，找到通路，找到答案。逻辑语言是世界通用语言，逻辑推理能力是世界通用能力，不论走到哪里，去了哪个单位，逻辑推理能力都是一种可迁移的终生受用的能力。

（一）演绎推理

演绎推理就是从一般性的前提出发，通过推导即“演绎”，得出具体陈述或个别结论的过程。从前提和结论的联系性来看，演绎推理的结论具有必然性，即如果推理的前提是真实，并且推理的形式也正确，那么推理的结论就必然真实。

演绎推理根据所依据的前提判断的不同类型，又可分为性质判断推理和复合判断推理。性质判断推理可以是由一个性质判断直接推出另一个性质判断，也可以是两个性质判断间接地推出另一个性质判断，从而可分为直接推理和三段论这两种主要的形式；复合判断推理则因为作为前提的复合判断的类型不同，可分为联言推理、选言推理、假言推理和二难推理。

1. 三段论

三段论是由两个含有一个共同项的性质判断作前提，得出一个新的性质判断为结论的演绎推理。三段论是演绎推理的一般模式，包含三个部分：大前提——已知的一般原理；小前提——所研究的特殊情况；结论——根据一般原理，对特殊情况作出判断。它的基本格式如下：

M ⟶ P（M是P）（大前提）
S ⟶ M（S是M）（小前提）
S ⟶ P（S是P）（结论）

> 公孙龙（前320–前250），战国时期赵国人，名家的代表人物，他在著作《公孙龙子》中提出了白马非马的论点：
>
> “白马非马，可乎？”曰：“可。”曰：“何哉？”曰：“马者，所以命形也。白者，所以命色也。命色者，非命形也，故曰白马非马。”
>
> 公孙龙的观点你能理解并赞同吗？

小测验

所有爱斯基摩土著人都是穿黑衣服的；所有的北婆罗洲土著人都是穿白衣服的；没有穿白衣服又穿黑衣服的人；H是穿白衣服的。基于以上事实，下列哪个判断必为真？

A. H是北婆罗洲土著人。
B. H不是爱斯基摩土著人。
C. H不是北婆罗洲土著人。
D. H是爱斯基摩土著人。

E. H既不是爱斯基摩土著人，也不是北婆罗洲土著人。
（答案在本节结尾处）。

2. 假言推理

假言推理是以假言判断为前提的推理。假言推理分为充分条件假言推理和必要条件假言推理两种。

（1）充分条件假言推理的基本原则

小前提肯定大前提的前件，结论就肯定大前提的后件；小前提否定大前提的后件，结论就否定大前提的前件。

小案例

如果一个数的末位是0，那么这个数能被5整除；这个数的末位是0，所以这个数能被5整除；

如果一个图形是正方形，那么它的四边相等；这个图形四边不相等，所以，它不是正方形。

两个例子中的大前提都是一个假言判断，所以这种推理尽管与三段论有相似的地方，但它不是三段论。

（2）必要条件假言推理的基本原则

小前提肯定大前提的后件，结论就要肯定大前提的前件；小前提否定大前提的前件，结论就要否定大前提的后件。

小案例

只有李小明年满18岁，他才有选举权，李小明没有年满18岁，所以李小明没有选举权。

肯定后件式：只有李小明年满18岁，他才有选举权，李小明有选举权，所以，他已年满18岁。

提示：必要条件假言命题句式："只有……才""没有……就没有……""不……不……""除非……不……""除非……才……"

逻辑是一种语言，是一种比任何国家的语言都完善的语言，它是语言的语言。通过逻辑，自然界在论述，世界的创造者在表达，世界的保护者在演讲。

3. 选言推理

选言推理是以选言判断为前提的推理。选言推理分为相容的选言推理和不相容的选言推理两种。

（1）相容的选言推理的基本原则

大前提是一个相容的选言判断，小前提否定了其中一个（或一部分）选言支，结论就要肯定剩下的一个选言支。

相容选言推理有两条规则：

规则1：否定一部分选言支，就要肯定另一部分选言支。

规则2：肯定一部分选言支，不能否定另一部分选言支。

根据规则，相容选言推理只有一个正确的形式，即否定肯定式：

p或者q，非p所以q。

p或者q，非q所以p。

（2）不相容的选言推理的基本原则

大前提是个不相容的选言判断，小前提肯定其中的一个选言支，结论则否定其他选言支；小前提否定除其中一个以外的选言支，结论则肯定剩下的那个选言支。

不相容选言推理有两条规则：

规则1：否定一部分选言支，就要肯定另一部分选言支。

规则2：肯定一部分选言支，就要否定另一部分选言支。

根据规则，不相容选言推理有两个正确的形式：

否定肯定式：要么p，要么q，非p，所以q。

肯定否定式：要么p，要么q，p，所以非q。

选言支

组成选言判断的各个判断，叫选言支。一个选言判断至少有两个选言支。

小测验

某个岛上的土著居民分为骑士和无赖两部分，骑士只讲真话，无赖只讲假话。甲和乙是岛上的两个土著居民，关于他俩，甲说："或者我是无赖，或者乙是骑士。"

根据以上的条件可推出以下哪项结论？

A. 甲和乙都是骑士。

B. 甲和乙都是无赖。

C. 甲是骑士，乙是无赖。

D. 甲是无赖，乙是骑士。

E. 条件尚不够充分，难以推出结论。

（答案在本节结尾处查找）。

逻辑是不可战胜的，因为你要战胜的，你必须运用逻辑。

4. 二难推理

二难推理（Dilemma），是由两个假言判断和一个有两个选言支的选言判断做前提构成的推理。它也被称为"假言选言推理"。其结论可以是直言判断，也可以是选言判断。因为这种推理有时反映左右为难的困境，故称"二难推理"。

二难推理有以下四种形式：

（1）简单构成式

A 或者 B，如果 A 则 C，如果 B 则 C，所以 C。

（2）简单破坏式

不 B 或者不 C，如果 A 则 B，如果 A 则 C，所以并非 A。

（3）复杂构成式

A 或者 B，如果 A 则 C，如果 B 则 D，所以 C 或者 D。

（4）复杂破坏式

不 C 或者不 D，如果 A 则 C，如果 B 则 D，所以不 A 或者不 B 。这类推理很容易推广到所谓“二难推理”“四难推理”以至“多难推理”。

在日常的辩论中，运用“二难推理”往往很有说服力。辩论的一方提出一个表明有两种可能性的选言命题，再由这两种可能性引申出对方难以接受的结论，由此组成一个推理。“二难推理”的假的结论总是来源于假的前提。传统逻辑里常讨论反驳结论假的“二难推理”的各种方法主要有以下三个：

第一，指出那个推理的选言前提为假。

第二，指出那个推理的某一假言前提为假。

第三，提出一个相反的“二难推理”，即提出和原推理相反的两个假言前提，并由此导致不同结论。

小故事

半费之讼

古希腊的著名的辩者普罗泰戈拉斯收了一名学生叫欧提勒士。普氏与他签订了这样一份合同：前者向后者传授辩论技巧，教他帮人打官司；后者入学时交一半学费，另一半学费则在他毕业后帮人打官司赢了之后再交。时光荏苒，欧氏从普氏那里毕业了。但他总不帮人打官司，普氏于是就总得不到那另一半学费。普氏为了要那另一半学费，他去与欧氏打官司，并打着这样的如意算盘：

如果欧氏打赢了这场官司，按照合同的规定，他应该给我另一半学费；如果欧氏打输了这场官司，按照法庭的裁决，他应该给我另一半学费。

欧式或者打赢这场官司，或者打输这场官司。总之，他应该付给我另一半学费。

但欧氏却对普氏说：

如果这场官司我打赢了，按照法庭的裁决，我不应该给您另一半学费；如果这场官司我打输了，按照合同的规定，我不应该给您另一半学费。

对于自然界的万事万物而言，如果离开了逻辑的帮助，那么再敏感的问题也不能被发现，再简明的问题也不能被证明，再灵巧的也不能被使用。

我或者打赢这场官司，或者打输这场官司。总之，我不应该付另一半学费。

小测验

没有人爱每一个人；

牛郎爱织女；

织女爱每一个爱牛郎的人。

如果上述断定为真，则以下哪项不可能为真？

Ⅰ 每一个人都爱牛郎。

Ⅱ 每一个人都爱一些人。

Ⅲ 织女不爱牛郎。

A. 仅Ⅰ；

B. 仅Ⅲ；

C. 仅Ⅰ和Ⅲ；

D. Ⅰ、Ⅱ和Ⅲ。

（答案请在教材某处中寻找）。

（二）归纳推理

归纳推理是从若干关于个别对象一般性的认识推出关于对象一般情况的结论，即从个别到一般。归纳推理的结论只具有或然性，即前提的真实并不能保证必然地得出真实的结论。

根据构成归纳推理的前提是涉及对象的全部个体还是部分个体，归纳推理可分为完全归纳推理和不完全归纳推理。而不完全归纳推理又可进一步分为简单枚举推理和科学归纳推理。

正是由于可以通过过去的经验，我们能够做出概括，据此帮助我们解释现在的经验并指导我们的行为，所以，归纳是我们借以向过去的经验学习的手段，如果根据过去的经验不能进行概括，过去的经验就会毫无用处。

简单枚举归纳推理主要依据考察对象多次出现相同情况，没有出现反例而做出推论。其结论的可靠性程度比较低。进行简单枚举归纳推理常见错误是“轻率概括”，这往往是由于片面观察所导致的。提高简单枚举归纳推理的结论的可靠性要注意尽可能考察更多的事例，尽可能考察差异性大的事物出现的场合，或尽可能考察可能出现反例的场合。

科学归纳推理是根据某类事物中部分对象具有某种属性，并分析这些对象与这一属性间存在的因果联系，从而得出关于这类事物普通性结论的推理。其结论的可靠程度取决于它对事物与属性之间因果联系的分析，并不取决于前提考察的事例的数量和范围，故结论的可靠程度较高。它的逻辑形式是：

S1具有P属性；

S2具有P属性；

……

Sn具有P属性；

S1、S2…Sn都是S类的对象；

所以，所有S类对象都具有P属性。

小案例

某单位有五名员工，某天发生盗窃案，调查人员经过认真排查，一一排除本单位员工作案的可能性，认定该单位的每一位员工都没有作案的嫌疑。其思维过程可表示为：

1. 员工A没有作案嫌疑；
2. 员工B没有作案嫌疑；
3. 员工C没有作案嫌疑；
4. 员工D没有作案嫌疑；
5. 员工E没有作案嫌疑。

因为该单位只有以上五名员工，所以该单位的每一位员工都没有作案嫌疑。

（三）类比推理

类比推理是从关于对象一般性的认识推出关于另一对象一般性的认识，或从关于个别对象的认识推出关于另一个别对象的认识，即从一般到一般，或从个别到个别。类比推理的结论和归纳推理的结论一样，只具有或然性，即前提的真实并不能保证必然地得出真实的结论。

小测验

在美国与西班牙作战期间，美国海军曾经广为散发海报，招募兵员。当时最有名的一个广告是这样说的：美国海军的死亡率比纽约市民的死亡率还要低。海军官员曾就这个广告具体解释说：“据统计，现在纽约市民的死亡率是千分之十六，而尽管是战时，美国海军士兵的死亡率也不过是千分之九。”

如果以上资料为真，则以下哪项最能解释上述这种看起来很让人怀疑的结论？

A. 在战争期间，海军士兵的死亡率要低于陆军士兵。

B. 在纽约市民中包括生存能力较差的婴儿和老人。

归纳主义者的火鸡

在火鸡饲养场里，有一只火鸡发现第一天上午主人9点钟给它喂食，第二天上午主人还是9点钟给它喂食。然而作为一个卓越的归纳主义者，它并不马上作出结论。它一直等到已收集了有关上午9点给它喂食这一经验事实的大量观察，而且是在多种情况下进行观察的：雨天晴天，热天冷天，星期三、星期四……它每天都在自己的记录表中加进新的观察记录。最后它的归纳主义良心感到满意，经过归纳推理，它得出如下结论：“主人总是在上午9点钟给我喂食。”

可是，它得出这个结论后不久，一个圣诞节的前夕，主人没有在上午9点钟给它喂食，而是把它宰杀了。它通过归纳概括而得到的结论被无情地推翻了。

C. 敌军打击美国海军的手段和途径没有打击普通市民的手段和途径多。

D. 美国海军的这种宣传主要是为了鼓动市民入伍，所以，要考虑其中夸张的成分。

E. 尽管是战时，纽约的犯罪仍然很猖獗，报纸的头条不时有暴力和色情的报道。

（答案在本节结尾处）。

> **指鹿为马**
>
> 初，中丞相赵高，欲专秦权，恐群臣不听，乃先设验，持鹿献于二世曰："马也。"二世笑曰："丞相误邪，谓鹿为马？"问左右，或默，或言马以阿顺赵高，或言鹿者。高因阴中诸言鹿者以法。后群臣皆畏高，莫敢言其过。
>
> 赵高指鹿为马的强盗逻辑为什么成功？这种有逆人伦的行为能有长久吗？

二、案例分析 Case Study

案例一：流氓、骗子和赌棍

普林监狱的看守亨利对警官说："真糟糕！伯金斯下班时留下一张便条。便条上说，晚上，他逮捕了两个打扮成牧师的流氓，一个是骗子，一个是赌棍。可我早上上班时，却发现1号、2号、3号单人牢房关着的都是牧师打扮的人。现在看来，其中有一个人似乎是个真正的牧师，他是到监狱里来探望那两个误入歧途的人的。可是我实在分不清到底哪个是牧师，哪两个是牧师打扮的骗子和赌棍了。"

"想法子去问问他们嘛"，警官建议道，"相信真正的牧师总是会讲实话的"。

"这话倒是不错，可我要是问到的那个人正好是一个骗子呢？据伯金斯说，这个骗子是个撒谎的老手，他从来不讲真话；而那个赌棍又是专门见风使舵的家伙，他撒不撒谎要看情势对他是否有利。"

> 任何地方只要运用了逻辑推理，就像一个愚笨的人利用了聪明人的才智一样，逻辑推理就像在黑暗中的烛光，能照亮你在黑暗中寻找宝藏。

警官和亨利一起来到了单人牢房跟前。

"你是什么人？"警官问关在1号牢房里的那个人。

"我是一个赌棍。"这个人答道。

警官又走到2号牢房门前，问：

"关在1号的那个是什么人？"

"骗子！"

警官又问3号牢房里的人：

"你说，关在1号的那个是什么人？"

3号牢房里的人回答说："他是牧师！"

警官转身对看守说："很明显，你最好释放……"

请问：关在1号、2号、3号牢房里的分别是什么人？为什么？

首先，我们可以从1号牢房里的人的回答中推知：1号牢房里的人肯定不是牧师。因为如果他是牧师，那么他是说真话的，这样他就应该说："我是那个牧师。"

既然1号牢房的人不是牧师，就可以推出3号牢房的人是说假话的，因此关在3号牢房的人不是真正的牧师。

因为1号牢房和3号牢房的人都不是牧师，所以真正的牧师是2号牢房的人。而真正的牧师是说真话的，所以关在1号牢房的是骗子，关在3号牢房的是赌棍。

案例二：土耳其商人和帽子的故事

许多著名的科学家常常喜欢出一些有趣的题目，来考一考别人的机敏和逻辑推理能力。伟大的物理学家爱因斯坦就曾经出过这样一道题：

有一个土耳其商人，想找一个助手协助他经商。但是，他要的这个助手必须十分聪明才行。消息传出三天后，有A、B两个人前来联系。这个商人为了试一试A、B两个谁更聪明一些，把他们带进一间伸手不见五指的漆黑的房子里。商人打开电灯说："桌子上有五顶帽子，两顶是红色，三顶是黑色。现在，我把灯关掉，并把帽子摆的位置打乱，然后我们三人各自摸一顶帽子戴在头上。当我把灯开亮时，请你们尽快地说出自己头上戴的帽子是什么颜色的。"说完之后，商人就关灯，随后，三个人各自摸了一顶帽子戴在头上；与此同时，商人把余下的两顶帽子藏了起来。待这一切完成之后，商人重新开灯。A、B两人看到商人头上戴的是一顶红色的帽子，他们互相对视，都不作声，过了一会儿，A喊道："我戴的是黑帽子。"

请问：A是如何推导出结果的？A的推理是否正确？

如果没有严格的证明，则不能信服一种事物是可能的，还是不可能的。逻辑学家曾证明了一系列可能的事和不可能的事。对于其他科学也能像逻辑那样严格地进行推理和证明，则最终必将发现许多看上去可能的事原是不可能的。

解题：

已知材料：共两顶红帽子，三顶黑帽子，商人戴了一顶红帽子；A推导出自己戴的是黑帽子。

我们假设自己是A，看见商人戴的是红帽子，B呢？存在两种可能：一是红帽子，那么，A立刻可以报出答案，自己戴的是黑帽子，就不会有题目里面"他们互相对视，都不作声"的文字，也不会有A"过了一会"喊出答案的情况，所以否定这一可能；第二种可能，看见B戴黑帽子，A猜不出自己戴什么颜色的帽子，A马上发现B也不作声，进行推测是因为自己戴的是黑帽子，所以B也不知道他自己戴的是什么颜色的帽子，于是A在B之前抢先一步报出自己戴的是黑帽子。

可见，B 的反应慢了一点儿。

结果，A 被土耳其商人雇用了。

你在面试时有这么聪明吗？如果没有这种推理能力要多加训练啊！“猜帽推理”有多种版本，你可以在网上找来试做一下。

案例三：鲍细霞的肖像

莎士比亚的名著《威尼斯商人》中有这样一个情节：

富家少女鲍细霞，不仅姿容绝世，而且有非常卓越的德行。许多王孙公子纷纷前来向她求婚。但是，鲍细霞自己并没有择婚的自由，她的亡父在遗嘱里规定要“猜匣为婚”。

鲍细霞有三只匣子：金匣子、银匣子和铅匣子，三只匣子上分别刻着三句话。在这三只匣子中，只有一只匣子里放着一张鲍细霞的肖像。鲍细霞许诺：如果有哪一个求婚者能通过这三句话，猜中肖像放在哪只匣子里，她就嫁给他。

现在，我们把匣子上所刻的话加以改变，作为一个逻辑问题提出来。如果金匣子上刻的一句话是“肖像不在此匣中”，银匣子上刻的一句话是“肖像在金匣中”，铅匣子上刻的一句话是“肖像不在此匣中”。同时，这三句话中只有一句是真话。请问：求婚者应该选择哪一个匣子呢？

排中律（Law of Excluded middle）也叫矛盾律（Law of Contradiction），是传统逻辑基本规律之一。通常被表述为 A 是 B 或不是 B。传统逻辑首先把排中律当作事物的规律，意为任一事物在同一时间里具有某属性或不具有某属性，而没有其他可能。排中律同时也是思维的规律，即一个命题是真的或不是真的，此外没有其他可能。

《鲍细霞的肖像》属于逻辑推理题。如果我们能熟练地掌握矛盾律与排中律的知识，解起题来就更为简便了。

在本题中，求婚者应该选择铅匣，也就是说，肖像一定在铅匣中。理由是：

金匣上刻的一句话是“肖像不在此匣中”，银匣上刻的一句话是“肖像在金匣中”。从逻辑上看，这两句话是互相矛盾的，即这两句话是表示具有矛盾关系的两个判断。

排中律告诉我们：两个互相矛盾的判断，不能同假，其中必有一真。又因为已知三句话中只有一句是真的，这样我们就可以断定三句话中的唯一的一句真话，或者是金匣上刻的话，或者是银匣上刻的话。由此可见，铅匣上刻的话只能是一句假话。而铅匣上刻的一句话是“肖像不在此匣中”，既然这句话是假的，那么肖像就一定在此匣中了。

三、过程训练 Process Training

训练一：哪一个是姐姐?

下面这一道不是特别难的逻辑题，最好在1分钟之内给出答案：

森林里住着一对小精灵姐妹，姐姐上午说真话，下午说假话；妹妹则恰恰相反，上午说假话，下午说真话。一天，一个猎人在森林里迷了路，遇上她俩。猎人问：“你们中间谁是姐姐？”高个儿女孩说：“是我。”矮个儿女孩也说：“是我。”猎人又问：“现在是什么时间了？”高个儿女孩说：“现在是上午。”矮个儿女孩说：“现在是下午。”

请问：现在是上午还是下午？两个女孩中到底哪一个是姐姐？

分析过程如下：

从两个方面都可得出答案。

已知条件是：姐妹俩说话真假完全相反，不存在同一时间真话假话共存的情况。

假设高个儿女孩是姐姐，她说现在是上午，那么正好她说的是真话，那么妹妹就应该说的是假话，与题意正好吻合。

假设高个儿女孩是妹妹，那么妹妹就在说假话，此时的时间应为上午，但妹妹接着说“现在是上午”，这就说了真话，这与题意不符。

所以，高个儿女孩是姐姐，且现在是上午。

> 逻辑既不必是严峻的，也未必是遥远的。它既和几乎所有的人类活动有关，又对每个真心感兴趣的人有益。

训练二：今天是星期几?

A、B、C、D、E、F、G七个人在争论今天是星期几。

A：后天是星期三。

B：不对，今天是星期三。

C：你们都错了，明天是星期三。

D：胡说！今天既不是星期一，也不是星期二，更不是星期三。

E：我确信昨天是星期四。

F：不对！你弄颠倒了，明天是星期四。

G：不管怎样，昨天不是星期六。

他们之中只有一个人讲对了，是哪一个？今天到底是星期几？

分析过程如下：

七个人说的话，可以分别用另一种方式来表示：

A：今天是星期一。

B：今天是星期三。

C：今天是星期二。

D：今天是星期四或星期五，或星期六，或星期日。

E：今天是星期五。

F：今天是星期三。

G：今天是星期一，或星期二，或星期三，或星期四，或星期五，或星期六。

只被提到一次的日子是星期日。

所以，今天是星期日

孔子的独生子孔鲤出生时鲁哀公送去一条鲤鱼祝贺，孔子便给儿子起名孔鲤，字伯鱼。孔鲤的父亲是被称为圣人的孔子，他的儿子就是亚圣孟子的老师——孔伋。孔鲤比孔子先故，一生无建树，有这样的父亲在前，有这样的儿子在后，孔鲤的尴尬与压抑也就可想而知。弥留之际，他对自己的父亲说："汝子不如吾子。"又对自己的儿子说："汝父不如吾父。"孔鲤在说这两句看似引以为荣的话时内心该是何等的痛苦。

四、效果评估 Performance Evaluation

评估：你的逻辑推理能力

（一）情景描述

下面有一组测试题，请根据你自己的理解，选择一个你觉得最符合的答案。请在5分钟之内做完。

1. 某公司财务部共有包括主任在内的八名职员。有关这八名职员，以下三个判断只有一个是真的：

（1）有人是广东人。

（2）有人不是广东人。

（3）主任不是广东人。

以下哪项为真？

A. 八名职员都是广东人。

B. 八名职员都不是广东人。

C. 只有一个不是广东人。

D. 只有一个是广东人。

E. 无法确定该部门广东人的人数。

2. 世间万物中，人是第一宝贵的。我是人，所以，我是世间万物中第一宝贵的。

这个推理中的错误，与以下哪项中出现的错误是一样的？

A. 作案者都有作案动机，张三作案了，张三一定有作案动机。

B. 各级干部都应该作出表率，我不是干部，所以我是不用作出表率的。

C. 中国人不怕死，我是中国人，所以我不怕死。

D. 想当翻译就要学好外语，我可不想当翻译，何必费力学外语。

3. 张先生买了块新手表，他把新手表和家中的挂钟对照，发现手表比挂钟一天慢了三分钟；后来他又把家中的挂钟和电台的标准时对照，发现家中的挂钟比电台标准快了三分钟。张先生因此推断：他的表是准确的。

以下哪项是对张先生推断的结果的正确评价？

A. 张先生的推断是正确的，因为手表比挂钟慢三分钟，挂钟比标准时快三分钟，这说明手表准时。

B. 张先生的推断是正确的，因为他的手表是新的。

C. 张先生的推断是错误的，因为他不应该把手表和挂钟比，应该直接和标准时比。

D. 张先生的推断是错误的，因为挂钟比标准时快三分钟，是标准的三分钟；手表比挂钟慢三分钟，是不标准的三分钟。

E. 张先生的推断既无法断定为正确，也无法断定为错误。

4.《韩非子》中写道，楚人有鬻盾与矛者，誉之曰："吾盾之坚，物莫能陷也。"又誉其矛曰："吾矛之利，于物无不陷也。"或曰："以子之矛，陷子之盾，何如？"其人弗能应也。夫不可陷之盾与无不陷之矛，不可同世而立。

以下议论与那位楚人犯有同样的错误，只有哪一个例外？

A. 电站外高挂一警告牌："严禁触摸电线！500伏高压一触即死。违者法办！"

B. 一位小伙子对女友说："我爱你，我愿意为你做任何事情，哪怕赴汤蹈火！如果星期六下雨，我就不过来看你了。"

C. 这是一条狗，它是一个父亲，而它是你的，所以它是你的父亲。你打它，就是在打你的父亲。

D. 他的意见基本正确，一点儿错误也没有。

E. 今年研究生考试，我有信心考上，但却没有把握。

5. 如果"鱼和熊掌不可兼得"是不可改变的事实，则以下哪项也一定是事实？

A. 鱼可得，但熊掌不可得。

B. 熊掌可得，但鱼不可得。

C. 鱼和熊掌皆不可得。

D. 如果鱼不可得，则熊掌可得。

E. 如果鱼可得，则熊掌不可得。

> 逻辑教学的根本目的应当是培养和提高学生处理实际问题的能力，为他们提供应用于其他学科的推理方法。

（二）评估标准及结果分析

第1题，正确答案是A。根据题干断定唯一真命题在（1）和（2）两个例题中，所以"主任不是广东人"必假，可以推出"主任是广东人"为真，进而推出"有人是广东人"为真，"有人不是广东人"为假，可以推出"所有人是广东人"为真。

第2题，正确答案是C。题干中的错误正是把前一个"人"与后一个"人"混作同一个概念，而前者是一个集合概念，反映的是一个整体，后者是非集合概念，反映的是可称为"人"的这样一个类别，两者是不同的概念。选项C也是混淆了集合概念与非集合概念。

第3题正确答案是D。因为确定两个三分钟不是同一概念。张先生的推断违反同一律，犯了"混淆概念"的错误。

第4题正确答案是C。尽管C中"狗父论证"是一个无效论证，但其中并没有自相矛盾的地方，而其他各项都是自相矛盾的。

第5题正确答案是D。题干的意思仅仅断定了两种情况不能同时存在，也就包括这两种情况都不存在这种情况，由此选项C、E无法推出，而题干中没有其他的前提，故选项A、B也无法确定。

答对5道题，证明你的逻辑推理能力一流。

答对3～4道题，你的逻辑推理能力尚可。

若只答对3道题以下，你必须努力了！

逻辑知识不同于其他知识的特征：其一，逻辑知识比其他知识更清晰地使其结果具有真理性；其二，逻辑知识乃是获得其他正确知识的必经的第一步；其三，逻辑知识的获得需依赖于其他知识。

附录：

1. 第三节"推理能力训练"中"三段论"的小测验答案：

正确答案是B。

因为"穿黑衣服"是"爱斯基摩土著人"的必要条件，H（穿白衣服）不具备此必要条件，所以H不是爱斯基摩土著人。选项A不妥，因为除了题干所讲的两种人以外，还可能有其他的人，H可能是其他种族的人中的穿白衣服的。C、D明显不符合要求。选E也不对，因为H穿白衣服，可能就是北婆罗洲土著人（虽然不能肯定"是"，但也不能断言"不是"）。

2. 第三节"推理能力训练"中"选言推理"小测验答案：

正确答案是A。

先令甲是无赖，则甲的话是假的，即并非"或者甲是无赖或者乙是骑士"。这个命题的意思就是说，甲不是无赖，并且乙不是骑士。这样，从甲是无赖推出了甲不是无赖，矛盾，所以，甲不能是无赖，甲是骑士。既然甲是骑士，所以甲的话是真的，即"或者甲是无赖，或者乙是骑士"这个命题是真的。以这个命题为大前提，以甲是骑士为小前提，进行从否定到肯定的相容选言推理，可以得到结论：乙是骑士。所以，甲和乙都是骑士。

3. 第三节“推理能力训练”中“关系推理”的小测验答案：

正确答案是A。

解析：从“织女爱每一个爱牛郎的人”，加上备选项Ⅰ“每一个人都爱牛郎”，就会得出“织女爱每一个人”，而这与题干中给定的条件“没有人爱每一个人”矛盾。所以，Ⅰ不可能为真。

由于“爱”这一情感是不传递的，于是由“织女爱每一个爱牛郎的人”，不能推出“织女爱牛郎”，因此备选项Ⅲ“织女不爱牛郎”可能为真。

备选项Ⅱ“每一个人都爱一些人”与题干中给定的条件并不矛盾，可能为真。所以，不可能为真的只有Ⅰ。

4. 第三节“推理能力训练”中“类比推理”小测验答案：

正确答案是B。

这个类比所隐含的结论是：参加海军的危险性要小于后方的城市生活。这一结论是基于以往的海军和普通市民在战时的死亡率。选项A与题干无关；选项C、D明显不实；选项E不能提供所需要的解释。但是，这个比较显然有意遗漏了这两者之间的相异之处，即服役的海军士兵正处于生存能力的最佳状态，造成他们死亡的唯一原因是直接死于战争；而处于后方的纽约市民中既有生存能力较强的青壮年，也有生存能力较弱的婴儿、老人和处于疾病中的人。因此，广告中的这种类比是不恰当的，并且也是没有说服力的。

逻辑是一种最令人震惊的智力创造，它把思维中的慧眼和巧手通过无限的时间投射到无限的空间中去了。

第三章　描述和分析问题

问题出现了，就必须想办法解决问题，但在解决之前还需要对问题进行详细、准确地分析。如何才能准确、有效地分析问题呢？首先，你需要对问题进行详细地描述，包括问题具体是什么，问题发生的时间、地点、参与的主体以及影响程度；其次，需要借助各种分析工具或方法，查找问题产生的原因，并确定出最根本的原因；最后，围绕问题的解决，明确要达到的目标。分析问题，是为了更好地发掘解决问题的方案。

分析是一切事情的起点，这是一个十字路口，它决定了你今后的方向。

本章安排的内容：

●描述问题

●分析问题和原因

●确定目标

第一节　描述问题

一、能力目标 Competency Goal

当问题出现或当你发现问题的时候，首先要思考如何才能把“问题”清晰准确地描述出来。只有把问题描写叙述清晰了你才会知道问题的现状以及它与目标之间的差距，才能寻找关键的问题点在哪儿。

> 问题的陈述远比它的解法重要，得解只要有数学的或实验的技巧就行。
>
> ——【美】爱因斯坦

通过本节的学习，我们能：

1. 掌握描述问题的4W1H方法；
2. 理解描述问题的基本要求；
3. 熟练运用4W1H方法描述遇到的问题。

（一）4W1H描述问题的方法

在描述问题时，常见的描述方法是4W1H法。也有些人或教科书把描述问题的方法定位于5W1H法。和下面介绍的4W1H法相比，多了一个W，即Why。本节之所以没有把Why加上来，是因为本部分重点在于描述，而不在于查找原因。查找原因是我们下节要讲述的重点。

1. 发生了什么（What）

这是问题描述中最核心的部分。该部分如果把握得非常准确，对问题解决的方向和速度都有着重要的影响。它的分支问题如下：

（1）问题是什么？

（2）是什么引发了这一问题？

（3）这一问题能不能分成不同的部分？

（4）这一问题与其他问题有联系吗？

（5）这一问题的背景是什么？

（6）延迟解决这一问题有什么影响和后果？

（7）这一问题不解决会发生什么？

2. 发生在哪里（Where）

问题的发生总有特定的空间、地点，描述问题的时候一定要把问题发生的具体地点讲清楚或弄明白。它可产生如下问题：

（1）问题的范围有多大？

（2）问题被限定在哪个区域？

（3）问题发生的地点重要吗？

（4）问题可能会在其他地方发生吗？

3. 谁发生了问题或这一问题涉及谁（Who）

问题的发生离不开一定的主体，描述问题时要清楚地知道问题的主体是谁。我们可从下面的思路提问：

（1）这一问题的责任人是谁？

（2）这一问题的发现者是谁？

（3）谁最有可能解决这一问题？

（4）谁受到了最大或最坏的影响？

（5）谁可能从这一问题的解决中受益？

（6）谁拥有解决这一问题的重要资源？

（7）谁拥有决策权？

问题必须按照非常严密的理论来设计。因为原因可能就在你提出问题的相反一面。

4. 什么时间发生的（When）

问题发生的时间线索也非常重要，在描述问题时不能忽略。

（1）何时发生了问题？

（2）这一问题会持续多长时间？

（3）这一问题何时能解决？

（4）这一问题的最晚解决时间是何时？

（5）这一问题的影响何时最严重？

5. 影响程度如何（How）

问题的影响程度如何？是否紧急？是否重要？谁应该对这个问题负责？这也是问题描述需要关注的重点。

（1）问题是如何被发现的？

（2）它是怎样影响现在的工作的？

（3）类似的问题以前是怎样处理的？

（4）我们应该如何处理它？

小案例

广袤大厦内有3部电梯。在该大厦内有几十家大大小小的公司，上班时间基本上都在上午9点钟，每天从8点40分开始是上班高峰期，1楼里的电梯就会异常拥挤，运行速度非常缓慢。由于等电梯的人太多，推推搡搡之间经常发生争吵。

如果你是该大厦物业管理处的管理员，下面三种问题描述，你觉得哪个描述最确切？理由是什么？

A. 广袤大厦1楼电梯在上午上班前20分钟内非常拥挤。

B. 在上午上班前20分钟内，广袤大厦1楼电梯门口的人非常多，秩序混乱，异常拥挤，争吵不断。

C. 在上午上班前20分钟内，广袤大厦1楼电梯的运行速度非常缓慢，等电梯的人非常多。

（二）数字化或量化描述问题方法

用数据说话，用数字来表示目标值与现状之间的差别会使问题更明确。在定义问题时，很多人只是着眼于性质，时常对问题只是加以定性，并没有做到明确定义。比如，某人这样来定义自己："我现在太胖了。"这可能是他把自己的现在与以前进行对比，定义现在的问题是"太胖了"。但他实际上没有把"胖"这个问题定义清楚，到底胖多少，与以前比有多大差别，从这句话中看不出来。如果问题数字化，问题将非常明确：

图3–1　问题数字化图

美籍匈牙利裔数学家G. 波利亚在《数学的发现》一书中，对勒内·笛卡尔（Rene Descartes，1596–1650，法国哲学家、科学家和数学家）设计的可用于解决所有类型问题的万能方法总结成了一个大概模式：

第一，把任何种类的问题化为数学问题；

第二，把任何种类的数学问题化为一个代数问题；

第三，把任何代数问题归结到去解一个方程式。

这就是问题求解的雏形。当然，这种方法不可能在任何情况下都很灵验，但它仍不失为一个伟大的设想，即使它失败了，它对于科学发展的影响比起千万个碰巧成功的小设想来说仍然要大得多。笛卡尔在17世纪上半叶就为我们在解决问题方面指出了方向，他的方法很简单，也具有极强的科学性和实用性，能适用于工作中的很多情况。

小故事

测量金字塔的高度

据说，埃及的金字塔修成一千多年后，还没有人能够准确地测出它的高度。有不少人作过很多努力，但都没有成功。一年春天，古希腊哲学家泰勒斯来到埃及，人们想试探一下他的能力，就问他是否能解决这个难题？泰勒斯很有把握地说可以，但有一个条件——法老必须在场。

第二天，法老如约而至，金字塔周围也聚集了不少围观的老百姓。泰勒斯来到金字塔前，阳光把他的影子投射在地面上。每过一会儿，他就让别人测量他影子的长度，当测量值与他的身高完全吻合时，他立刻在大金字塔在地面的投影处作一个记号，然后再丈量金字塔底到投影尖顶的距离。这样，他就报出了金字塔确切的高度。在法老的请求下，他向大家讲解了如何从“影长等于身长”推到“塔影等于塔高”的原理，也就是今天所说的“相似三角形定理”。

泰勒斯，古希腊时期的思想家、科学家、哲学家，出生于爱奥尼亚的米利都城，创建了古希腊最早的哲学学派——米利都学派（也称爱奥尼亚学派）。“古希腊七贤”之一，西方思想史上第一个有记载、有名字留下来的思想家，被称为“科学和哲学之祖”。

（三）图表化描述问题方法

向别人说明自己的想法和主张并寻求得到理解，这不仅限于商务方面，其实在日常生活和工作中也是常见的和必不可少的。以数字为基础或纯文字的表述能收到一定的效果，但人们对此也抱有疑问，对方不一定能充分理解。图表形成的可视概念可以帮助你有效地说服对方。图表化数据和资料并不是单纯地为了文章变得更漂亮，而是为了帮助人们进一步思考。

1. 图表化的优势

（1）更能吸引眼球，引人注目。

（2）能在短时间内传播大量信息。

（3）与只使用语言相比，能给人留下更深的印象。

（4）更简洁，使人一目了然。

（5）更容易激发人的右脑，能够对自身头脑进行整理。

2. 图表的种类

人们在使用图表时，不管你的信息是什么，下面五种图表中总有一种可以适合你：饼图、条形图、柱形图、折线图、散点图等。选择什么图表完全取决于想要表达什么样的信息。

（1）如果是成分相对关系，那么饼图是你最好且唯一的选择

如果你的资料和信息包括这些词汇：份额、百分比以及预计将达到百分之多少，那么，饼图就是你最正确的选择了。

饼图能给你一个整体与部分之间清晰的形象，它展示的是每一部分所占全部的百分比。为了使它尽量发挥作用，在使用中最好不要多于六种成分。如果多于六种成分，就将未选的列为“其他”范畴。因为人们的眼睛习惯按顺时针方向进行观察，所以应该将最重要的部分放在紧靠12点钟的位置，并使用强烈的色彩对比以显示

突出。

例如，为了说明直观说明国民社交工具微信的使用者的年龄分布，我们可以用饼图来表示，如2019年微信用户年龄分布图（图3–2）。

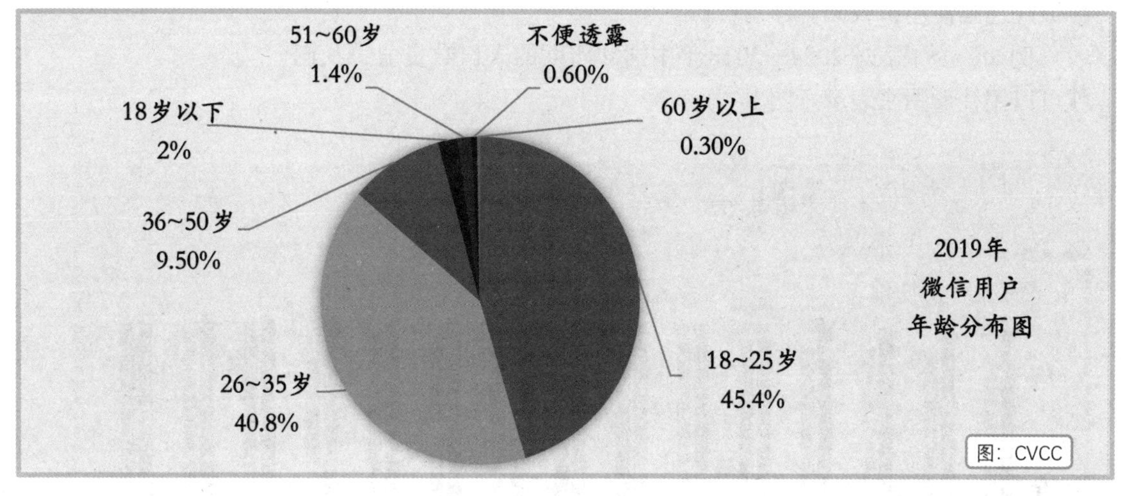

图3–2　饼图

（2）如果是项目相对关系可以用条形图来表示

大于、小于或者大致相当都是项目相对关系中的关键词。在项目相对关系里，我们可以比较事物的排列方法。

例如，为了对华为公司与全球其他研发投入最大的公司的研发经费进行比较，我们就可以用条形图来体现（图3–3）。

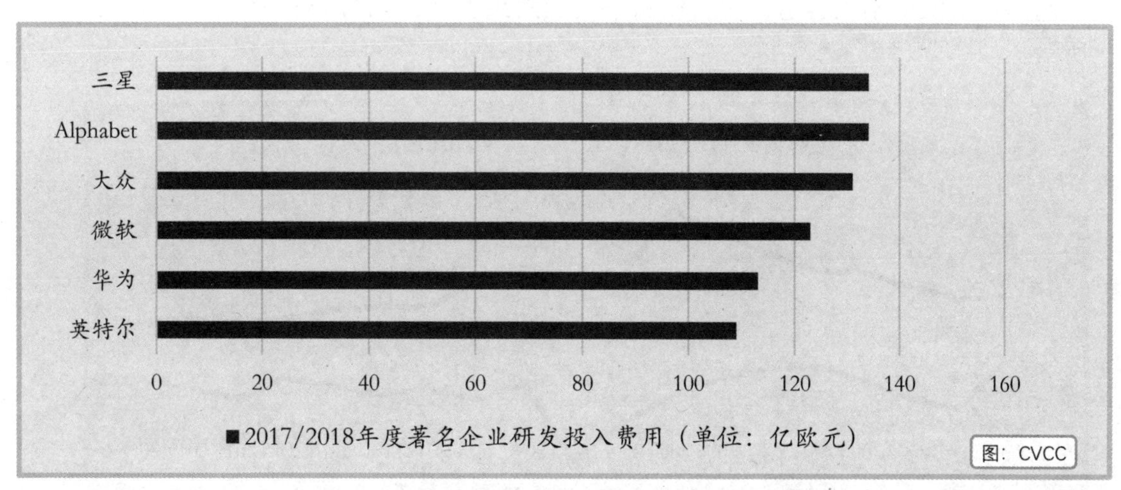

图3–3　条形图

（3）如果是时间系列相对关系可以用柱形图和折线图来表示

成分相对关系和项目相对关系能展示在同一时间点上的相互

关系，而时间序列相对关系则能够展示出随着时间变化而变化的关系。如果你的图表中只有少数几个点（如只有7～8个），那么就使用柱形图；如果你必须在图中展示20多年来每个问题的变化趋势，你最好还是使用折线图。

例如，为了表述2004—2018年中国和印度的人口数量值，我们就可以用柱形图来表示（图3-4）。

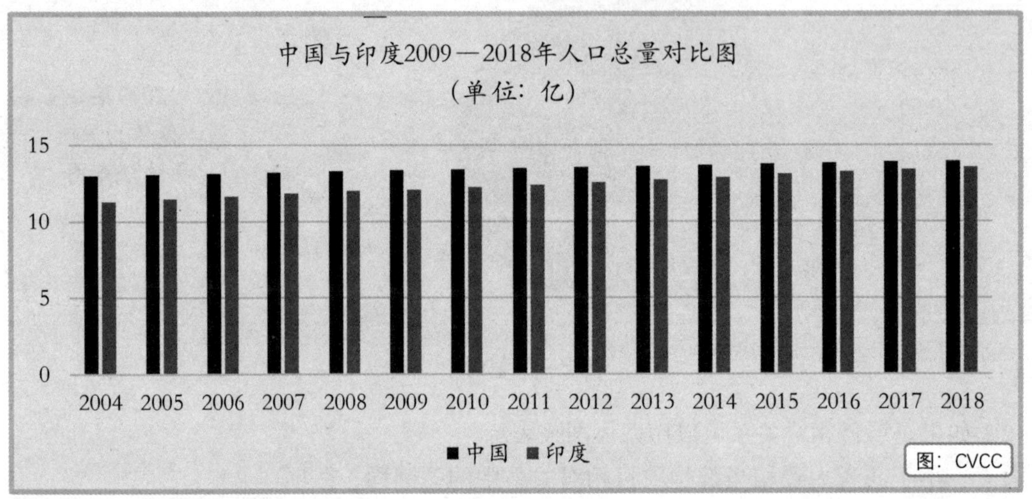

图3-4　柱形图

为了对比表示中美两大经济体2000—2019年的经济增长率，我们用柱形图就不太合适，用折线图来表示效果更好，如图3-5所示。

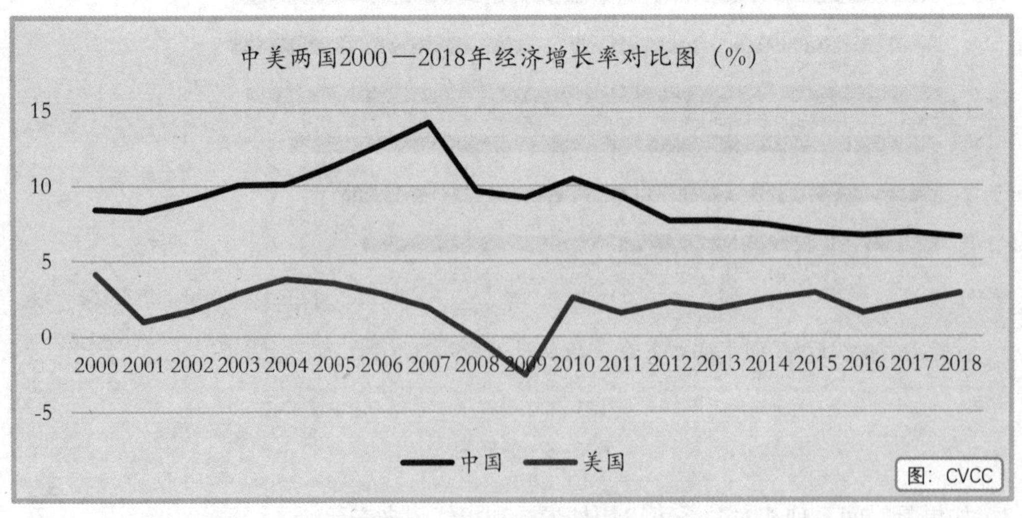

图3-5　折线图

（4）如果是频率分布相对关系可以用柱形图和折线图来表示

不过，频率分布相对关系的柱形图和折线图的图形则有所区别，一个频率分布相对关系展示的是有多少项（频率）会落入一个具有特定的数据段当中（分布）。

某快递公司货物到达客户手中的时间最快是1天，最慢7天以上，大多数货物是3～5天，我们就可以用柱形图（图3-6）来表示。

CVCC各模块水平等级测试总分为500分，在某大学某次考试中的分数最低为180分，最高为480分，但大部分测试者的分数落在240～420分的区间，我们就可以用折线图（图3-7）来表示。

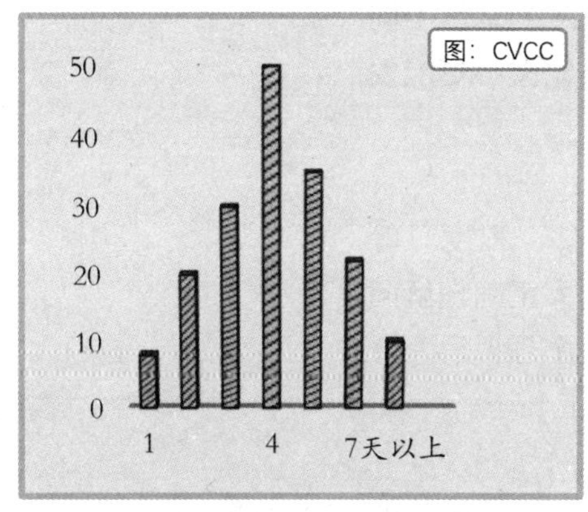

图3-6 频率分布相对关系柱形图

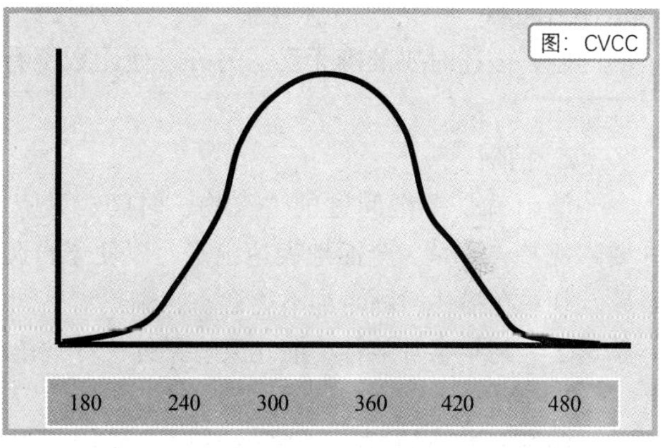

图3-7 频率分布相对关系折线图

（5）如果是相关性相对关系我们可以用散点图来表示

一个相关性相对关系显示的是两种变量符合或者是不符合你所希望出现的模板。

例如，你认为具有较多经验的销售员会比经验较少的销售员业绩要好、学历较高的员工会比学历较低的员工有更高的底薪等。这类比较最好使用散点图（图3-8）。

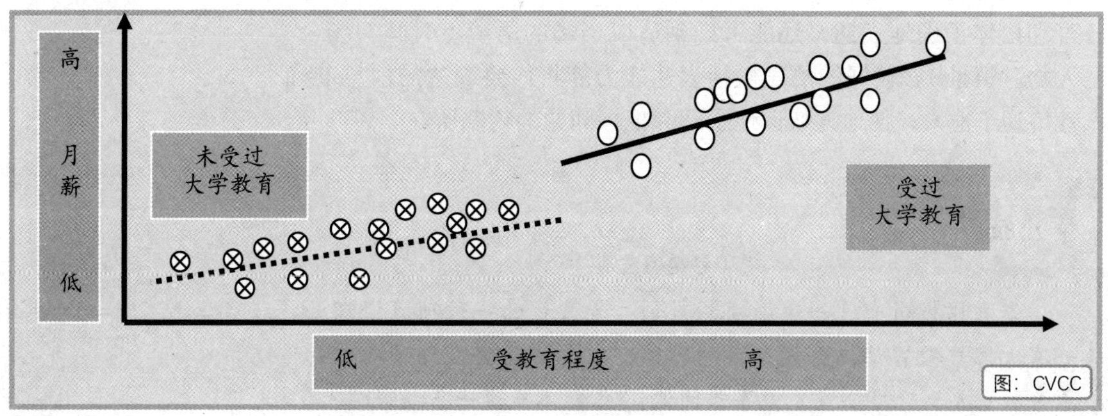

图3-8 散点图

（四）描述问题的要求

要准确地描述在生活和工作中所遇到的各种问题，确保自己和别人都能明确“真正的问题之所在”，并不是一件轻而易举的事情。描述问题时，一般的要求有如下三点。

1. 精准

精准就是你在描述问题时能抓得住“问题真正之所在”。精准的反面就是谬误、错误、模糊、大概等，如果在描述问题时模棱两可、甚至出现错误，就会导致你无法真正理解和把握“到底遇到的是什么问题”。如“住宿问题”与“住房问题”就是两个截然不同的问题，描述时要准确无误。另外，使用数字有时候比文字更能发挥作用。

2. 清晰

清晰就是要把问题的“人物、时间、地点、事件、程度”等要素完整、清楚、全面地表达出来，以便于自己和别人正确理解问题。切忌在描述问题时词不达意、含糊不清，如不要用“麻烦大了、糟透了、某年某月某日、前几天、某处”等词语或词汇。

3. 简洁

简洁是指在准确、清晰的基础上描述要简练，要能用精简的语言和图形准确表达出问题的全部要素。也就是说，必须在把问题“说清楚、说准确、说明白”的基础上再考虑简练的问题。图形的表达有时候更符合这方面的要求。

不管问题是多么严重，你都不会也不应该退缩，因为你知道它的去向。

描述问题对一个人的心理素质和语言概括表达能力要求甚高。当问题来临时，不要紧张、惧怕，要有直面问题的勇气。如果遇到问题就恐惧无助，你就会把一个原本简单的问题复杂化，以至于失去解决问题的信心，更别提正确地描述问题了。此外，描述问题还需要较高的语言概括表达能力。面对问题，能选用适当的词汇、语言和语体正确地表达，还能考虑到适应当场的语境（时间、场合、人物、情景）。较好的语言概括表达能力能将你要表达的信息准确地传递给他人，使他人快速地了解和把握问题的精髓所在。

小技巧

“30秒电梯法则”

麦肯锡公司有过一次惨痛的教训：麦肯锡的一位项目经理为一家大客户做咨询，会谈结束的时候，在电梯间里碰到了对方的董事长正要离开办公室，董事长问他：“你能不能说一下结果呢？”由于该项目负责人没有准备，而且即使有准备，也无法在电梯从

30层到1层的30秒钟内把结果说清楚。最终，麦肯锡失去了这一重要客户。

从此，麦肯锡要求公司员工凡事要在最短的时间内把结果表达清楚，凡事要直奔主题、直奔结果。麦肯锡认为，一般情况下人们最多记得住“一二三”，记不住“四五六”，所以凡事要归纳在3条以内。这就是业界流传甚广的“30秒钟电梯法则”。

二、案例分析 Case Study

案例一：张力的问题描述

张力上个月才担任某化妆品销售公司的总经理，工作刚刚理顺，问题就纷至沓来，在这些问题中，张力最困惑的问题是化妆品过敏事件。今天早上刚到办公室，就接到X市经销商打来的投诉电话，说在他们市里大概有十家美容院在用公司某品牌化妆品给顾客服务时，顾客不同程度地出现了脸部过敏现象。经销商说顾客非常激动，要求公司给予赔偿，并提出要投诉本地媒体，曝光该品牌化妆品的质量问题。前前后后共有三个城市存在类似的过敏事件。前一段时间，这三个城市的消费者在使用该品牌化妆品时就感觉到脸部有少许发烫，但由于不太严重，公司觉得该品牌产品一直深受消费者欢迎，从没有出现质量问题，少许发烫对公众健康也没有太大的影响，就没有重视这件事情。直到现在，公司才发现问题的严重性，后悔莫及！这个问题摆在张力面前，必须尽快解决，否则会严重影响公司的品牌形象、公司声誉和公司成败。

张力先用4W1H法对问题进行描述（表3–1）：

表3–1　4W1H问题描述表

W（What）	发生了什么	公司历史上第一次出现消费者使用该品牌产品后出现脸部过敏现象
W（Where）	发生在哪里	三个城市（含X市）
W（Who）	问题涉及谁	使用该品牌出现过敏的消费者和之前出现脸部少许发烫的消费者
W（When）	什么时间发生的	最近一段时间发生的
H（How）	影响程度如何	此事关系到公司的品牌形象、声誉和成败，处理不当后果会非常严重

通过4W1H法，张力的问题描述结果是：最近一段时间，在三个城市，消费者使用公司某品牌化妆品时出现了过敏现象，问题严重，必须及时处理，否则会影响到公司的存亡。

思考：

你觉得张力对该问题的描述是否准确？如果是你，你会怎样来描述该问题？

案例二：隧道施工问题（将问题量化的典型案例）

在铁路施工、引水施工等挖隧道时碰到一座大山，如何确定正确的方向，保证从两端分别对进的两个施工队分毫不差地相遇？

将问题量化，把问题表述、归化为数学问题，我们就可很容易地解决它了。

请看图3–9，我们不能在没有任何解决方案的前提下在城市A和水库B之间直接开凿隧道，因为两地施工没有办法直接没有误差地相对，只能借助于A点和B点都能观测到的山外的某一点C来把它们间接地联系起来。

在图3–9中，∠C角能测量到，因为A点和B点都能看到C，还有AC与BC的长度都是可以测量的。

设定AC为30公里，BC为38公里，∠C为110°，我们就可以在按比例缩小的图纸上计算出∠A和∠B的角度了。

测量角的仪器和方法就是从这样的现实问题引发出来的。于是，产生了三角测量术。

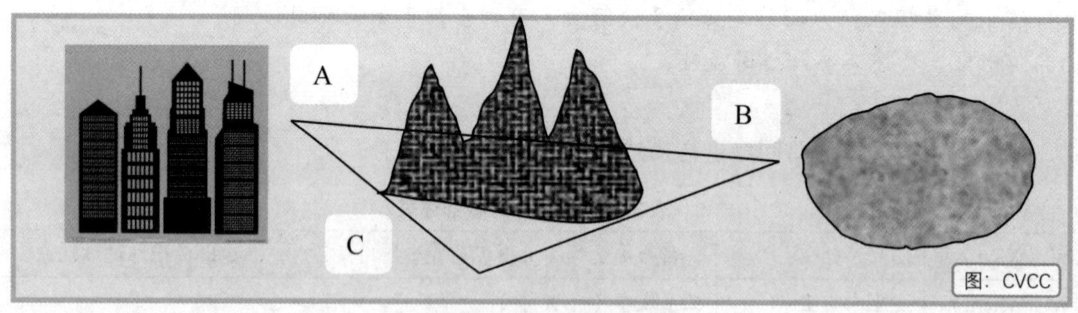

图3–9　隧道施工问题图

所以，这一问题的解决也为笛卡尔的解决问题的三步模式提供了比较具有说服力的案例。后来，科学家们通过类似的方法算出了地球与月亮之间的距离、地球与月亮距离和地球与太阳距离之比以及一系列其他的科学问题。

三、过程训练 Process Training

训练一：描述小郑的问题

小郑毕业后，由于一直没有找到自己心仪的工作就想自己创业。经过多方面的努力与筹备，小郑终于在一所学校门口开了一家餐饮店。为吸引众多同学光临，小郑准备在开业当天邀请学校知名的乐团“爱乐团”来现场演奏。经过协商沟通，“爱乐团”答应出演。小郑非常开心，在校园里进行了广泛的宣传。同学们也都翘首以盼开业的到来。然而，在开业前一天，“爱乐团”打来电话，学校另有安排，时间正好冲突，无法如期为餐饮店开业演奏。小郑顿时感觉情况不妙。

请用4W1H法分析一下小郑遇到的问题（表3-2）：

表3-2 小郑的4W1H问题表

W（What）	发生了什么	
W（Where）	发生在哪里	
W（Who）	问题涉及到谁	
W（When）	什么时间发生的	
H（How）	影响程度如何	
小郑的问题描述结果		

训练二：学会用数学方法来描述问题

建立一个实际问题的数学模型，需要一定的洞察力和想象力，筛选、抛弃次要因素，突出主要因素，做出适当的抽象和简化。全过程一般分为表述、求解、解释、验证几个阶段，并且通过这些阶段完成从现实对象到数学模型，再从数学模型到现实对象的循环，可用流程图表示，如图3-10所示。

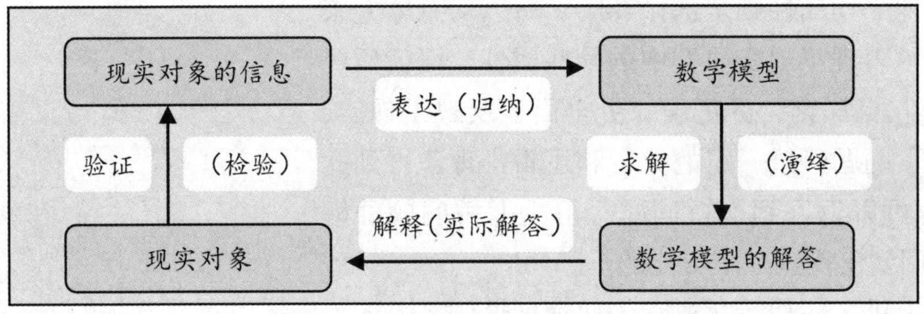

图3-10 问题求解的数学模型图

根据建立数学模型的目的和掌握的信息，将实际问题翻译成数学问题，用数学语言确切地表述出来。

这一个关键的过程，需要对实际问题进行描述和分析，甚至要做调查研究，查找资料，对问题进行简化、假设、数学抽象，运用有关的数学概念、数学符号和数学表达式去表现客观对象及其关系。如果现有的数学工具不够用时可根据实际情况大胆创造新的数学概念和方法去表现模型。

哥尼斯堡（今俄罗斯的飞地加里宁格勒，位于波兰和立陶宛之间）有一条普雷格尔河，这条河有两个支流，在城中心汇合成大河，河中间有一座小岛，河上有七座桥，如图3–11所示。18世纪，哥尼斯堡的很多居民总想一次不重复地走过这七座桥，再回到出发点。可是试来试去总是办不到，于是有人写信给当时著名的数学家欧拉，欧拉于1736年建立了一个数学模型解决了这个问题。他把A、B、C、D这四块陆地抽象为数学中的点，把七座桥抽象为七条线，如图3–12所示。

对问题有了一个正确的认识，问题就已经解决了一半。而失败的尝试，往往源自准备不足。

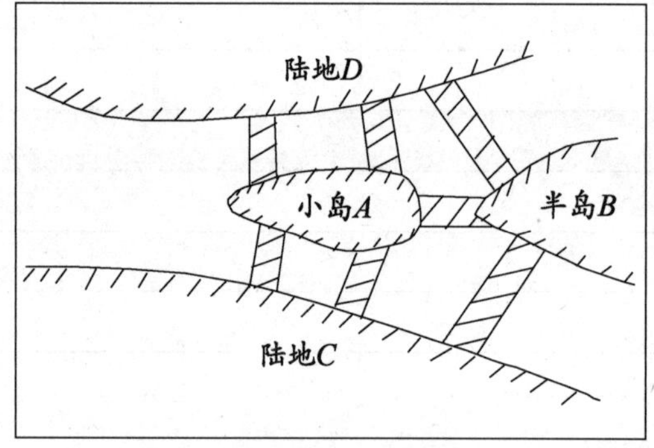

图3–11　七桥问题图一

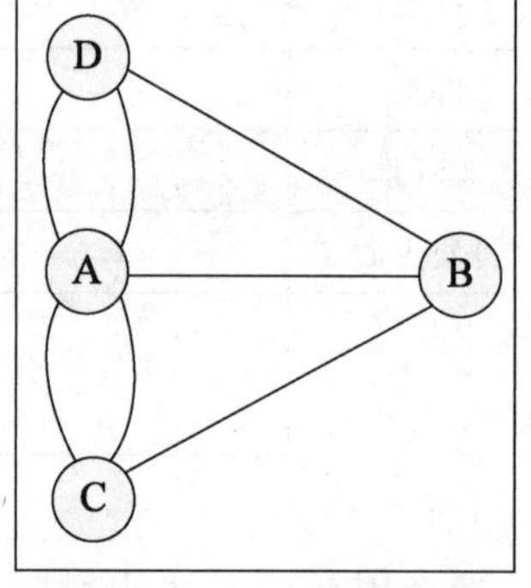

图3–12　七桥问题图二

七桥步行问题，就相当于图3–12的“一笔画”问题，即能否将图3–12所示的图形不重复地一笔画出来，这样抽象并不改变问题的实质。

哥尼斯堡七桥问题是一个具体的实际问题，属于数学模型的现实原型。经过理想化抽象所得到的如图3–12所示的“一笔画”问题便是七桥问题的数学模型。在“一笔画”的模型里，只保留了桥与地点的连接方式，而其他一切属性则全部抛弃了。所以从总体上来说，数学模型只是近似地表现了现实原型中的某些属性，而就所要解决的实际问题而言，它更深刻、更正确、更全面地反映了现实，也正由此，对“一笔画”问题经过一定的分析和逻辑推理，得到此问题无解的结论之后，可以返回到七桥问题，得出七桥问题的解答，不重复走过七座桥回到出发点是不可能的。

数学模型，从广义上讲，一切数学概念、数学理论体系、各种数学公式、各种方程式、各种函数关系以及由公式系列构成的算法系统等等都可以叫作数学模型。从狭义上讲，只有那些反映特定问题或特定的具体事物系统的数学关系的结构，才叫作数学模型。在现代应用数学中，数学模型都作狭义解释，而建立数学模型的目的主要是为了解决具体的实际问题。

四、效果评估 Performance Evaluation

评估一：你的文字表达能力

（一）情景描述

一个人的文字表达能力越强，就越能对问题进行准确的描述。相反，较弱的文字表达能力，很难使人快速把握“问题真正之所在”。下面的测试题，可以很好地反映出你的文字表达能力，请根据自己的理解作答。

1. 下面这段话比较啰唆，请在不影响原意的情况下删除多余的词句。

“一个人之所以会变坏的原因，除了受到坏的影响外，更重要的是他自己没有把握住自己，受了坏人的影响才逐渐变坏的；如果这个人把握住自己，能抵制多方面的各种坏的影响，那么，他还会变坏吗？”

2. 修改下面的一条短信，要求简明地表达原意。

“事情已办妥，准备回北京，我已购买了26号下午3点从上海浦东机场飞往北京大兴机场的机票，当天下午5点多可以到达北京，请公司派车来机场接我。李总。”

3. 下面的文字不简洁，请修改。

“还有一种立体的会活动的书，也很吸引人。它的插图都是立体的，当你把书打开的时候，书里的人和动物马上会站起来，跃然纸上，栩翎如生。”

4. 下列各句中，语义明确、没有歧义的一句是（　　）。

A. 桌子上摆放的各种点心和水果那些客人都已经吃了。

B. 据外电报道，最近美意正在联合调查一起法官谋杀案。

C. 在美国的中国人的子女都会思念远在祖国的父母。

D. 经过多方努力，图书馆三分之二的陈旧设备得到置换。

5. 下列各句中，没有语病的一句是（　　）。

A. 他用自己的行动塑造了巨大的人格力量，感染和影响着周围的人们。

> 提高文字表达能力，需要你下决心、有毅力、勤读书；要善于调查研究，提高观察思维能力；要善于动脑，经常积累材料；要加强文字修养，多写、多练。

B. 这幅作品生动地再现了江南小城的迷人景色和小城居民的生活情趣。

C. 这类工艺品最好摆放在茶几、书桌、床头柜或电视柜上比较合适。

D. 就流程来说，尼罗河、亚马逊河和长江，分别居世界的第一位、第二位和第三位。

6. 微波通常呈现出穿透、反射、吸收三个基本特性。微波炉正是一种用微波加热食品的现代化烹调用具。以下各项不能体现微波这些基本特性的是（　　）。

A. 微波炉中可以使用玻璃、塑料器皿进行加热。

B. 微波炉中不可使用金属器皿进行加热。

C. 微波炉可以煮出蛋黄凝固、蛋白仍是液态的鸡蛋。

D. 微波炉的输出功率随时可调，且不存在“余热”现象。

7. 在下列各句横线处，一次填入最恰当的词语。

（1）有些广告用谐音字________成语，对学生的语言学习产生了不良影响。

（2）为充实管理干部队伍，公司________了一些管理经验丰富的退休职工。

（3）他分管的工作事务繁杂，一年也难得________几天。

A. 篡改 启用 清净　　　B. 窜改 启用 清静

C. 窜改 起用 清净　　　D. 篡改 起用 清静

8. 下面一段文字中，括号内应该填入哪一句最为恰当？

“国务院早就要求沿淮河企业必须限期停止向淮河排放污水，可这个工厂的领导却一直置若罔闻、拖延推诿，（　　）。”

A. 既不传达上级指示，也不购置污水处理设备，以致污染问题越来越严重，环保工作没人管。

B. 既不购置污水处理设备，也不传达上级指示，以致污染问题越来越严重，环保工作没人管。

C. 既不传达上级指示，也不购置污水处理设备，以致环保工作没人管，污染问题越来越严重。

D. 既不购置污水处理设备，也不传达上级指示，以致环保工作没人管，污染问题越来越严重。

9. 把下面句子的内容放在A、B两种不同的语言环境中进行转述。要求：①不变更原意；②人物、人称表达准确；③时间、地点交代清楚合理。

小李对小王说：“我明天上午不能去学院找郭教授了，请告诉郭教授一声，再帮我问问，后天晚上去她家里找她行不行。”

书面沟通九个要求

意思明确：一目了然
文理通顺：流畅自然
观点正确：要有逻辑
实事求是：真实客观
及时迅速：讲究效率
简明生动：有可读性
层次分明：段落清晰
标点规范：正确运用
格式适宜：防止乱用

A. 当天下午，小王在校门口对郭教授的女儿小小说到这件事，小王说：“______________________。”

B. 第二天一大早，小王跑到学院把这件事告诉郭教授本人，小王说：“______________________。”

10. 下面一段文字中括号内应填入哪一句话才一致、连贯、协调？

刚一步入游乐园的大门，就看见一只巨大的黑蜘蛛趴在那里，呈“A”字形的前爪分立躯体两侧，(　　　)，锋利的长牙恫吓着入园的游客。

A. 张开的血盆大口化作了城门

B. 血盆大口张开着化作了城门

C. 城门就是张开的血盆大口

D. 城门就是血盆大口张开着

文字表达的语气

1. 专业，但不僵硬。
2. 友善，但不虚伪。
3. 自信，但不傲慢。
4. 礼貌，但不卑微。

（二）评估标准与结果分析

通过上面10道题的测试，你可以大概了解到自己对文字的驾驭能力。如果测试效果不太好也没有关系，只要经常进行文字表达能力方面的训练，很大程度上会提升该方面的能力。自然，你描述问题的能力也会得到提高。

参考答案：

1. 一个人会变坏，除了受到坏的影响外，更重要的是他自己没有把握住才逐渐变坏的；如果这个人能抵制各种坏的影响，他还会变坏吗？

2. 26日 17点抵穗，派车来机场接杨总。

3. 还有一种书，插图是立体的。把书打开，书里的人和动物全站起来，跃然纸上，栩栩如生。

4. C。

5. D。

6. D。

7. C。

8. C。

9. A. “小小，小李他明天上午不到学院找你妈妈了，请你转告一声；他还问后天晚上去你家找你妈妈行不行？ B. “郭教授，小李说他今天上午不来找您了，问明天晚上去您家找您行不行？”

10. A。

评估二：你的图形识别与表达能力

(一) 完成下列问题

1. 下图是一个五边形，把它的对角线连接起来。请问：这个图形中共有多少个不同的三角形？

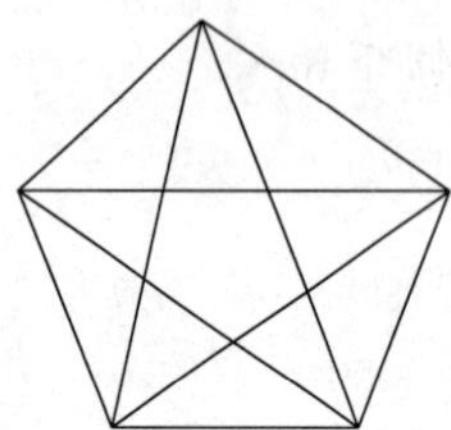

A. 31个　B. 32个
C. 33个　D. 34个
E. 35个　F. 36个

2. 下面4个图形中有一个与其他图形有显著差异，请找出来。

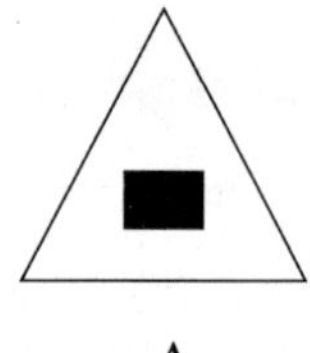
A

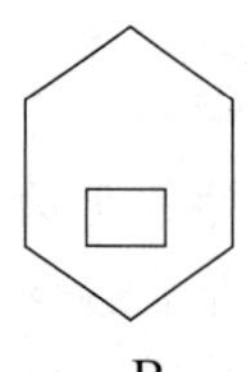
B

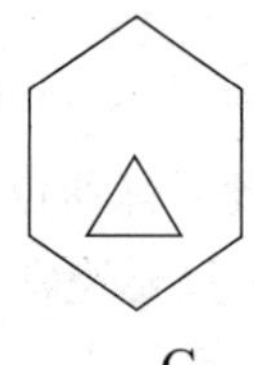
C

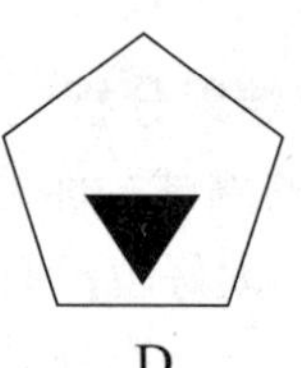
D

3. 下面问号处该放入哪个图形？

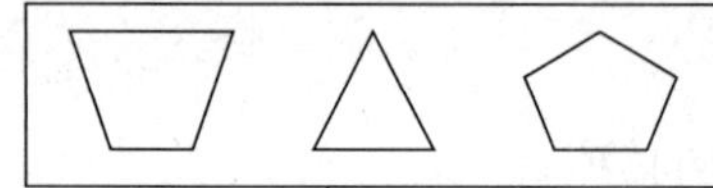

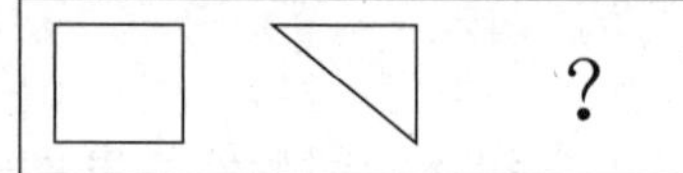

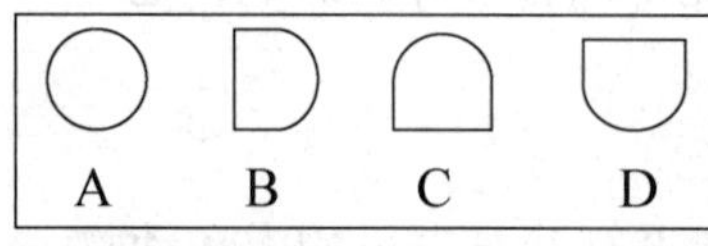

4. 下面问号处该放入哪个图形？

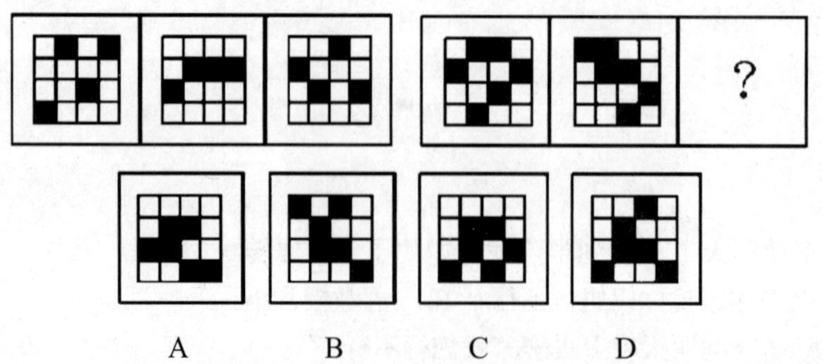

(二) 参考答案

第1题选 E。答案是35个。

> **空间智能能力**
> 1. 有利于发展观察能力，促进视觉的敏感性和准确性。
> 2. 有利于发展思维的形象性，培养人们富于想象，善于想象。
> 3. 有利于促进人们对空间关系的把握，发展方向感，发展二维和三维空间的转换能力。
> 4. 有利于培养艺术素质，发展、发现美的能力。

> 每个图像都有它的特征，如字母A有个尖，P有个圈、而Y的中心有个锐角等。对图像识别时眼动的研究表明，视线总是集中在图像的主要特征上，也就是集中在图像轮廓曲度最大或轮廓方向突然改变的地方，这些地方的信息量最大。

第2题选 A。只有它没有钝角。

第3题选 D。第一套图最下面都有一条直线，根据两套图之间的对应相似性：第二套图最上面都有一条直线。

第4题选 D。本题属于位置类，主要考察了图形位置关系中的平移问题，第一组图形中，第一列、第三列黑块每次向上移动一格，触顶后返到底部。第二列，第四行黑块每次向下移动一格。第二组图形中，第一列图形每次向上移动一格，触顶后返到底部，第二列、第三列、第四列每次都向下移动一格。所以，选择 D 选项。

评估三：你的数字思维能力

（一）完成下列问题

1. 请按照同样的规则在问号处填入合适的数字。

A				B				C				D			
	3	9	3		2	6	2		8	12	2		15	31	8
	5	7	?		9	19	?		13	15	?		6	18	?

2. 请依照前三个圆圈中数字的规律，在后两个圆圈 A、B 的问号处填入合适的数字。

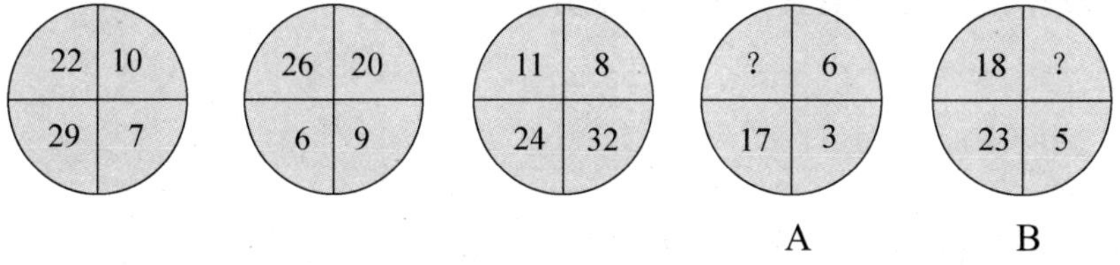

（二）参考答案

第1题，A–1，B–5，C–1，D–6。每一行中第三个数等于第一、第二个数之差再除以2。

第2题，A–14，B–8。从最小的数开始，逆时针前进，第一个数加上3得到第二个数，第二个数乘以2再加上2得到第三个数，第三个数加上第一个数得到最后一个数。

第二节 分析问题 查找原因

一、能力目标 Competency Goal

有果必有因，任何问题的发生和存在都离不开一定的因，问题作为一种结果而存在，这种结果的发生必然存在引起的因。要解决问题，必须分析问题，并找到产生问题的原因。

通过本节的学习，我们能：

1. 分析问题和查找原因；
2. 掌握分析问题的方法或工具，并能在工作或生活中熟练地运用。

对问题进行准确地描述，有助于我们查找问题产生的真正原因。如果在分析问题和查找原因的过程中，我们被一些现象所迷惑，就很可能使我们找不到问题的原因所在。因此，借助于科学有效的分析工具，对我们查找问题产生的真正原因非常重要。

小故事

古时候有个财主张员外，某年夏天，不知何故，家里接连发生了四次火灾，幸好周围的乡邻帮着救火，才没有受太大的损失。尽管如此，张员外的心里仍然惶惶不安，因为他不知哪一天又会发生火灾。

张员外于是在院子里、过道上、大门内外多摆放几个大缸，随时装满水，再摆上几个水桶备用。第五次火灾刚一发生，就被迅速扑灭，几乎没有损失。但张员外庆幸之余仍心存焦虑，不知要防到何时才是尽头。

一天，有位客人来到张员外家做客，刚聊了几句，客人突然问："您家中经常失火吧？"

张员外很奇怪："先生真是神人！请问，您如何得知？"

客人说："员外家灶上的烟囱是直的，旁边又有很多木柴，只要火星从烟囱里掉到柴堆上必定会着火。员外您应当把烟囱改曲，移走木柴，不然还会有火灾。"

你对自己总是不敢寻根究底，因为你没想到自己本身就是问题的根源。

张员外半信半疑，但还是按照客人的建议做了。结果不言自明，从那以后，张员外家中再也没有着火。

可见，消除火灾隐患，蓄水备用只不过是治标，只有认清问题并找出问题的症结，才能从根本上解决问题，才能治本。所以，查找出问题的真正原因，对解决问题至关重要。

（一）原因分析

大多数情况下，问题都是由许许多多的原因构成的。在查找问题的因时毫无遗漏地搜集出问题产生的所有的因，并在此基础上，寻找出根本的因，才是我们在查找原因时需要关注的。

只有探究关键问题产生的原因所在，从根本上采取对策，关键问题才能得到解决，否则将永远处于问题状态。如果你的组织中曾多次出现相同的问题，那就说明是在没有找准根本原因的情况下采取了不是十分准确的对策。

进行原因分析要注意如下三个要点：

1. 全面性

全面性，即毫无遗漏地收集导致关键问题产生的所有原因。如果有所遗漏，将永远无法针对因遗漏而产生的问题采取对策，这在管理中是非常忌讳的。因此，应该在平时就养成不轻易遗漏的全局性思维方式。

2. 逻辑性

第二个要点是考察关键问题原因是否具有明确的相关性，即是否符合逻辑。如果各种原因不能具有相当的相关性，那么无论采取什么对策都无法从根本上解决问题。

3. 定量性

在进行全面性和逻辑性的分析后，最后为了把握关键问题影响最大的原因，需要对所有这些原因进行量化。

原因分析可从如下角度进行：

1. 现象分类：从外表的差异进行分类。

2. 时间序列检查：按时间的先后顺序寻找原因。

3. 过程检查：检查发生问题的相关过程。

4. 现有角度：从人、设备、物料等现有角度寻找。

5. 相反角度联想。

（二）方法或工具

在查找问题的原因时经常会用到以下几种分析工具或方法：

1. “YY 提问法”

为全面准确地把握问题产生的原因，有必要将问题从表面层层剥开，去粗取精，去伪存真，由表及里，由浅入深，由此及彼。要做到这一点，反复提问是一种不错的方法。

“YY（Why Why）提问法”是人们常用的一种反复提问法，通过不断地问“为什么”，从而挖掘出问题产生的所有原因，直到找到根本的原因为止。问为什么是明确问题的潜在根本原因的一种方法，这样做能够解决问题，而不是仅仅流于表面。

小案例

小李是某生产车间的主任，其车间生产的小部件拒收率很高，小李就用“YY 提问法”进行原因分析，如下：

（1）为什么小部件的拒收率很高？因为塑料被污染了。

（2）为什么塑料被污染了？因为切割机内有过多的油。

（3）为什么切割机内有过多的油？因为有好多个月没有做清洁，所以堵塞了。

（4）为什么这么长时间不做清洁？因为我们只是在机器损坏的时候才要求服务，而不是以预防为基础。

（5）为什么只是在损坏的时候才要求服务？因为修理员说这样更便宜。

小李通过“YY 提问法”找到了问题产生的根本原因，原来是机器的维修成本低于预防保养成本（不考虑拒收和重做的成本）。通过分析，小李非常清楚下一步该如何解决这个问题了。

根据具体情况，可能会有更多个“为什么”或更少个“为什么”。重要的是要谨防把你的分析渠道限制在一条上，而完全忽视了同样问题的其他根本原因。

2. 因果分析法（“鱼骨图分析法”）

“因果分析法”又称“鱼骨图分析法”，是用图形的方式绘制分析结果的方法。该方法不仅能够确定出与问题有关的所有可能的原因，而且通过分析简化，更有利于寻找到少数几个主要的根本原因。

> “头脑风暴法”又称“智力激励法”，是现代创造学奠基人美国奥斯本提出来的，是一种创造能力的集体训练法。当一群人围绕一个特定的兴趣领域产生新观点的时候这种情境就叫做“头脑风暴”。

因果分析法（“鱼骨图分析法”）的使用步骤如下：

（1）选择问题

选择一个你要分析的具体问题，并对问题进行明确的定义，确保所有人都能理解该问题。

（2）寻找原因

针对问题仔细思考，充分探讨，发挥各种资源优势，尽可能地查找出引发问题所有可能的原因，并用记事贴记下每条原因，这样易于今后把这些原因放在鱼骨图上。切记，此阶段只是查找原因，不要混淆原因和解决办法。在探讨时，使用“头脑风暴法”是一种不错的选择。

（3）绘制因果图（鱼骨图）

画一条直线，代表鱼脊椎骨，以一端的空白框（鱼头）为顶点，写上你要分析的问题，如次品率上升、电灯不亮等，如图3–13所示。

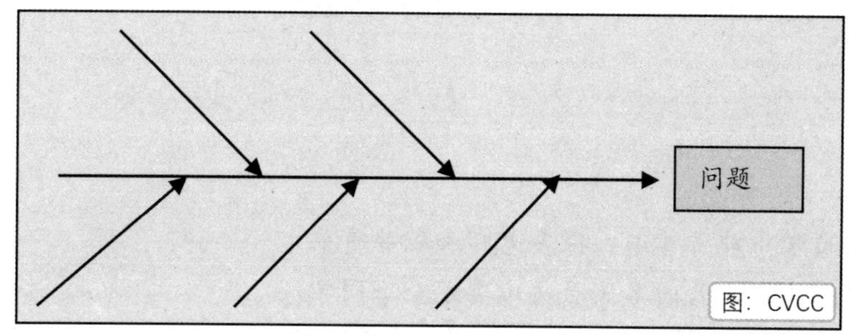

图3–13 鱼骨图

（4）确立原因类型

审核“头脑风暴”的结果，确定主要的原因类型。常使用的类型有以下五种：

“人”——指造成问题产生的人为因素；

“机”——指机器、设备等软硬条件；

“物”——指的是基础的准备及物料；

“法”——指的是与问题有关的方式方法或过程；

“环”——指内外部环境的影响。

当然，这五种类型并不一定适合任何情况，可以根据不同的问题性质设置不同的类型。但需注意类型数不宜过多，六个最适宜。

（5）分配原因

把第二步骤寻找出的原因转移到图表上去，每一个原因都放在适当的类别之下，即写在鱼骨图分枝上的末梢处，如图3–14所示。

完美的分类是不存在的，你必须适应所要分析的问题。

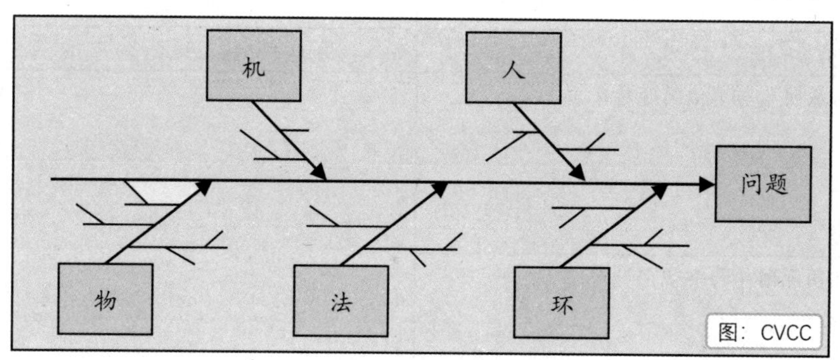

图3–14 原因归类图

如果原因看起来适合一个以上的类别，就可以接受重复原因。但如果这种情况再三发生，就可能是原因分类有误，应该重新确立问题类型。

（6）分析根本原因

通过第五步骤的分析，一个问题的所有原因就跃然图纸上，你可以通过公开讨论，仔细研究与逐一分析，查找造成问题产生的根本性原因。

小练习

逃课或旷课的现象在大学中非常普遍，很多老师和辅导员采取了各种措施也无济于事。请以班长的名义召集班委或全班同学开会，讨论一下产生该问题的所有原因，并确定出根本性原因。要求用因果分析法（“鱼骨图分析法”）来进行分析。

3. 比较分析法

比较分析法是一种把你遇到的问题与你观察到的很类似的问题（该问题最好已发生且解决）进行对比分析，寻找它们之间的相同点与不同点，并通过分析，从而查找出问题原因的方法。比较分析法是建立在问题描述的基础之上。

比较分析法可以借助于表3–3进行。

表3–3 比较分析法

比较内容	遇到的问题	很类似的问题（已发生且解决）
What：是什么		
Where：在哪里		
When：在何时		
How：影响程度		
相同点		
不同点		
Why：发生原因	相似原因（与类似问题对比） 1. 2. …… 不相同原因（与类似问题对比） 1. 2. …… 根本原因 1. 2. ……	1. 2. 3. 4. 5. 6. 7. 8. ……

备注：类似的问题最好是已发生且解决的问题，这样的话该问题的原因事先就已知。对遇到的问题进行原因分析时，可借助于“YY提问法”或“鱼骨图分析法”。

小练习

尝试用比较分析法对你最近遇到的某个问题进行分析，从而查找出该问题产生的原因。

4. “逻辑树分析法”

“逻辑树分析法”是一种有条理的计划方法，能确保目标和行动计划之间的直接因果关系。

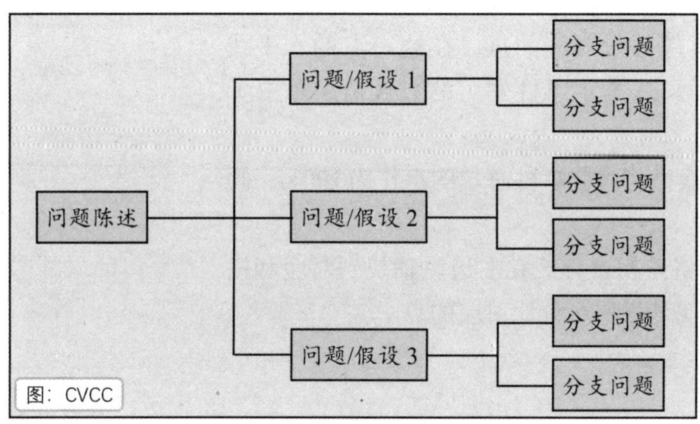

图3-15 “逻辑树分析法”图

逻辑树是将问题的所有子问题分层罗列，从最高层开始，并逐步向下扩展。把一个已知问题当成树干，然后开始考虑这个问题和哪些相关问题或者子任务有关。每想到一点，就给这个问题（也就是树干）加一个“树枝”，并标明这个“树枝”代表什么问题。一个大的“树枝”上还可以有小的“树枝”，依此类推，找出问题的所有相关联项目。逻辑树主要是帮助你理清自己的思路，不进行重复和无关的思考。逻辑树能保证解决问题的过程的完整性；它能将工作细分为一些利于操作的部分；确定各部分的优先顺序；明确地把责任落实到个人。

> **转换视角的方向**
> 向上转换：我们可以解决更高层次的问题。
> 向下转换：我们如何达成这一目标？需要做什么才能实施这一解决方案？
> 向两侧转换：如果我们做不到这一点，我们将面临什么问题，我们将进入什么处境？

5. “帕累托分析法”

“帕累托分析法”（Pareto Analysis）是制定决策的统计方法，用于从众多任务中选择有限数量的任务以取得显著的整体效果。“帕累托分析法”使用了帕累托法则，关于做20%的事可以产生整个工作80%的效果的法则。

其原型是19世纪意大利经济学家帕累托所创的“库存理论”，后人把它称为“帕累托曲线图”。这种排列图把累积百分数在0～80%之间那些称为A类因素，是主要因素；累积百分数在80%～90%之间的因素称为B类因素，是次要因素；累积百分数在90%～100%之间的因素为C类因素，在这一区域内的因素是最次要因素，因此它又叫作“ABC分析”。

（1）采集并整理数据，按照各个类别事件发生数量由大到小排列，并计算每个类别事件数量占总量的百分比。

（2）在图纸上画出横轴和纵轴。纵轴的起点是0，顶点是事件总数。将横轴分成几等份，每份代表一个类别。

（3）由事件发生数量最多的类别开始画图，由左到右依次排列。在纵轴上找到该类别事件数量对应的点，在这一点的水平线和横轴之间画出条块。根据每一类别事件发生的数量依次重复上述步骤。

（4）在图纸的右端画垂线，将对应事件总量的点作为100%，画出0—100%之间的刻度。

（5）标出累积百分比。将累积百分比在左边纵轴找到对应和横轴上条块的右边缘线的交点就是累积百分比对应的点。

小练习

某单位业务的关于申请表错误数据的帕累托分析（表3-4）。

表3-4　帕累托分析数据表

申请表错误	错误数量	错误百分比	错误累积数	错误累积百分比
业务类型	124	38%	124	38%
酬金错误	84	25%	208	63%
错误文件	51	15%	259	78%
错误的税号	22	7%	281	85%
遗失签字	17	5%	298	90%
错误的地址	12	4%	310	94%
其他	20	6%	330	100%

将表格中的数据转换成图表更能清晰地将主要原因体现出来：

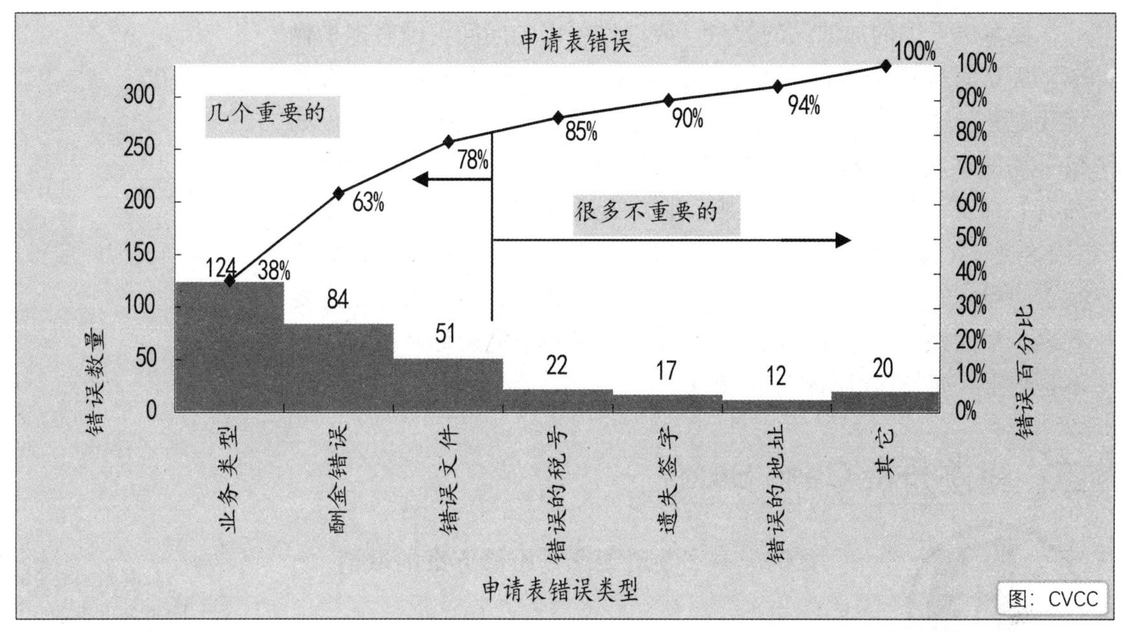

图3–16 “帕累托分析法”图

6. 其他分析方法

在分析问题时，我们往往还有其他许多方法。分析问题的目的是使复杂问题得到简化，进而查找出问题的原因。如关系图表、“SWOT 分析法”、列举法、归纳法、推理法等也都是人们常用的分析方法。在查找问题的原因时，这些方法即可单独使用，也可综合使用，这主要取决于你所分析问题的性质与复杂程度。

（三）学会分析问题

分析问题能力也是企业和团队非常看重的能力。很多组织一直在找分析型的思考者，就是那些可以把复杂议题分解为子议题的人，他们能将解决问题系统化。

> 因为他们有丰富的经验，不但懂得现状，而且明白因果。
>
> ——毛泽东《反对本本主义》

很多著名企业在招聘人员时都喜欢用案例来考查应聘者的分析问题能力。从一般的案例到毫无章法的案例，甚至是稀奇古怪的案例。如“美国有多少加油站”“为什么下水道的盖子是圆的”等等。

在面试中，面试官想知道的是应聘者如何思考，而并不是如何正确地回答问题。和很多商业及社会问题一样，这些问题并没有正确答案。要想成功胜出，需要将问题进行分解，问相关的问题，必要时做一些合理的假设。

下面，我们试着了解一下“美国有多少个加油站”这个问题的分析过程。

要算出美国的加油站的数量，或许你可以先问问美国有多少辆车。面试官或许会告诉你答案，也或许会说："我不知道，你来告诉我吧！"这个时候，你应该回答："美国的人口大约是3.11亿。如果平均的家庭人口数（包括单亲家庭）是2.5人，你会算出美国大约有1.2亿个家庭。你曾想起某个地方听过有人说，平均每个家庭有1.8辆车（或许是1.8个孩子？但这无关紧要，面试不是要精确答案），所以美国汽车保有量是2.16亿辆车。"现在，你只需算出需要有多少加油站来为这些车服务就行了。问题也就迎刃而解。重要的不是数字，而是你得出数字的方法。

二、案例分析 Case Study

案例一：杰斐逊纪念堂维修方案的取消

美国华盛顿广场有名的杰斐逊纪念堂有很大的落地玻璃窗，非常具有特色。为保护这个建筑，博物馆逐渐减少了参观量。但还是有人发现因年深日久，墙面出现裂纹。由于是重要的文物，为能保护好这幢大厦，博物馆馆长立即向政府进行了汇报，政府成立了以馆长为首的专家组，对墙体裂痕的原因进行调查分析。

托马斯·杰斐逊（Thomas Jefferson，1743–1826），美利坚合众国第三任总统，同时也是《美国独立宣言》主要起草人，美国开国元勋之一，与华盛顿、本杰明·富兰克林并称为"美利坚开国三杰"。

有关专家进行了专门研讨。最初大家认为损害建筑物表面的元凶是侵蚀的酸雨。

专家组首先发现由于博物馆的墙体很容易脏，用水总是无法清洗，所以最近一段时间使用了一种化学清洗剂，清洁剂对建筑物有酸蚀作用，是这种化学物品使墙体变脆，进而开裂的。

为什么每天要冲洗墙壁呢？

因为墙壁上每天都有大量的鸟粪。

为什么会有那么多鸟粪呢？

因为大厦周围聚集了很多燕子。

为什么会有那么多燕子呢？

因为墙上有很多燕子爱吃的蜘蛛。

为什么会有那么多蜘蛛呢？

因为大厦四周有蜘蛛喜欢吃的飞虫。

为什么有这么多飞虫？

因为飞虫在这里繁殖特别快，这里的尘埃最适宜飞虫繁殖。

为什么这里最适宜飞虫繁殖？

因为开着的窗户阳光充足，大量飞虫聚集在此，超常繁殖……

由此发现解决的办法很简单，只要关上整幢大厦的窗帘。此前专家们设计的一套套复杂而又详尽的维护方案也就成了一纸空文。

思考：

很多时候，看起来复杂无比的问题，只要找到了产生的真正原因，解决起来其实很简单。

专家组在分析墙体裂痕的原因时采用的是什么分析工具？该分析工具的内涵是什么？该故事对你有何启示？

> 根本原因分析（RCA）是一项结构化的问题处理法，目的是要找出问题的根本原因并加以解决。问题解决是一个系统化的问题处理过程，包括确定和分析问题原因，找出问题解决办法，并制定问题预防措施等。在组织管理领域内，根本原因分析能够帮助利益相关者发现组织问题的症结，并找出根本性的解决方案。根本原因分析包括很多方法，如因果图、“头脑风暴法”“鱼骨图”“YY分析法”等。

案例二：用“鱼骨图”进行“电灯坏了”原因分析

小谭、小李、小吴、小张四个人中午回到宿舍，发现宿舍的电灯不亮了，是什么原因造成的呢？上午刚刚学习了因果分析法（“鱼骨图分析法”），小谭提议大家按照这个方法来分析，得到了室友的一致赞同。

大家首先明确了问题，即宿舍电灯不亮了。然后，围绕电灯不亮这个问题，大家发挥“头脑风暴”，开始寻找各种原因。小谭认为可能灯泡松了，或者是灯泡烧坏了，或者是没交电费被断电了；小李觉得可能是开关坏了，或者开关没连上，又或者是灯泡太旧了；小吴想了想，是不是今天上午的暴风雨使得电源断了，或者是发电机故障，又或者是电线被老鼠咬了；小张补充道，是不是保险丝不合适，或者根本就没插入电源，又或者开关根本没打开。大家你一言我一语，想了很多原因。

原因差不多都找到了，小谭提议大家把这些原因进行归类，大家经过仔细思考和充分探讨，把原因类型确定为四个，即灯泡、电源供应、电灯和电线。于是，大家开始把原因转移到鱼骨图上，原因分配后的效果如图3–17所示。

根据图3–17，小谭他们四个又经过仔细地思考与探讨，最后找出工作粗心，没插入电源和开关关掉了两个根本性原因。至此，小谭他们完成了电灯不亮问题的原因分析。

思考：

你如何看待小谭他们四人的分析过程？对你有何启示？

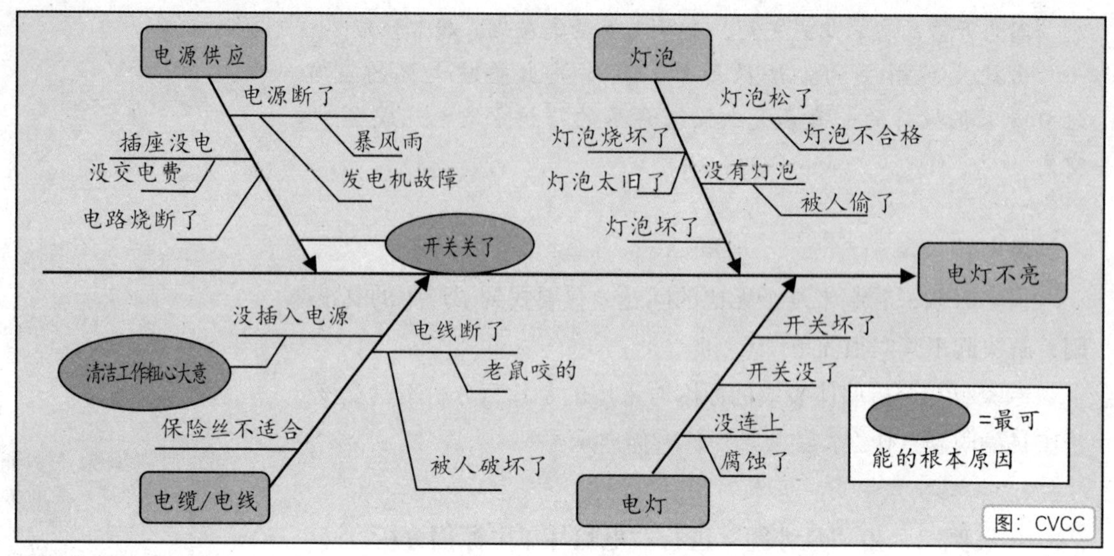

图3–17　电灯坏了"鱼骨图"分析

案例三：人才流动原因分析

某公司流失率超过20%，经过调查，发现人才流动原因如下：

缺少晋升的机会（6人），缺少上级信任（1人），工作与职业追求不符（10人），缺少提高技能的机会（8人），与上级关系紧张（1人），无决策权（2人），缺少培训进修机会（18人），对工资待遇不满意（6人），自己创业（2人），健康原因（3人），配偶工作地点变化（1人），上下班交通太耗时（21人），对福利不满意（2人），与下级关系紧张（1人），直接上级无能（2人），工作责任过重（2人），技能无法发挥（12人），工作职责不清（6人）。

经过分析，我们可以看到人才流动原因归类如下：

1. 职业发展原因（缺少晋升机会6人、工作与职业追求不相符10人、技能无法发挥12人）28人。

2. 能力发展和成长原因（缺少技能提高机会8人、缺少培训进修机会18人）26人。

3. 人际关系原因（与上级关系紧张1人、与下级关系紧张1人、缺少上级信任1人）3人。

4. 员工个人原因（自己创业2人、健康原因3人、配偶工作地点变化1人、上下班交通耗时21人）27人。

5. 薪酬、福利原因（对工资待遇不满意6人、对福利不满意2人）8人。

6. 工作制度等原因（工作职责过重2人、工作职责不清6人、无决策权2人）10人。

同时，我们对该公司的人才流动的原因进行统计分析：

表3–5 人才流动原因的统计分析图

流动原因	频 次	百分比	排 序
职业发展原因	28	27.45%	1
员工个人原因	27	26.47%	2
能力发展和成长原因	26	25.49%	3
工作制度等原因	10	9.80%	4
薪酬、福利原因	8	7.84%	5
人际关系原因	3	2.94%	6

经过上述分析，我们就可以清晰地看到解决该公司的人才流失率过高的主要原因，并能提出合理的解决方案。

三、过程训练 Process Training

训练一："YY（Why Why）提问法"训练

（一）阅读案例

通用汽车公司黑海汽车制造厂总裁收到一封关于汽车的抱怨信："这是第二次给你写信，我不会怪你没有答复我提出的问题，因为这个问题实在是太荒诞，但它的确是事实。我家一向有一个晚餐后吃冰淇淋甜食的传统。因为有很多种冰淇淋，故全家举手表决吃哪一种，然后，我就开车去商店购买。

最近我买了一辆新的黑海牌车，从此以后，去商店就出现了一个问题。你知道，每次我从商店买完香子兰冰淇淋回家，汽车就起动不了。但我买其他种类的冰淇淋，车起动得很好。

无论这个问题有多愚蠢，但我还是想让你知道我对这个问题非常关注：是什么使得我买香子兰冰淇淋时汽车起动不了，而买其他冰淇淋，车就容易起动。"

黑海厂总裁对这封信感到迷惑不解，但还是派了一个工程师去查看。使工程师很惊讶的是，在一个整洁的居民区，一个受过良好教育、修养很好的男子接待了他。这位男子安排这位工程师在晚饭后开始工作。晚上他们跳上汽车去冰淇淋店，也是买香子兰冰淇淋，返回时，车起动不了。

工程师又连续去了三个晚上。第一个晚上，车主买的巧克力冰淇淋，车起动了；第二个晚上，买的草莓冰淇淋，车也能起动；第三个晚上，买的香子兰冰淇淋，车起动不了。工程师绝不相信这部车对香子兰冰淇淋过敏。于是他加倍工作以求解决问题。

每次他都作记录，写下各种数据，像日期、所用的汽油类型、汽车往返的时间等等。在这几天里，他发现了点线索：车主买香子兰冰淇淋所花的时间比买其他冰淇淋所花的时间要短。这是为什么呢？答案就在冰淇淋店的货架上。香子兰冰淇淋很受欢迎，故分箱摆在货架前面，很易取到。而其他冰淇淋都摆在货架后面分格里，这就需要花较长的时间去找，然后顾客才能得到。

经过分析，问题就变成了“为什么车停很短时间，就起动不了”。工程师进一步找到了问题的答案，即不是因为香子兰冰淇淋，而是因为汽锁使汽车起动不了。每天晚上买其他冰淇淋就需要额外一段时间，而这段时间可使汽车充分地冷却以便起动。而当车主买完香子兰冰淇淋时，汽车引擎还很热，所产生的汽锁耗散不掉，因而汽车起动不了。

（二）用“YY 提问法”训练

请用“YY 提问法”把汽车无法起动分析过程及结果填写在下表（表3–6）。

表3–6　汽车无法起动原因分析表

Why	
Why	
Why	
Why	
Why	
根本原因	

（三）用“YY 提问法”训练其他问题

选择一个你最近遇到的问题，如某科考试不及格、没有学习或工作的兴趣、与同学或同事关系不融洽、女朋友（男朋友）与自己闹分手、无法兼顾工作与学习、领导力不够、沟通能力太弱、自我管理能力差、经常沉迷于游戏等，采取上述表格形式用“YY”提问法进行原因分析。

说明：如果连问五个为什么，仍然不能查找出问题根本原因，你可以继续发问，又或者采用其他分析工具来进行分析。

训练二：比较分析法训练

小黄今年大学毕业，她对美容化妆品行业非常感兴趣，也一心想去化妆品制造与销售企业工作，但由于自己所学的专业是机械制造，和美容化妆品一点儿都不沾边，她投了很多份简历，都石沉大海。到底是什么原因造成的呢？她决定采用比较分析法进行分析。与之对比的类似事件是她同专业的一个师姐，去年毕业，也投了很多简历，但最终还是很成功地进入了和专业不相关的某知名金融单位工作。

假如你是小黄，经过调查了解，请完整地填写下表，从而查找出原因，以使自己能得偿所愿。

表3–7　小黄找工作的比较分析法表

比较内容	遇到的问题	很类似的问题（已发生且解决）
What：是什么		
Where：在哪里		
When：在何时		
How：影响程度		
异同点		
原因分析	与师姐比较，相似的原因有：	
	小黄的原因有：	师姐的原因有：
	1.	1.
	2.	2.
	3.	3.
	根本原因是：	根本原因是：

说明：

该训练只是提供了一个参考模式。工作或生活中，当你遇到问题时，你不妨寻找一个和该问题相类似的问题（已发生且解决），进行对比分析，或许通过别人的经验可以让你较为容易地查找出自己问题产生的原因。

四、效果评估 Performance Evaluation

问题分析能力评估一

（一）情景描述

在查找问题原因时，分析能力起着非常重要的作用。下面有10道测试题，请快速作答：

1. 以下16个词讲的是什么？桌子、计算机、苹果、白菜、椅子、菠菜、鼠标、梨、硬盘、沙发、洋葱、榴莲、书柜、光驱、胡萝卜、桃。

2. 假定桌子上有三瓶啤酒，每瓶平均分给几个人喝，但喝各瓶啤酒的人数不相等，不过其中一个人同时喝了三瓶啤酒，且每瓶啤酒的量加起来正好是一整瓶。请问：喝这三瓶啤酒的各有多少人？

3. 今天是李大爷出生后的第二十个生日（出生那天不算在内），你能够很快算出李大爷的生日吗？

4. 有一个商人，临终前对妻子说："你不久就要生孩子了。如果生的是女孩，你就把财产分给她1/3，你留2/3；如果是男孩，就分给他2/3，你留1/3。"商人死后不久，妻子生了孩子，可她生的是双胞胎，一个男孩，一个女孩。那么，财产应该如何分配才能满足商人的遗愿呢？

5. 南美某原始部落的男人们都穿着一种缠腰布式的服装。如果部落的男人只能在每个星期一晚上把脏衣服送到城里洗衣店去洗，且同时将干净衣服取回，请问：每个男人至少有几件衣服才能保证他们每天都有干净的衣服穿？

> **分析问题**
> 是把一件事情、一种现象、一个概念分解成较简单的组成部分，进而找出这些部分的本质属性以及彼此之间的关系。

6. 吉米随登山队登上了数千米高的山峰后发现自己一向非常准的机械表走得快了，而下山后却又发现手表和以前走得一样准确。你知道手表变快的原因吗？

7. 在一建筑工地上有一深达1米的矩形小洞，一只小鸟不慎掉了进去。小洞很狭窄，人的手臂伸不进去，若用两根树枝去夹可能伤害到小鸟。你能否想出一个简便的方法把小鸟从小洞中救出来？

8. 两只同样的烧杯内均盛装着100℃热水500毫升。如果在一只杯子内先加入20℃冷水200毫升，然后再静止冷却5分钟；而另一只杯子先静止冷却5分钟，然后再加入20℃冷水200毫升。请问：此时，这两只烧杯内的水温哪一个低？

9. 一列火车离开北京开往上海，与此同时另一列火车离开上海开往北京。从北京出发的火车的速度是300公里 / 小时，从上海出发的火车的速度是299公里 / 小时。请问，当两列火车相遇时哪一列火车离北京较近？

10. 妻子打电话给丈夫，要他替自己买一些日用品，同时告诉他钱放在书桌上的一个信封里。丈夫找到信封，看见上面写着“98”，就把钱拿出来放进衣兜里。在商店他买了90元东西。付款时才发现，他不仅没剩下8元，反而差了4元。回家后，他把这件事告诉妻子，怀疑妻子把钱点错了。妻子笑着说她没错，错在丈夫身上。聪明的你知道这是为什么吗？

（二）评分标准及结果分析

各题的参考答案为：

1. 讲了4类产品：

A. 家具（桌子、椅子、沙发、书柜）

B. 电子产品（计算机、鼠标、硬盘、光驱）

C. 水果（苹果、梨、榴莲、桃）

D. 蔬菜（白菜、菠菜、洋葱、胡萝卜）

2. 喝这三瓶啤酒的人数为2人、3人、6人。即第一瓶2人喝，每人平均喝半瓶；第二瓶3人喝，每人平均喝1/3瓶；第三瓶6人喝，每人平均喝1/6瓶。其中一个人三瓶都喝了，加起来的量（1/2+1/3+1/6）正好是一瓶。

3. 李大爷的生日是：2月29日。

4. 按商人的遗愿应将财产分为7等份，然后给男孩4份，给女孩1份，给妻子留2份。

5. 15件。每个男人在星期一晚上必须送洗七件，同时取回七件；另外，在这一天他身上还要穿一件。

6. 机械手表的摆轮在摆动时要受空气阻力的影响，高山上的空气比平地上的空气稀薄，所以，高山上的手表比平地上的手表走得快一些。

7. 把沙子慢慢灌入洞里，这样小鸟便会随洞中沙子的升高而回到洞口。

8. 第二只杯内水温低（先做一次实践，再想想是何道理）。

9. 当两列火车相遇时它们离北京的距离相同。

10. 实际钱数是86元，丈夫把“86”倒过来，看成“98”了。

试错法

我们在分析问题和解决问题时经常用到试错法，即不断地尝试和验证，直到找到正确的解法。试错法的特点是：

1. 不会尝试去寻找一个答案为什么正确，只认定它是不是正确。

2. 不会尝试将答案概括到同类问题。

3. 只会尝试去找到“一个答案”，而不是“所有答案”或是“最佳答案”。

4. 可以在拥有很少信息或是没有信息的情况下进行。

10道测试题中，如果你能顺利正确地回答8题以上，说明你的分析能力很强；如果你能顺利回答出6～8题，说明你的分析能力一般；如果你只答对了6题以下，表明你的分析能力很差。需要说明的是本测试虽是大概的评估，但具有一定的可信度，只要你多加练习，多注意思考研究，相信你的分析能力会逐步得到提升。

问题分析能力评估二

在工作中，问题分析能力是指探究与问题相关的各种因素、分析具体问题的能力。请通过下列问题对你自己的该项能力进行差距测评。

（一）情景描述

1. 你如何认识分析问题？

A. 需要仔细分析才能制订有效的解决方案，没有分析就不能解决问题

B. 我一般凭过去的经验来分析问题

C. 我的直觉很好，我经常凭自己的直觉来分析问题

2. 在分析某个问题时，你能意识到几种促使问题发生的因素？

A. 3种以上

B. 2～3种

C. 最多1种

3. 当你分析完某个问题后，别人能找到某些遗漏吗？

A. 通常找不到

B. 有时候能找到

C. 经常能找到

4. 你是否有过因为对问题认识不清而受到上司指责的情形？

A. 从来没有

B. 偶尔有

C. 经常有

5. 遇到问题时，你是否会不加分析就着手解决问题？

A. 从来没有

B. 偶尔有

C. 经常有

6. 你认为自己的逻辑思考能力如何？

A. 我善于逻辑推理

B. 我的逻辑思考能力一般

> 分析问题时，我们不能过度依靠自己的偏好或经验，因为当自身的偏好或经验存在问题时，我们就无法找到原因或只能得出错误的结论。

C. 我不善于逻辑思考

7. 你能否从一个问题联想到另一个与之相关的问题?

A. 经常会

B. 有时会

C. 不会

8. 面对棘手的问题时，你认为自己能否透过问题的表象看到问题的本质?

A. 通常能

B. 有时能

C. 不能

9. 遇到难题时，你能否准确找到解决问题的关键资源、关键人或问题的关键点?

A. 通常能

B. 有时能

C. 不能

10. 碰到问题时，你能否通过分析问题及时制订出解决问题的方案?

A. 通常能

B. 有时能

C. 不能

（二）评分标准及结果分析

选A得3分，选B得2分，选C得1分。

24分以上，说明你的分析问题能力很强，请继续保持和提升；

15～24分，说明你的问题分析能力一般，一定要努力提升；

15分以下，说明你的问题分析能力很差，请加强学习和训练。

第三节　确定目标

一、能力目标 Competency Goal

目标是行动的向导，只有确立了问题解决后要达到的目标，才能有正确的对策和行动。

通过本节的学习，我们能：

1. 了解只有事先明确好问题解决后要达到的目标，才能有正确的对策和行动；
2. 掌握目标的确定对问题解决的意义；
3. 熟练掌握 SMART 原则；
4. 掌握结果目标和过程目标、最终目标和初级目标的定义以及它们之间的关系；
5. 熟练运用 SMART 原则进行目标的设定。

（一）目标说明

确定要把目标改进到哪种程度就是所谓的设定目标。

解决问题的实质就是使问题的当前状态达到应该达到的或希望达到的目标状态，这个目标状态必须事先确定下来。否则，你所思考的对策就缺乏正确的指引方向，解决问题最终也会演变成一句空话。在设立目标时，我们可以持续地询问自己以下问题：

1. 我真的需要实现这一目标吗？
2. 我能用不同的目标来替换吗？
3. 我能以不同的方式实现这一目标吗？
4. 推迟尝试实现这一目标是否有任何好处？
5. 是否有其他人能更加有效地实现这一目标？
6. 这真的是障碍吗？
7. 在处理这一障碍时是否还有更加有效的方法？
8. 我是否能消除这一障碍的诱因？
9. 我是否能回避这一障碍？
10. 我是否能运用这一障碍使之成为我的优势？

> 没有目标，就像漫无目的地开始旅程，手上既没有地图，也没有指南针。

对错误较多的问题，要表示出“XX 的错误率”等。在评价指标当中，有实际数量（张数、个数、时间等）和比例。制订了评价指标后，确定希望达到的现状值和目标值，也有仅有目标值而没有规定现状值的情况。但是，正确的做法是这两种数值都要规定，进一步再决定要在何时之前完成这个目标，这也就是所谓的完成期限。

在这些构成要素当中，在规定现状值的时候有许多要注意的地方。比如关于错误次数，在有的情形当中，若把错误频发时的数值表示成现状值，即使没有采取什么措施，错误次数过一段时间也会自然减少，所以请注意不要把例外的数值设定成现状值。

小案例

小李原先设定的商品供货时间为5天，但延期2天，通过分析，他发现主要是仓储配送出现了问题，于是他把问题解决后的目标状态仍定为5天。当然，如果他觉得能提高仓储配送的效率，他也可以把问题解决后的目标状态定位为4天或3天。此外，如果他调查出延期交货的原因是原先设定的目标有问题，即5天时间根本不可能，他可以把通过努力有可能实现的6天或7天供货期作为解决问题后达到的目标状态。

目标状态的确定对解决问题具有非常重要的意义，它就像一盏灯，为问题解决提供正确的方向。在解决问题的过程中，解决方案的构思、最优方案的选择、方案的执行与监控、方案执行后的效果评价都需要围绕目标而展开，没有事先确定的目标就不会有解决问题的正确行动。

（二）设定目标的关键要素

设定目标的四个关键要素是：指标、现状值、目标值和完成时间。从很多问题中找出最需要解决的关键点后设定目标，即确定这些关键问题能够解决到什么程度。要注意的是，设定目标不是针对所有的问题，而是针对关键问题。因为在不同层次上挖掘出最需要解决的关键问题是一件很不容易的事情，因此我们没有必要重新追溯到普遍问题这个层面上来。

但是，观察多数组织设定的目标便可发现他们并没有能够周全地考虑这个要素。可见，目标设定貌似简单，但实际上难度不小。

1. 指标

指标是指对事件进行判断或评价的标准。如果组织中有哪部分被认为“没有指标”，也许就赞同于“不做评价”。不过，有些指标

青年时期的罗斯福夫人去找某个公司经理要一份工作做，经理问她：“你想干什么？”罗斯福夫人说：“随便吧！”经理郑重其事地说：“没有一种叫随便的工作。你得选择一个目标，因为成功的道路是目标铺成的。”这一句话，罗斯福夫人记了一辈子，用了一辈子。

设定难度比较大，如一个组织的人事、总务、财务、管理等部门的指标就难以设定。

2. 现状值

现状值也可称为解决问题的出发点。如果没有现状值做对比，就无法对问题解决这一活动的成果进行恰当的评价。

3. 目标值

设定目标值时一定要注意“为什么设定了这样的目标”“目标值是否过高或者是否过低”等问题。

4. 完成时间

不一定要在很短的时间内解决好关键问题，但至少要考虑在规定完成时间内能够解决关键问题。

（三）目标设定的 SMART 原则

在确定问题解决后要达到的目标状态时，你可以借助于 SMART 原则进行。那么，什么是 SMART 原则呢？下面为大家进行简单介绍。

S（Specific）：明确的、具体的，即目标的制定必须具体、明确。

M（Measurable）：目标是可以评估、可以测量的，即能量化的量化，不能量化的要细化。

A（Achievable）：可实现的，即目标实现起来有一定的困难，不是轻而易举能达到的，也不是不能达到的。

R（Realistic）：目标是切实可行的，是实实在在的，可以证明和观察的。

T（Time and Resources Constrained）：目标的实现是受时间和资源限制的。

确立目标的误区

误区一：将自己的目标建立在现实的可能性上，而不是自己的想象与憧憬上。

误区二：常常根据自己现有能力来确定目标，而不是先订立目标，再去准备实现目标所需的能力。

误区三：将没有量化或不可能实现的想法定为目标。

误区四：根据现有信息来确立目标，而不是先确定目标，再找寻相应的信息。

小练习

下面是一些目标实例，请根据 SMART 原则，指出它们各缺少目标的哪些特征？

1. 在3～4周时间内把客户投诉处理回馈时间控制在6～8小时以内。

2. 我将对新加入公司的2名员工进行培训。

3. 我将会把次品率降到0.5%。

4. 明年12月24日生一个女儿。

5. 我们将加大对成品的检验力度，力争在两个月内将产品检验合格率由现在的90%提高到99.99%。

6. 明年去国外旅行。
7. 我一定要增强服务客户的意识。
8. 要尽快完成这件工作。

（四）目标分类

在解决问题的过程中，我们常把目标分为结果目标和过程目标，或者是初级目标、中级目标和最终目标。

结果目标或最终目标指的是问题解决后要达到的目标，过程目标或初级目标、中级目标指的是在达到结果目标或最终目标的过程中所设定的具体的、阶段性的目标，如图3–18所示。

图3–18 目标关系图

把结果目标或最终目标进行分解，就会形成一个个过程目标或初级和中级目标。这些具体的、阶段性的目标实现起来相对比较容易，更易于问题的顺利解决以及结果目标或最终目标的达成。

小案例

小李的结果目标或最终目标是今年6月顺利通过英语六级水平测试，为此，她设定了很多具体的、细小的过程目标或初级目标，如每天记住20个单词，每天听英语1个小时，每天做阅读理解3篇，每周完成一套模拟自测题等。

（五）设定目标的根据

以现状值为基础设定目标值的时候，职场当中有事先就规定了有关设定目标的方针情形。在这种情形下，要按照这种方针设定目标。例如，如果有“零错误”的方针，就要把目标值设定为“零”。

设定目标值的时候，在目标完成的情况下要确认当初发现的问题在多大程度上得到了解决，这是很重要的。在进行解决问题的每个步骤时，有时候会忘记回头检查当初发现的问题的解决程度。总之，设定问题是为了解决问题，设定目标值就是为了避免出现没有解决当初认识的问题的情况。

二、案例分析 Case Study

案例一：目标的重要性

美国34岁的弗罗伦丝·查德威克是第一位横渡英吉利海峡的女性。有一天，她决定向更高的目标进行挑战，即卡塔林纳海峡挑战。

做好了准备，弗罗伦丝·查德威克从加利福尼亚海峡以西21英里的卡塔林纳游向加州海峡。那天，浓雾笼罩着海面，她几乎连护送船都看不到，海水冻得她身体发麻。15个小时过去了，她感到又累又冷，终于决定放弃，请求护送船拉她上船。随船的教练及她的母亲都告诉她海岸很近了，不要放弃。但她朝加州海岸望去，浓雾弥漫，什么也看不到！在她游了15小时55分钟之后，她终于放弃了，人们把她拉上了船。令人遗憾的是，这儿离加州海岸只有半英里之远！面对问题，她总结道，令她半途而废的不是疲劳，也不是寒冷，而是因为在浓雾中看不到原先设定的目标。目标的模糊动摇了她的信念。

两个月后，由于对心中的目标有了具体的、明确的定位，她成功地游过了该海峡。

> 对于一只盲目航行的船来说，所有的风都是逆风。
>
> ——【美】哈伯特

思考：

弗罗伦丝·查德威克的故事对你有何启示？设定目标时，要把握的标准或原则有哪些？

案例二：关于目标的研究

全球各地到处都在流传着一个1953—1973年哈佛大学或耶鲁大学激励人们树立目标的研究：只有3%的毕业班学生对自己的未来有明确的书面目标。20年后，这3%的人都成了行业的领袖人物，而且其收入达到了没有明确目标的群体10倍以上。虽然经确认没有真正的文献来支撑这一“研究”的存在，但美国加州多米尼克大学心理学终身教授盖尔·麦修斯博士（Dr. Gail Matthews）进行的目标相关研究，其结果却能让我们信服：

该项目选取美国和海外的商业、组织和社会团体的267名参与者进入实验，参与人员来自各行各业，年龄从23岁到72岁，其中149人完成了实验。该研究旨在揭示写下目标、承诺目标指向行为以及行为的可量化性对工作中成就的影响。所有的参与者被随机分配到5个小组，每个小组接受不同的实验处理。

第一组被要求思考（不写下）他们将在未来的四周中将要完成的目标，并对达成每个目标的难度、重要性以及自身对于达成目标的技能和动机进行评估。

第二组至第五组被要求写下他们的目标，并如同第一组一样进行相关维度的评估。

第三组被要求写下对每个目标的行动承诺；第四组在第三组的基础上增加了跟朋友分享他们承诺的环节；第五组在第四组的基础上，还要每周给一个朋友发送目标完成的进度报告。

实验结束的时候，第一组只完成了承诺目标的42.8%，第四组完成了64%，最成功的第五组完成了承诺目标的76%。所有写下目标的参与者比不写下目标而只是思考目标的参与者在目标完成的程度上有显著的提升，最高的差距是第五组超过第一组33.2%。

思考：

通过这一研究我们可以发现，写下你的目标并向他人承诺你的目标行为，对你的职业成功和人生的幸福实现都是有非常正面的帮助的。读过这个研究项目的结果后，你有什么发现或者感悟没有？你有目标吗？你写下你的目标并且做出了行动计划吗？如果有，请你再进一步，向你的朋友、家人或团队做出承诺和反馈。这些行动非常能够帮助你实现你所写下的目标。

> 每走一步都走向一个终于要达到的目标，这并不够，应该每一下就是一个目标，每一步都自有价值。
>
> ——【德】歌德

三、过程训练 Process Training

训练一：SMART 原则的运用

请按照SMART原则对以下的目标进行设置，并请及时执行。

表3-5 我的 SMART 分析表

我的学习目标	
我的家庭目标	
我的理财目标	
我的社交目标	
我的教育目标	
我的就业目标	

训练二：目标分类的运用

假设你的最终目标或结果目标是考取某名校的博士研究生，而你现在仅仅是某高职院校的大专生，请拟定出为实现最终目标或结果目标的过程目标中的初级目标和中级目标。

表3-6　我的初级目标和中级目标设定

初级目标1	
初级目标2	
初级目标3	
中级目标1	
中级目标2	
中级目标3	

当然，你也可以根据“训练一”中所设定的其他五个目标来进行初级目标和中级目标的制定。

四、效果评估 Performance Evaluation

评估：你的目标认知能力

（一）情景描述

下面是一些关于目标方面的测试题，请根据你自己理解，实事求是地选择最符合你认知的答案。其中，每道测试题都有四个相同的答案：

A. 从不

B. 偶尔

C. 经常

D. 总是

1. 人生要有目标，否则生活就没有意义。

2. 目标是行动的向导，人生没有目标就好比盲人看不到行动的方向。

3. 当问题发生时我常常怀疑可能是目标制定得有问题。

4. 我制定的目标经常都是具体的、详细的。

5. 我常常用数值、分值等形式来定义我的目标。

6. 尽管屡试屡败，我还是会经常挑战实现可能性很低的目标。
7. 我常给自己留出充分的时间来完成目标。
8. 目标一旦设定，我绝不会轻易放弃或修改。
9. 我常把目标实现不了归结于人的主观因素。
10. 我常常会凭自己的感觉或直觉来设定目标。
11. 上级给我的目标，我如果完成不了会坚决拒绝。
12. 设定目标时，我常常会思考当前的资源限制。
13. 我常常发现某个目标实现了，其他相关目标也会跟着实现了。
14. 制定目标时我会让所有参与人都来进行讨论与分析。
15. 实现目标时我会确保参与的每个人都准确了解该目标。
16. 我常认为大目标的实现依赖于细小目标的实现。
17. 我常常把目标进行分解，形成一个一个的小目标。
18. 我常看重结果，不重视过程。
19. 经常还没有分析问题的原因，我就确立了解决的目标。
20. 目标制定不宜太细致，这样会缺乏弹性。

没有解决不了的难题，只有想不到的方案。问题是死的，点子是活的，只要善于分析，必然能设计出解决问题的方案。

（二）评分标准及结果分析

1～5题，11～17题，选 A 得1分，选 B 得2分，选 C 得3分，选 D 得4分；6～10题，18～20题，选 A 得4分，选 B 得3分，选 C 得2分，选 D 得1分。

各项得分之和，即是本次测试的最终得分。

65分以上，表明你对目标的认知比较到位，在确立解决问题的目标时能正确有效地制定；

45～64分之间，表明你对目标的理解和认知尚可，但在确立问题解决的目标时还需要学习；

44分以下，表明你需要加强对目标的认识和理解。否则，你很可能会制定出不符合实际情况的目标。

第四章 设计解决方案

设计问题的解决方案给你提供了一个发挥你任何潜能的机会，也是解决问题过程中最令人有成就感的环节之一，它需要通过对问题进行分析、收集信息、理清思路，提出观念和方法并找出解决办法，设计出解决方案。

无论你是销售保险的，销售汽车的，还是销售化妆品的，或者是酒店的服务生，你要记住你卖的并不是产品和服务，而是客户心中的需求，是需要解决问题的方案。

“没有明确认识问题，就谈不上提供解决方案。”一个具备可行性、有效性和针对性的解决方案，需要根据材料对问题进行充分而具体的分析，利用现存的工具和方法、借助实践经验和生活体验对现有信息提出观点和想法。

通过对本章的学习，你将能够掌握：

- 有效思维工具；
- 设计方案；
- 如何进一步对解决问题方案进行优化。

第一节 有效思维工具

一、能力目标 Competency Goal

产生新观点的主要困难是我们难以逃离自身与信息联系的惯用方式，因这种经验逻辑会阻碍我们以不平常的方式组合信息。在经验逻辑习惯势力的影响下我们很难用新的视角去观察我们熟悉的情形。利用这些不同的工具可以帮助我们产生新观点，一些是依赖于精神的策略，另一些则是更多地利用机械的方法。一些已在全球被证明了的、有效的思维工具可以帮我们进行这方面的练习。

当你只有一个主意时，你是最危险的。

——【法】艾米尔·夏蒂尔

通过本节学习，我们能

了解“头脑风暴法”、“六顶思考帽”、力场分析、思维导图等产生观点的工具和方法。

小故事

一战期间，德国的潜水艇是同盟国的巨大威胁，有人问美国民间思想家威尔·罗杰斯应该如何应对。他想了一下，然后提议让军队把大海煮沸。

问他的人大吃一惊：“把海煮沸？”

“对，”罗杰斯说，“我认为如果加热大西洋，潜水艇就会浮出水面，然后你就可以俘虏他们了。”

“但你怎样才能把海水煮沸呢？”那人问。

罗杰斯回答道：“我只是负责构思的人。我已经告诉了你一个解决方案，问题你要自己解决。”

突破思维的技巧主要是从事物的过去式、现在式来推导将来式。所以，处理问题首先必须搜集该事物过去的准确信息，然后以自己的观点去分析信息，千万不要被某些权威，如某个著名人物、机构的定论限制思维，一定要亲自验证，掌握问题现在的状态，从根源上寻找解决问题的措施或方案，最后通过方案落实后的验证，反推过程，发现还可能有其他的解决方法，新观点和新思维就有可能出现。下面我们介绍一些有利于我们产生新的观念和方法的工具。

（一）"头脑风暴法"

"头脑风暴法"是由美国创造学家亚历克斯·奥斯本（Alex Faickney Osborn）于1939年首次提出、1953年正式发表的一种激发思维的方法。

1. "头脑风暴法"是什么

"头脑风暴法（Brain Storming）"是鼓励创造性思维并提出观念的一种技巧。在"头脑风暴法"的早期阶段不允许进行分析和评估，以便确保能公开看到原本的和不同的意见。

> 亚历克斯·奥斯本(1888–1966)，创造学和创造工程之父、"头脑风暴法"的发明人、美国BBDO广告公司创始人，是美国著名的"创意思维"大师，创设了美国创造教育基金会，开创了每年一度的创造性解决问题讲习会，并任第一任主席。他的许多创意思维模式已成为家喻户晓的常有方式，所著《创造性想象》的销量曾一度超过《圣经》的销量。

小案例

以回形针为例，5分钟的"头脑风暴"后，某人想到它的用途如下：

清洁指甲缝、清洁小管子、做领带夹、掏耳朵、做挂图钩、扎小洞、螺丝起子、铸钓鱼钩、应急用于文胸搭扣、保险丝、开启信封、弹射物体、牙签、别住袖口翻边、装饰品、清洁打印机等仪器、做拉链头等。

你还想到有其他什么用途吗？

2. "头脑风暴法"的要求

为使与会者畅所欲言，互相启发和激励，达到较高效率，必须严格遵守下列原则：

（1）禁止批评和评论，彻底防止出现一些"扼杀性语句"和"自我扼杀语句"，在别人设想的激励下集中全部精力开拓自己的思路。

（2）目标集中，追求设想数量，越多越好。会议以谋取设想的数量为目标。

（3）鼓励巧妙地利用和改善他人的设想。每个与会者都要从他人的设想中激励自己，从中得到启示或补充他人的设想。

（4）与会人员一律平等，各种设想全部被记录下来。各种设想不论大小，甚至是最荒诞的设想，记录人员也要认真地将其完整地记录下来。

（5）独立思考，不干扰别人思维。自由发言，畅所欲言。

（6）不强调个人的成绩，应以小组的整体利益为重，注意和理解别人的贡献，不以多数人的意见阻碍个人新的观点的产生，激发个人追求更多更好的主意。

小案例

在美国处于领先地位的一家拼图游戏制造公司召开了“头脑风暴”会议，希望产生一些点子用于开发新游戏。会上提出了一些有价值的想法，但没有特别棒的。一个月后，其中一名与会者去华盛顿参观图特卡蒙宝藏展。用埃及法老的金色面具设计拼图游戏的想法让他欣喜若狂！结果证实他是对的——这个产品打破了拼图滑稽戏在美国的销量纪录。

3. 如何进行“头脑风暴”

小型会议的与会者以5～10人为宜，人多了很难使与会者充分发表意见。

（1）由主持人解释问题，分析并阐述议题。

（2）强调背景信息和历史，帮助大家理解。

（3）启发、鼓励大家提出设想，用简洁的语言阐明目标。

（4）应有人在活动的白板上记下每个想法，留出时间让大家静静地思考。

（5）制止批判性的意见，鼓励观点的交互融合。

（6）确定选择可行方法的标准，选出最好的想法。

（7）逆向进行“头脑风暴”，如提出“这种方法在多少种情况下会失败”。

会议时间大约为半小时到一小时。一旦集体讨论结束，马上检查记录结果和开始对各种回应进行评价。“头脑风暴”启动了人们深层思维，新的想法会在不经意之间产生。

小训练

灯和开关

灯和开关分别在不同的房间，一间房里有甲、乙、丙三盏灯，另一间房则是控制灯的A、B、C三个开关，已知每个开关仅控制其中一盏灯，现在三盏灯都是关的，假如只能进这两个房间各一次，你能正确判断出各盏灯分别由哪个开关控制吗？

答案请在本书中查找。

“六顶思考帽”的方法就比较接近孔子的思想，它注重人的行为，而不分析行为背后的思想动机。

“六顶思考帽”直接关注和约束人们的行为，而不是力图改变人们的思想个性，所以它得到了广泛的接受。

——【英】爱德华·德·博诺

（二）“六顶思考帽”

如何使思考变得更加有效率？情感、信息、逻辑、希望和创造性都蜂拥而来，如同抛耍太多的球。英国籍马耳他裔学者爱德华·德·博诺（Edward de Bono）博士开发的思维训练模式“六顶思考帽”提供了“平行思维”的工具，避免将时间浪费在互相争执上，强调的是“能够成为什么”，而非“本身是什么”，是寻求一条向前发展的路，而不是争论谁对谁错。运用博诺的六顶思考帽，将会使混乱的思维变得更清晰，能极大地提高思考的速度。

1. “六顶思考帽”是什么

（1）白色思考帽：白色是中立而客观的，代表客观的事实和资讯，中性的事实与数据帽，处理信息的功能。

（2）红色思考帽：红色是情感的色彩，代表感觉、直觉和预感，情感帽，形成观点和感觉的功能。

（3）黑色思考帽：黑色是阴沉的颜色，意味着警示与批判，谨慎帽，发现事物的消极因素的功能。

（4）黄色思考帽：黄色是顶乐观的帽子，代表与逻辑相符合的正面观点，乐观帽，识别事物的积极因素的功能。

（5）绿色思考帽：绿色是春天的色彩，是创意的颜色，创造力之帽，创造解决问题的方法和思路的功能。

（6）蓝色思考帽：蓝色是天空的颜色，笼罩四野，控制着事物的整个过程，指挥帽，指挥其他帽子，管理整个思维进程。

2. “六顶思考帽”如何使用

爱德华博士说：“有两种使用“六顶思考帽”的基本方法：一种是单独使用某顶思考帽来进行某个类型思考的方法，另一种是连续地使用思考帽来考查和解决一个问题。”

一个典型的“六顶思考帽”团队在实际生活中的应用步骤：

（1）陈述问题事实（白帽）

（2）提出如何解决问题的建议（绿帽）

（3）评估建议的优缺点：列举优点（黄帽）；列举缺点（黑帽）

（4）对各项选择方案进行直觉判断（红帽）

（5）总结陈述，得出方案（蓝帽）

> “六顶思考帽”的概念有两个主要目的：第一个旷日持久是简化思考，让思考者在某一时间只做一件事情。第二个目的，就是让思考者可以自由地转换思维方式。
>
> ——【英】爱德华·德·博诺

小知识

任何一个成员必须遵循某一时刻指定的某一顶思考帽的思考方法。任何一个成员都不允许随便说：“这里我想戴上黑色思考帽。”这就意味着又回到了争论的模式。只有小组领导、主席或主持人才能决定使用什么思考帽。思考帽不能用来描述你想说什么，而是用来指示思考的方向。（《六顶思考帽》）

这种思维区别于批判性、辩论性、对立性的方法，而是一种具有建设性、设计性和创新性的思维管理工具。它使思考者克服情绪感染，剔除思维的无助和混乱，摆脱习惯思维枷锁的束缚，以更高效率的方式进行思考。用六种颜色的帽子这种形象化的手段使我们非常容易驾驭复杂性的思维。当你认为问题无法解决时，“六顶思考帽”就会给你一个崭新的契机，使各种不同的想法和观点能够很和谐地组织在一起，经过一个深思熟虑的过程，最后去寻找答案。

小案例

全球很多大企业在使用“六顶思考帽”的方法后，大大缩短了会议讨论时间：芬兰最大的跨国集团 ABB 公司讨论一个国际项目往往要花30天，但运用了“六顶思考帽”之后，讨论时间缩短为两天。一个 IBM 的高层实验室使用这个方法后，会议时间减少为原来的四分之一。

关于“六顶思考帽”的具体训练方法，可参考爱德华·德·博诺博士的著作《六顶思考帽》。

（三）力场分析

力场分析法（Force Field Analysis）由德裔美国社会心理学家、传播学的奠基人之一库尔特·勒温（Kurt Lewin）提出。

1. 力场分析是什么

勒温认为，任何一个组织中，存在两种力量：推动变革的力量，如顾客的要求、新管理团队、新竞争者；阻碍变革的力量，如对失业的恐惧、对能力的恐惧、同事阻碍变革的压力、对现有行为或结果的奖励。

一项变革不可能在阻力大于动力的情况下发生。许多组织碰到阻力时，第一反应通常是试图去增加更多的动力，或是增强这些力量，而实际上若能将时间和精力用于减少阻力可能会取得更好的效果。力场分析有助于人们识别哪些力量是能够改变的，哪些力量是不可改变的，从而促使人们集中精力去应付那些能够消除的阻力，或是确保朝理想方向发展的力量得到延续和支持。

如果这两组力量的实力均衡，组织就会处于均衡状态。在分析工作中，要区分这两种力量以及每一个被评价力的相对力度。两组力不能保持平衡时，变化就会发生（例如，增加一个或多个新的力量，增加或减少一个已经存在的力量的力度）。当一种新的状态形

德裔美国心理学家库尔特·勒温（1890–1947）是拓朴心理学的创始人、实验社会心理学的先驱、格式塔心理学的后期代表人和传播学的奠基人之一。

他是现代社会心理学、组织心理学和应用心理学的创始人，常被称为“社会心理学之父”，最早研究群体动力学和组织发展。勒温对现代心理学，特别是社会心理学，在理论与实践上都有巨大的贡献。

成时，就会在驱动力和阻碍力之间建立一种新的平衡。

2. 力场分析如何用

为了打破组织原有的平衡，推动组织战略变革，可以从加强现有的推动力，减弱现有的抵抗力以及增加新推动力来进行。方法如下：

（1）描述当前的情形；

（2）描述目标或渴望的结果；

（3）描述渴望的最小结果（问题的恶化）；

（4）画出基本图表；

（5）辨别推动力（向目标前进中为推进均衡而发挥作用的力）；

（6）辨别相反的力量或抑制力；

（7）把这些内容加入到图表中；

（8）辨别不确定的力量：它们现在也许是不活跃的，但是在采取行动时或均衡被打破后它们就可能成为推动力或相反的力量；

（9）详尽地描述单个的力量，评估它们的相关重要性或力度；

（10）评估改变每一种力量的难度；

（11）选择要被改变的力量；

（12）以必需的方式寻找影响那些力量的方式。

（四）思维导图

英国心理学家·博赞（Tony Buzan）在研究大脑的力量和潜能过程中发现艺术家达·芬奇在其笔记中使用了许多图画、代号和连线。他意识到这正是达·芬奇拥有超级头脑的秘密所在。在此基础上，博赞于20世纪60年代、70年代发明了一种放射性思考（Radiant Thinking）的思维导图（Mind Mapping）这一风靡世界的思维工具。

> 托尼·博赞（1942–2019），思维导图发明者，英国伦敦人，毕业于美国哥伦比亚大学，拥有心理学、语言学和数学多种学位，在大脑和记忆方面是超级专家，他出版了80多本书刊，并且是世界记忆锦标赛的创始人，被全世界学生们称为“世界记忆之父”和“记忆大师”。

1. 思维导图是什么

思维导图是通过带顺序标号的树状的结构来呈现一个思维活动，将放射性思考具体化的过程，它借助可视化手段促进灵感的产生和创造性思维的形成。

思维导图是基于对人脑的模拟，它的整个画面正像一个人大脑的结构图，能发挥人脑整体功能。它以一种独特有效的方法驾驭整个范围的大脑皮层技巧——词汇、图形、数字、逻辑、节奏、色彩和空间感。大脑功能如图4–1所示。

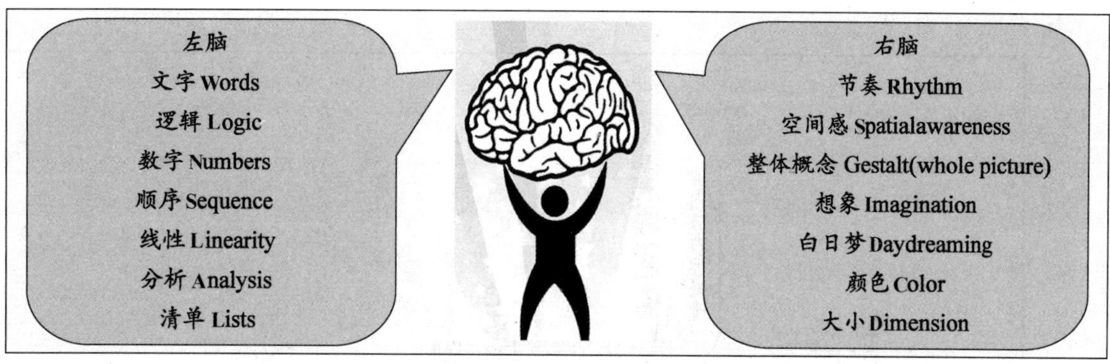

图4-1 左右脑特质图

小故事

英国某家报纸曾举办一项高额奖金的有奖征答活动。题目是：在一个充气不足的热气球上，载着三位关系世界兴亡命运的科学家。第一位是环保专家，他的研究可拯救无数人们，免于因环境污染而面临死亡的厄运。第二位是核子专家，他有能力防止全球性的核子战争，使地球免于遭受灭亡的绝境。第三位是粮食专家，他能在不毛之地，运用专业知识成功地种植食物，使几千万人脱离饥荒而亡的命运。此刻热气球即将坠毁，必须丢出一个人以减轻载重，使其余的两人得以活存，请问该丢下哪一位科学家？

问题刊出之后，因为奖金数额庞大，信件如雪片飞来。在这些信中，每个人皆竭尽所能，甚至天马行空地阐述他们认为必须丢下哪位科学家的宏观见解。

最后结果揭晓，巨额奖金的得主是一个小男孩。他的答案是：将最胖的那位科学家丢出去。

2. 如何绘制思维导图

（1）从一张白纸的中心开始绘制，周围留出空白。

（2）用一幅图像或图画表达你的中心思想。

（3）在绘制过程中使用颜色。

（4）将中心图像和主要分支连接起来，然后把主要分支和二级分支连接起来，再把三级分支和二级分支连接起来，依此类推。

（5）让思维导图的分支自然弯曲，而不是像一条直线。

（6）在每条线上使用一个关键词。

（7）自始至终地使用图形。

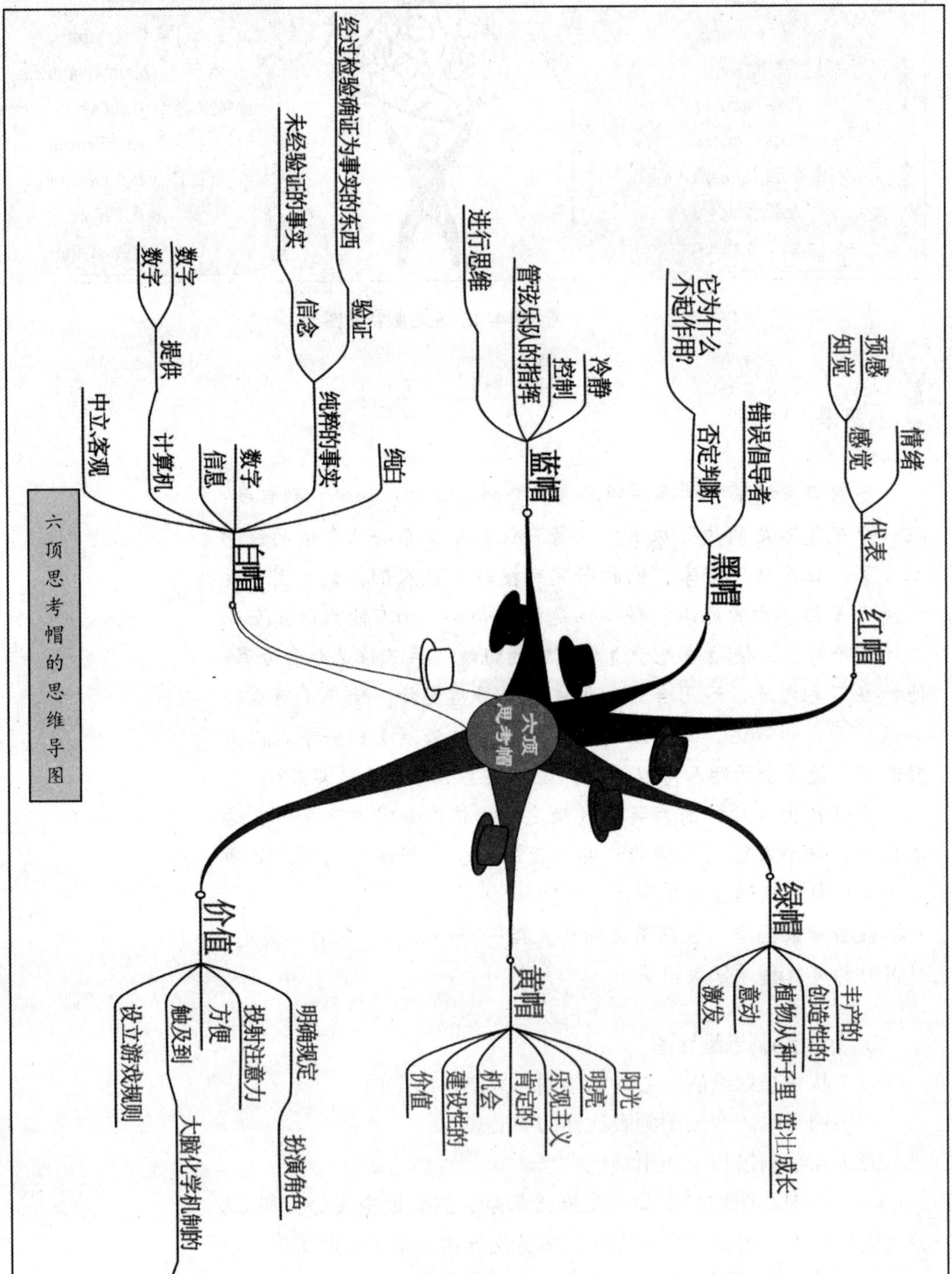

六顶思考帽的思维导图

六顶思考帽

白帽
纯白
纯粹的事实
验证
经过检验确证为事实的东西
信念
未经验证的事实
数字
信息
计算机
提供
数字
数字
中立、客观

蓝帽
冷静
控制
管弦乐队的指挥
进行思维

黑帽
错误倡导者
否定判断
它为什么不起作用?

红帽
代表
情绪
感觉
预感
知觉

绿帽
丰产的
创造性的
植物从种子里茁壮成长
意动
激发

黄帽
阳光
明亮
乐观主义
肯定的
机会
建设性的
价值

价值
明确规定
扮演角色
投射注意力
方便
触及到
大脑化学机制的
可能基础
设立游戏规则

图：CVCC

图4-2 思维导图示例

3. 思维导图的优势

（1）使用思维导图进行学习，可以成倍提高学习效率，增进了理解和记忆能力。

（2）把学习者的主要精力集中在关键的知识点上。

（3）增强使用者的立体思维能力（思维的层次性与联想性）。

（4）思维导图具有极大的可伸缩性，它顺应了我们大脑的自然思维模式。

（5）增强使用者的总体规划能力。

（6）思维导图极大地激发我们的右脑，发挥大脑的整体功能。

（五）产生观点的技巧

产生新观点需要技巧。我们在进行思维训练时要注意：重点是产生的数量，而不是质量。同时，必须推迟判断，避免对观点做出任何形式的评估，因为评估观点会为想象装上制动闸，抑制智力不寻常的和潜在的有益联想。

1. 自由想象

自由想象是指让智力漫无边际地自由发挥，甚至也可以是幻想。你可以根据文字、符号、观点或图景给第一个出现在你大脑里的事物取一个名字，然后运用它作为触发器，快速地多次重复这一过程，以形成联想的溪流。自由想象鼓励自发地产生出各种奇异的观点，并记录下来。

不要认为幻想没有作用，它是一项严肃的思维技能，也是解决问题的基本思维工具之一。比如，发明家无时无刻不在幻想之中。如果你把你幻想的图景与现实进行一种有机的结合，它就可以帮你形成实现目标的计划。

幻想的作用

幻想有助于无拘无束的、有趣的想象。

幻想可以在任何时间、任何地点进行，不受时空的约束。

幻想的成本是零，没有风险，但它能收到意想不到的结果。许多伟大的发明创造以及文学艺术作品都有幻想的影子。

幻想是我们的个人隐私，无需公开，最奇怪的幻想都不会受到别人嘲笑和奚落。

幻想可以让我们减缓压力、发泄个人不良的情绪。

小训练

六根火柴

在桌面上摆放六根火柴，将它们摆成四个等边三角形。唯一的规则是：火柴棍之间不能断开。必须在三分钟之内完成，至少要两种解决方法。

答案请在本书的某处查找。

2. 流利练习

思维流利、顺畅就能很容易地产生观点。有许多简单有趣的想象力练习可以帮助你改善你的思维流利程度。

流利练习的方法非常简单，它要求你在一段短暂的时间里尽可能多地写出观点，通常是在一两分钟时间里。这些练习能揭示出思维的灵活性。观点产生的范围越广，思考就越灵活。思维的流利和灵活性易于在实践中提高。所以，当你在某一个时间片段里有几分钟的零碎时间时做这些有趣的练习是完全值得的。

3. 讨论

讨论可以让你获得别人的思想火花，因为他人对问题的看法的出发点、价值观和角度总有与你不一样的时候，对你可以形成一个有益的补充。

4. 进行属性表分析

这是一种分析技巧，用于辨别产品、服务或系统是否能得到改善的方式。它由如下三个步骤组成：

（1）描述物理特性或该项目的每一个成分的特性。

（2）描述每一个组成部分的功能。

（3）依次检查每一个组成部分，以观察改变它的物理特性是否可能为它的功能带来改善。

产生观点的技巧还有很多，每个人都会有自己的不同的思维方式。总之，经常进行思维训练会让你的大脑变得越来越灵活。

（六）克服思维障碍

如果你一直沿着某条路线进行思考却没有任何收获，那就快停止，别再投入时间了，重新分析问题，看是不是能找到新的路径。你的思维的短路很多情况是由下面列表中几种思维障碍所导致的。

表4–1 思维障碍

缺乏信息	若你确信自己没有掌握所有相关的事实和信息，自然不敢贸然进行关键决策，更不可冒进。多做些调查研究，多掌握材料和信息。
缺乏信心	可能你发现有困难，因为你对这个职责的价值或要求的工作方式没有信心，树立一个值得的和可行的目标。目标是成功，你所想的都是通往成功道路上的方法。
缺乏起点	可能问题看起来很庞杂，使你不知道从哪里着手。如果是这样，那么从任何一处开始吧，到后来你总能改变它。行动之后才有灵感和想法。
缺乏观点	可能是你与问题相处了很长一段时间或一直不断地思考它。试着放一放，先问问别人的意见。把问题简单地解释给别人听，可能会有帮助，因为他们会有不同的看法。
缺乏动机	你有足够的意愿想要做这件事吗？创造性思维要求我们在面临可克服的困难时坚定不移。如果你太容易放弃，可能就表明你内心深处缺乏足够的动机。请重整你的信心。

二、案例分析 Case Study

案例一：直升飞机扫雪

有一年，美国北方格外严寒，大雪纷飞，电线上积满冰雪，大跨度的电线常被积雪压断。电信公司经理应用“头脑风暴法”，尝试解决这一难题。他要求与会的专业技术人员必须遵守以下原则：

第一，自由思考。

即要求与会者尽可能解放思想，无拘无束地思考问题并畅所欲言，不必顾虑自己的想法或说法是否离经叛道或荒唐可笑。

第二，延迟评判。

即要求与会者在会上不要对他人的设想评头论足，不要发表“这主意好极了”“这种想法太离谱了”之类的“捧杀句”或“扼杀句”。至于对设想的评判，留在会后组织专人考虑。

第三，以量求质。

即鼓励与会者尽可能多而广地提出设想，以大量的设想来保证质量较高的设想的存在。

第四，结合改善。

即鼓励与会者积极进行智力互补，在增加自己提出设想的同时注意思考如何把两个或更多的设想结合成另一个更完善的设想。

大家的设想各种各样：有人提出设计一种专用的电线清雪机；有人想到用电热来化解冰雪；也有人建议用振荡技术来清除积雪；还有人提出能否带上几把大扫帚，乘坐直升机去扫电线上的积雪。对于这种坐飞机扫雪的设想，大家心里尽管觉得滑稽可笑，但在会上也无人提出批评。有一位工程师听到用飞机扫雪的想法后，突然想出了用直升机扫雪的新设想。不到一小时，与会的10名技术人员共提出90多条新设想。

获得一个主意的最佳途径是有很多主意。

——【美】里努斯•保林

会后，公司组织专家对设想进行分类论证并试验，发现用直升机扫雪真能奏效，一个久悬未决的难题终于在“头脑风暴”会中得到了巧妙的解决。

案例二：推出新手机力场分析案例

力场分析适用于从正反两方面分析问题，从突破瓶颈、排除障碍入手争取改变不利状况。下面我们看看一个品牌手机的实际例子，然后再学习试着进行一个简单的训练。

（一）项目描述

在高度竞争的市场中，某著名品牌手机企业为了适应市场需要推出新型手机，其领导在做市场分析时利用力场分析进行了推动力和阻碍力排序分析以便进行决策和判断，如图4–3所示。

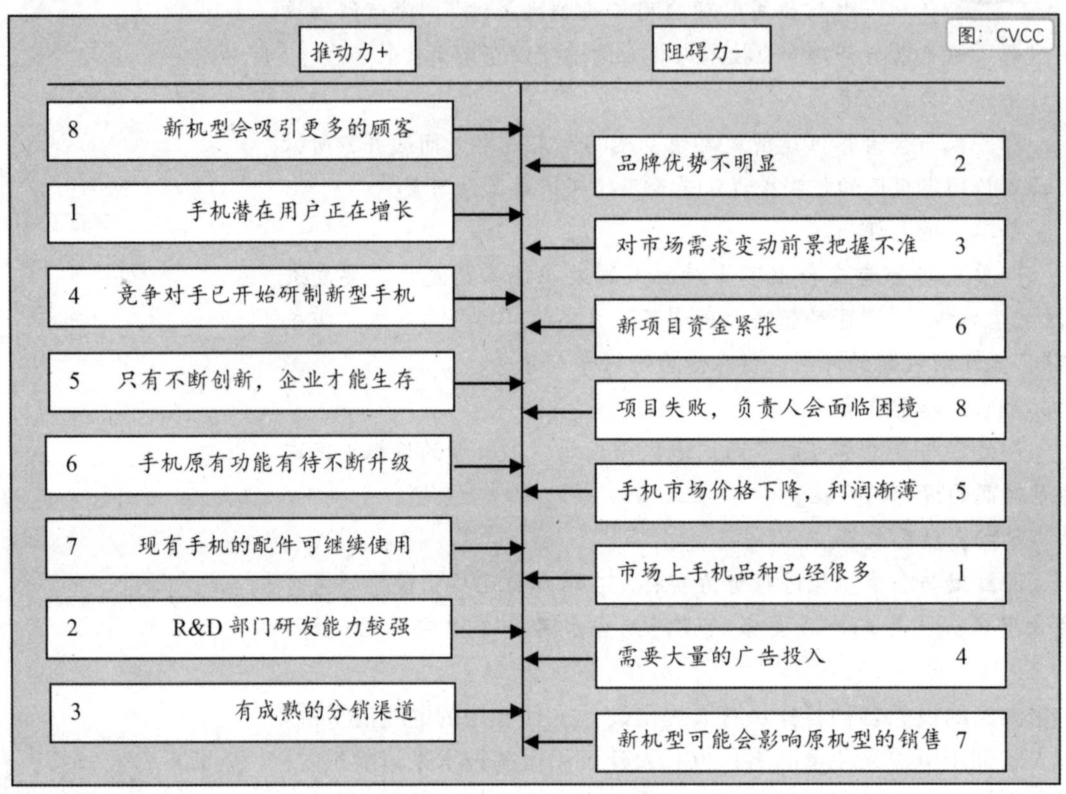

图4–3 力场分析图

（二）分析与决策的形成

经过分析，该公司集中力量讨论如何增强推动力，减少阻碍力，并取得一致意见，如表4–2所示。

表4–2 推动力与阻碍力分析表

推出新型手机的前3项推动力和前4项阻碍力及相关的方法	
推动力	增强方法
1. 手机潜在用户正在增长	迅速推出新产品，抢占市场
2. R&D部门研发能力较强	加强市场预测，增强研发命中率
3. 有成熟的分销渠道	加强新产品宣传，增强对渠道的激励

续表

阻碍力	克服方法
市场上手机品种已经很多	做好的细分市场定位
品牌优势不明显	做出产品特色，吸引追新的年轻一族
对市场需求变动前景把握不准	加强市场调研
需要大量的广告投入	同时在多家地方电视台播出广告

我们在做力场分析时一定要注意：要改变现有因素而达到预期目标时，有时单从推动积极因素来争取变化反而会适得其反，从排除障碍着手往往更有效，这样做才能真正突破“木桶效应”。

三、过程训练 Process Training

训练一：“头脑风暴”训练

（一）规则和程序

参与人数：5～7人一组

时间：15～30分钟

材料：某一可以用作“头脑风暴”的任何物品

场地：不限，最好是较为舒服的会议室或休息室

1. 确定一种物品，比如可以是一副眼镜、一张A4纸、大头针、铅笔或者其他任何东西，让学员在1分钟以内想出尽可能多的其他用途。

2.5～7人为一个小组，每个组选出一人记载本组所想出的主意的数量，在1分钟之后，推选出本组中最新奇、最疯狂、最具有建设性的主意，想法最多、最新奇的组获胜。

3. 规则：

（1）不许有任何批评意见，只考虑想法，不考虑可行性。

（2）想法越古怪越好，鼓励异想天开。

（3）可以寻求各种想法的组合和改进。

> 解决问题时，你要知道自己的目标是什么，不然你会付出巨大的代价。

（二）相关讨论

1. 你是否会惊叹于人类思维的奇特性，惊叹于不同人想法之间的差异性？

2. “头脑风暴”对于解决问题有什么好处？它适用于解决什么样的问题？

（三）总结

1. 人的大脑是一个无比神奇的器官，它所蕴藏的力量是无法估量的。在短时间内，聚精会神努力搜索，大脑会有助于许多创造性思维的提出。

2. 不要嘲笑人们的异想天开，要知道科技和人类的进步正是建立在一项一项的异想天开的基础上的。试想，如果不是古人一直希望像鸟儿一样在天空飞翔，又怎么会有莱特兄弟历尽艰辛去制造飞机？如果没有千里传音的想象，又怎么会有现在电话的产生？

3. 在解决问题的时候，“头脑风暴”往往用来解决诸如创意之类的难题，但是它还取决于一个环境氛围的因素，只有在一个民主的、完全放松的环境中人们才能异想天开地解决问题。所以，如果有的公司没有发挥好“头脑风暴法”的作用，那并不是他们的员工缺乏创意，而是公司缺乏一个民主的氛围！

> 大多数的人宁死也不愿思考；事实上，他们真是说到做到。
>
> ——【英】罗素

训练二：力场分析训练

（一）描述

力场分析是一种手段，可以用来确定推动或妨碍变化的力量。接下来就可以制订一份计划，利用积极的推动力，消除、减少或防止消极的或有抵触性的阻力。这样做会增加成功的可能性。

（二）自己动手

请按“案例分析”中力场分析的步骤进行训练

1. 明确你的现状：公司产品的低利润率。

2. 明确你的目标：把公司产品的低利润率转化为高利润率。

3. 用“头脑风暴法”等方法寻找驱动力和抵触力。

确定力场的一种更好的方法是使用（强—弱）量表，在每一侧根据它们的强度画出箭头。这样可以避免一个困境：即把所有力看作是等同的。

4. 分析、明确哪些力量具有最大的影响力。比较有益的做法是把重点放在减少抵触力，因为这样会让你依据现有的驱动力更迅速地前进。达成共识法或成对比较法可以用来针对最重要的力量或最容易解决的力量。

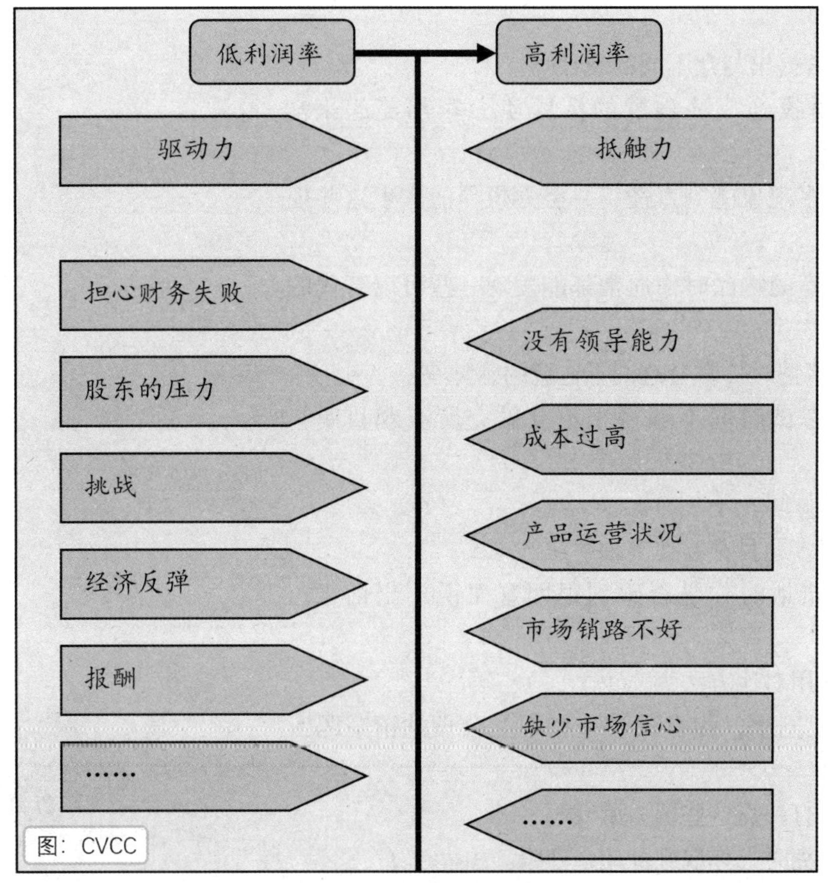

图4–4 力场分析训练图

5. 制订行动计划：解决你所确定的主要的力。

减少抵触力要比增加驱动力更有效。力场分析是一种简单、迅速、有条理的方法，用来审核成功的动力或阻力，以便明确行动的优先步骤。这种分析在把消极情况变成更积极的情况方面非常有效。

如果我们不把自身当作一个问题看待，就永远不会发现生活中的其他问题。

四、效果评估 Performance Evaluation

评估一：你的思维能力如何

（一）情境描述

请在10分钟内完成以下30道题，并在题目后的括号中填写A（是）或B（否）的回答。如果你已经准备好了，请开始计时。

1. 你说话具有逻辑性吗？（　　）
2. 看完一篇文章，你能马上说出其主题吗？（　　）
3. 你说话时常常觉得不知如何表达吗？（　　）
4. 你是否能发现老师讲课中的某些错误？（　　）

5. 讨论中，你常常提出与众不同的观点吗？（　　）

6. 你是否能轻易找到一些幽默的话题使大家都笑起来？（　　）

7. 你对世界上很多现象感到奇怪，并努力想弄清产生这些现象的原因吗？（　　）

8. 当你找不到所需的物品时你通常都能发现一些可以替代的东西吗？（　　）

9. 当你告诉别人事情时你常会有词不达意的感觉吗？

10. 你经常出现考试时间不够而来不及做完所有题目吗？（　　）

11. 你的考试成绩好吗？（　　）

12. 你是否发现很多题目都存在多种解法？（　　）

13. 当你发觉说错话时你是否感到很困窘而说不出话来？（　　）

14. 你说话时常使用对比方法吗？（　　）

15. 在电影和电视剧中，你发现过一些不尽合理的情节吗？（　　）

16. 你喜欢下棋、打扑克这些智力游戏吗？（　　）

17. 在下棋、打扑克时，你取胜欲望强烈吗？（　　）

18. 你觉得自己常有灵感涌现吗？（　　）

19. 你的同伴困惑不解时是否会征求你的意见？（　　）

20. 你觉得思考问题是件很累的事情吗？（　　）

21. 在朋友们面前发觉自己不小心做了不得体的事情时你是否能迅速找到一个台阶下（如开一句玩笑），使自己摆脱困境？（　　）

22. 你和他人讨论问题时是否常出一些很有价值的主意？（　　）

23. 有时你将事情倒过来考虑吗？（　　）

24. 你的作品曾经获奖或被公开刊出吗？（　　）

25. 你常与别人争论吗？（　　）

26. 几个同学为一件事争论不休时你能从他们各自的说法中找出共同点，而把他们的观点统一起来吗？（　　）

27. 大多数情况下，你只要一看故事（小说或影视）的开头，就能正确推测到结局如何吗？（　　）

28. 你提的建议经常被别人采纳吗？（　　）

29. 在别人与你寒暄尚未切入正题之前，你常常已大致猜到他找你的意图吗？（　　）

30. 你是否会解几何证明题？（　　）

矛盾是所有运动和活力的根源，正是矛盾使事物拥有了冲动和活力。

——【德】黑格尔

（二）评估标准和结果分析

第3、9、10、13、20、30题答“A”记0分，答“B”记1分。其余各题答“A”记1分，答“B”记0分。

0～9分：说明你的思维能力差。恐怕你就得努力学习了，或许你可以通过类似以上的训练提高自己的思维能力。同时还需要说明，在思维能力上比较差只能反映不同个体间在这个方面的差异。你可能在其他方面表现出特殊的能力，比如可能会是一个记忆能力很好的人。

10～20分：说明你的思维能力一般，仍需继续努力培养。

21～30分：说明你的思维能力较强，你不必为自己的思维能力担心。

> 一个好的解决方案当然需要天时、地利、人和的因素，也需要目标、时间、预算与责任的安排，还需要创意与价值的体现。

评估二：你的解决问题能力强吗

（一）情境描述

一些日常生活中的琐事，看起来无关紧要，而万一处理不当，往往会给你带来许多麻烦。请做下列试题，测评一下你处理问题的能力如何。

1. 生日、结婚、纪念日等，这些看来你不可避免地要花钱时：

A. 只送礼物给那些被你认为是重要的人。

B. 事先说你有事不能参加，事实上你并没有什么事情，只是为了不送红包。

C. 经常收集一些小的或比较奇特的礼物来应付这些情况。

2. 你和别人发生矛盾或纠纷，不得不去法庭诉讼时：

A. 因为去法庭的焦虑和不安而失眠。

B. 这是人生中难免要发生的事件之一，并不怎么重要。

C. 暂时把它忘却，到出庭时再设法去应付。

3. 你房间里的家具被水管漏水给损坏时：

A. 你非常不快，口口声声地抱怨着。

B. 你想借此不交房租，并写了批评信。

C. 你自己擦洗、修理，使家具复原。

4. 你和邻居发生了争执，久无结果时：

A. 出外散步或消遣，来平息你的愤怒。

B. 请来律师，讨论怎样诉讼。

C. 靠喝酒来解闷，把它忘了。

5. 生活中的各种压力使你和爱人变得易怒时：

A. 你想尽量不钻牛角尖，设法避免引起争吵。

B. 设法向朋友倾诉。

C. 坚持和爱人一起讨论，研究解决的办法。

6. 一位好友将要结婚，而你认为他们的结合将会是痛苦的：

A. 设法使自己认为时间还允许朋友改变计划。

B. 不必着急，因为你相信一切都会好起来的。

C. 认真地给那位朋友进行解释，耐心地阐述你的观点。

7. 你的能力得到承认，并得到了一个重要工作时：

A. 放弃这个机会，因为这项工作的要求太高。

B. 怀疑自己能否承担起这项工作。

C. 仔细分析这项工作的要求，做好准备设法把它干好。

8. 你的亲友在事故中受了重伤，当你得知这个消息时：

A. 服镇静药来度过以后的几小时。

B. 抑制住自己的感情，因为你还要告诉其他亲友。

C. 听到消息便失声痛哭。

9. 每逢节假日，你和爱人总要为去看望谁的父母而发生争执：

A. 你认为最好的办法是：谁的父母都不去看望，以减少麻烦。

B. 制订一个计划，这次看望爱人的父母，下次看望你的父母，轮流看望。

C. 决定在重要的节假日里和你的家人团聚，而在其他节假日里则与爱人的家人共度。

10. 当你感觉身体不舒服时：

A. 拖延着不去就诊，认为慢慢会好的。

B. 自己诊断一下，去药房买药。

C. 及时告诉家人，然后去医院检查。

有智慧就请拿出本事，没有智慧就请付出汗水。

如果既没有智慧又不愿意付出汗水，那就请把工作让给其他人。

（二）评估标准和结果分析

以上各题得分如表4–3所示，将各题得分累计。

表4–3 解决问题能力评估结果表

题号	1	2	3	4	5	6	7	8	9	10
A	2	1	1	3	2	2	1	2	1	1
B	1	3	2	2	1	3	2	3	2	2
C	3	2	3	1	3	1	3	1	3	3

如果总得分在15分以下，说明你解决问题的能力较差；总得分在15 ~ 25分之间，说明你解决问题能力一般，有时稍有迟疑；总得分在25分以上，说明你处理问题的能力很强。

第二节　整理信息

一、能力目标 Competency Goal

对问题进行的分析已为我们提供了大量的信息和可实施的观点，将思维发散后也会得到很多思想火花，收集信息和发散思维是研究解决方案的第一步，但如果一直处于发散的状态，可能会陷入无边无际的各种思想火花中，而形成不了具体的、可操作的方案。所以，从整体上有效地整理和客观地理解信息显得非常重要。

通过本节的学习，我们要：

1. 有效地整理信息；
2. 客观地理解信息。

（一）有效地整理信息

整理浩瀚的信息是解决问题的先决条件。在解决问题之前，我们不断地进行摸索，时常不知道收集什么样的信息为好，同时，由于收集来的信息不能直接使用，想要进行加工和分析总是进展得不顺利，或者难理解一些数据或图表。人在很多情况下容易凭自己的想象思考，从而根据具有偏见性的信息和分析来解释事物。

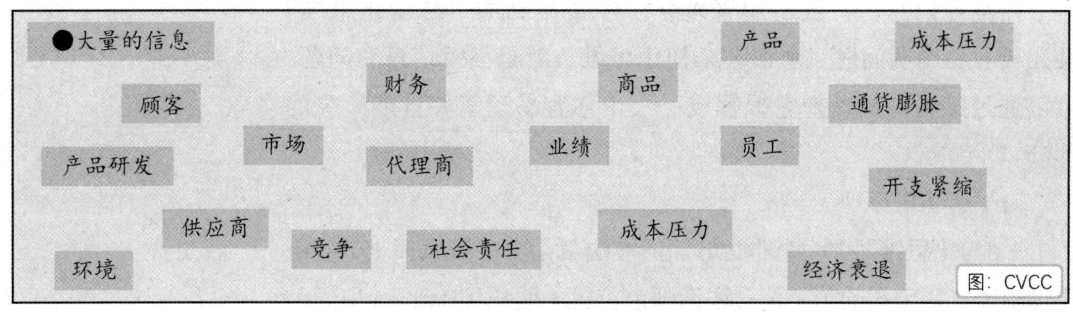

图4-5　信息过多容易引起混乱

要解决问题，就必须广泛地收集大量的信息。面对历尽千辛万苦、好不容易收集来的信息却突然意识到其数量庞大、种类繁多，有时候容易引起混乱。同时，人类的大脑一次性接收信息的量是有限的，而大脑又有自动将某些具有共同特点的事物进行归类和重组的能力。换句话说，一个分类里相近的事物会更容易记一些。所以，要对信息进行分类和整理。

1. 从内容上对信息进行整理

为了避免信息过多而引起的混乱，可按项目将信息分类整理。如图4–5中的信息可以分为如下几种：

（1）宏观信息，它是能够带来影响的外界原因。

（2）具体的信息，对组织或公司来说，是与服务、业务或市场有关的信息以及与竞争对手有关的信息。

（3）本组织或本公司的状况。

环境信息的理解中，为了避免对因为环境信息过多而引起的混乱，我们可采用将相同项目归纳在一起进行分类的方法，如图4–5的内容可以参照图4–6的流程方法来整理：

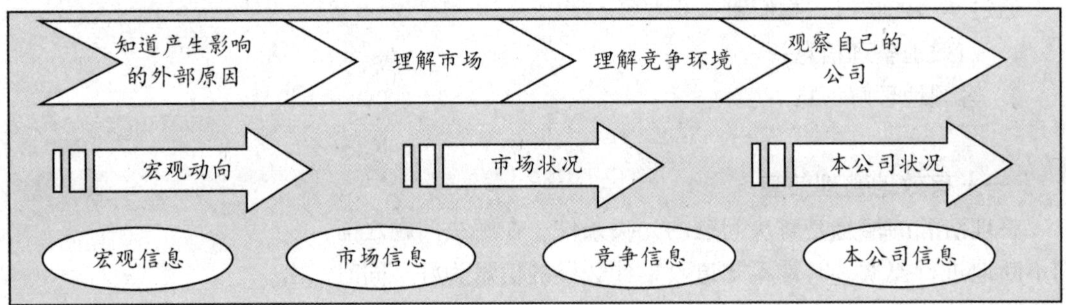

图4–6　观察环境时的流程图

2. 从结构上对信息进行整理

在整理信息时，我们用管理学中经常用到的“结构化思维”会比较容易说明问题。所谓“结构化思维”就是面对信息和问题，可以通过某种结构，把它拆解成一个个你容易理解并且能解决的部分。

（1）金字塔原理

“结构化思维”中一个非常好用的方法就是金字塔原理。金字塔原理由麦肯锡公司的第一位女咨询师芭芭拉·明托（Barbara Minto）提出。它是一项层次性、结构化的思考、沟通技术，可以用于结构化的思考和分析过程。这个方法也被曾在麦肯锡工作过的、日本著名战略管理学家大前研一所推崇。

为了方便理解，我们看看下面的小案例：

小案例

用金字塔原理来整理信息

硬件测试部新来了一位李经理：个头儿中等，身材极好，富有人情味，有教养，颇具绅士风度，思考的逻辑性很强，记忆力也是出类拔萃，待人非常和蔼可亲，擅长数学方面的计算，国标跳得特别棒。如果要高效地整理，金字塔原理就派上用场了。

在进行具体分析时，首先看这些信息有没有共同项，通过分析我们得出它们与头脑、素养和身体中的某一个有关。于是通过结构化思维，我们将上述信息概括为：脑筋好用、富有人情味、一表人才等。于是，我们可以得出如下评价人的框架工具金字塔原理整理图（图4-7）。

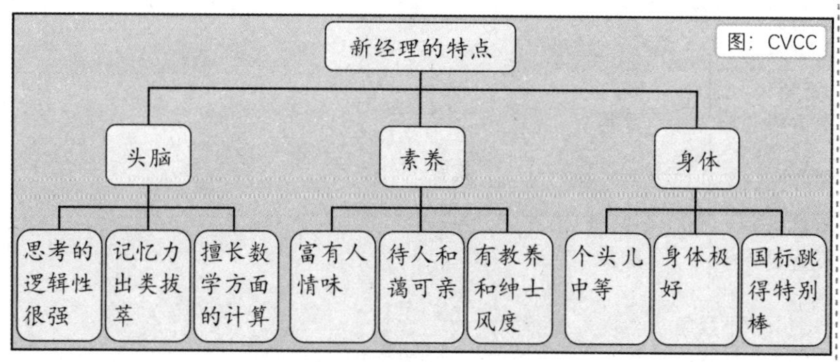

图4-7 金字塔原理整理图

上述结构化分析将信息和问题化转成了三层结构，像一个金字塔的形状。如果你认为上述结构化思维还不能清晰地表达你的内容，你可以继续对上述案例中的三级结构继续进行分解，把它分解成四级结构，甚至五级结构。

这种结构化思维的整理方法特别能让信息变得有条理、有层次、清晰明朗且容易被记住，不同的思想和信息层次沿着金字塔的顶端一层一层地往下分解，展现给别人。这样，可以帮你快速有效地理清信息的逻辑结构。同样的内容，通过这样有结构、有规律地整理，将大大提高你的思考效率，让复杂的问题瞬间变得简洁易懂。

（2）MECE 原理

MECE，是 Mutually Exclusive，Collectively Exhaustive 的缩写，中文意思是“相互独立，完全穷尽”，即对于一个重大议题，要做到不重叠、不遗漏地分类，把握问题的核心：

MECE 是麦肯锡思维过程的一条基本准则。“相互独立”意味着问题的细分是在同一维度上并有明确区分、不可重叠的，“完全穷尽”则意味着全面、周密。

> MECE 原理是麦肯锡公司的咨询顾问巴巴拉•明托（Barbara Minto）在金字塔原理（The Minto Pyramid Principle）中提出的一个很重要的原则。

MECE 常用的分类法有如下几种：

①二分法：把信息分成“A”和“非 A”两个部分。如男性、女性，境内、境外，他人、自己，专业、业余等；

②过程法：按照事情发展的时间或流程对信息进行分类。如服装生产的产业链有如下几个流程：设计、采购、生产、物流、分销、消费等几个程序。

③矩阵法或四象限法：纵坐标和横坐标垂直交叉形成四个象限，将事物分成四类分别放进这四个象限，这四个象限是 2×2 矩阵。这种分类方式就叫做矩阵法。如我们日常工作中的事情按重要性和紧急性的维度可以分成重要紧急、重要不紧急、不重要但紧急、不重要也不紧急。

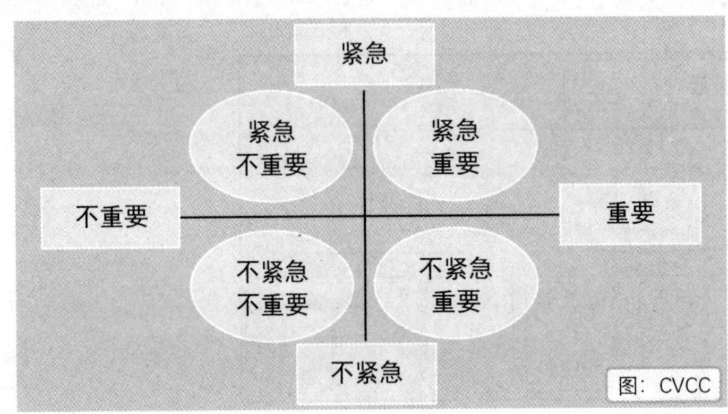

图4–8　四象限法

④公式法：按照公式设计的要素去分类。例如，销售额 = 单价 × 数量，这里就是把销售额通过公式拆解成了单价和数量。

比如前文提到的企业面试会有这样的题目：“美国有多少个加油站，上海有多少个餐馆”等等。其实他们并不是考查你对数量和答案的记忆，而是考查你对信息的归纳、整理能力，看你能不能用一个公式或逻辑方法把信息进行不重不漏地整理，也就是一个人结构化思考的能力。

⑤要素法。这种分类法用于说明事物的各个方面的特征。比如说高绩效团队的九个特征、公司的组织架构图等等，其实都是把一个整体分成不同的构成部分。可以是从上到下，从外到内，从整体到局部等等。

在大量的信息混杂在一起的状态下是难以理解这些信息的精确含义的，即使在该状下认为“已经理解了”，也最终大多是个人的想象而已。通过对信息进行的整理并合理分析能了解事物本身具有的意义，并能弄清楚事实的实像。如果不了解这一点，则所做的工

> 凡事预则立，不预则废。言前定，则不跲；事前定，则不困；行前定，则不疚；道前定，则不穷。
>
> ——《中庸》

作就失去了原有的意义和价值。

（二）客观地理解信息

通过对信息进行的合理分析能了解事物本身具有的意义，所以客观地理解信息，对形成决策至关重要。

小故事

管仲阻齐桓公救莒国

《管子·杂篇·小问》提到过这么一个故事：

楚伐莒，莒君使人求救于齐。桓公将救之，管仲曰："君勿救也。"公曰："其故何也？"管仲对曰："臣与其使者言，三辱其君，颜色不变。臣使官无满其礼，三强其使者，争之以死。莒君，小人也。君勿救。"桓公果不救而莒亡。

事情并不复杂，管仲从使者表现出的两件小事，通过逻辑分析得出不救莒的结论。作为一个政客，可能会从政治、经济、文化、军事和外交上讲大道理，但作为一个政治家的管子则不然，他从不起眼的信息中得出关键结论：

管子当着使者面多次羞辱他的国君，这事关公义，而使者表情淡然，面不改色，无动于衷，"主辱臣死"这才对，而他连争辩都没有，太反常。

另外，齐国给使者礼物仅是一种常规的外交礼节而已，使臣却在国家存亡的生死关头，还在礼物的份量这样的小事上锱铢必较，还以死相争，就给了他人无限遐想。

使者是国家的代表，管子从使者身上看到了整个莒国废公义而逐私利，推断出莒国举国上下离心离德，莒君已失去民心。所以，作为精明的政治家的管子明白：救，莒君继续执政，莒民不会领情。不救，莒国亡，反而是最好的结局。

管仲（约前723–前645），中国古代著名的经济学家、哲学家、政治家、军事家，春秋时期法家代表人物，周穆王的后代。

齐僖公三十三年（前698），开始辅佐公子纠。齐桓公元年（前685），得到鲍叔牙推荐，担任国相，被尊称为"仲父"。任职期间，对内大兴改革、富国强兵。对外尊王攘夷，九合诸侯，一匡天下，辅佐齐桓公成为春秋五霸之首。

后世尊称为"管子"，誉为"圣人之师""华夏文明保护者""华夏第一相"。

1. 对虚假信息应具备过滤功能

我们收集来的信息有时候是失真的，甚至是虚假的，如果在此基础上去分析和推导，肯定会引导出完全错误的结论。如2007年名噪一时的"华南虎事件"就是如此。

2. 凭主观想象不能发现本质性的问题

人是具有主观想象力的动物，而且一旦有先入为主的主观想象是绝对不能发现本质性的问题的。

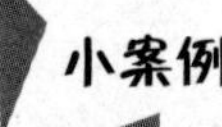

小案例

小猫毁掉司令部

第一次世界大战期间，法国曾和德国交战。法军一个旅司令部在前线构筑了一座极其隐蔽的地下指挥部，不幸的是他们只注意了人员的隐蔽，而忽略了某位长官养的一只猫。

当时，德军的一个参谋人员在观察战场时发现每天早上八九点钟左右都有一只小猫在法军阵地后方的一座坟包上晒太阳。于是他做出了如下判断：第一，这只猫不是野猫，野猫白天不出来，更不会在炮火隆隆的阵地上出没；第二，猫的栖身处就在坟包附近，很可能是一个地下掩蔽部，因为周围没有人家；第三，这只猫是相当名贵的波斯猫，在打仗时还有条件玩这种猫的绝不会是普通的下级军官。据此，他断定那个掩蔽部一定是法军的高级指挥所。随后，德军集中六个炮兵营的火力，对那里实施突袭。

事后查明，德军的判断完全正确，这个法军地下指挥所内的人员全部阵亡。

在解决问题的过程中，人们都有令人烦恼的不良习惯，即容易根据自己的想象捕捉事物、选择信息并解释事物。不尽力克服这一不良习惯，最终会陷入不能客观地捕捉事物，从而不能解决问题的进退两难的困境。

司马光在《资治通鉴》中提到颍阴侯骑贾山分析秦朝灭亡的原因时说："秦皇帝居灭绝之中而不自知者，何也？天下莫敢告也。其所以莫敢告者，何也？亡养老之义，亡辅弼之臣，退诽谤之人，杀直谏之士。是以道谀、媮合苟容，比其德则贤于尧、舜，课其功则贤于汤、武；天下已溃而莫之告也。"意即秦始皇成了一个孤家寡人，成了一个信息孤岛。没有任何真实的信息能到达他的身边。

二、案例分析 Case Study

案例一：日本是如何推理出大庆油田的

20世纪60年代，中国大庆油田的位置、规模和加工能力是严格保密的。日本为了确定能否和中国做成炼油设备的交易，迫切需要知道大庆油田的位置、规模和加工能力。为此，日本情报机构从中国公开的刊物中收集了大量有关的信息，对所收集的信息进行了严格的定性及定量处理后得出了有关大庆油田的位置、规模和加工能力的准确情报。

1. 大庆油田的位置

首先，日本情报机构从1964年的《人民日报》上看到了题为"大庆精神大庆人"的报道，从而判断出中国的大庆油田确有其事。以此为线索，日本情报机构开始全面搜集中国报纸杂志上有关大庆的报道。在1966年的一期《中国画报》上，日本情报机构看到了王进喜站在钻机旁的那张著名的照片，他们根据照片上王进喜的服装衣着确定，只有在北纬46°～48°的区域内冬季才有可能穿这样的衣服，因此大庆油田可能在冬季为–30℃的齐齐哈尔与哈尔滨之间的东北北部地区。之后，来中国的日本人坐火车时发现来往的油罐车上有很厚一层土，从土的颜色和厚度日本情报机构得出了“大庆油田在东北三省偏北”的结论。

1966年10月，日本情报机构又对《人民中国》杂志上发表的王进喜的事迹介绍进行了详细的分析，从中知道了“最早钻井是在北安附近着手的”，并从人拉肩扛钻井设备的运输情况中判明：井场离火车站不会太远；在王进喜的事迹报道中有这样一段话：“王进喜一到马家窑看到大片荒野说：‘好大的油海！我们要把石油工业落后的帽子丢到太平洋去。’”于是日本情报机构从伪满旧地图上查到“马家窑是位于黑龙江海伦县东南的一个村子，在北安铁路上一个小车站东边十多公里处”。

经过对大量有关信息严格的定性与定量分析，日本情报机构终于得到了大庆油田位置的准确情报。

2. 大庆油田的规模

为了弄清楚大庆油田的规模，日本情报机构对王进喜的事迹作了进一步的分析。报道说：“王进喜是玉门油矿的工人，是1959年到北京参加国庆之后志愿去大庆的。”日本情报机构由此断定大庆油田在1959年以前就开钻了。对于大庆油田的规模，日本情报机构分析后认为马家窑是大庆油田的北端，即北起海伦的庆安，西南穿过哈尔滨与齐齐哈尔之间的安达附近，包括公主岭西南的大赉，南北400公里的范围。估计从东北北部到松辽油田统称为“大庆”。

> 如果我有一个小时来拯救地球，我会用59分钟界定问题，然后用1分钟解决它。
>
> ——【美】爱因斯坦

3. 大庆油田的加工能力

为了弄清楚大庆炼油厂的加工能力，日本情报机构从1966年的一期《中国画报》上找到了一张炼油厂反应塔照片，从反应塔上的扶手栏杆（一般为1米多）与塔的相对比例推知塔直径约5米，从而计算出大庆炼油厂年加工原油能力约为100万吨。而在1966年大庆已有820口井出油，年产360万吨，估计到1971年大庆年产量可增至1200万吨。通过对大庆油田位置、规模和加工能力的情报分析后，日本决策机构推断：中国在近几年中必然会感到炼油设备不足，买日本的炼油设备是完全可能的，所要买的设备规模和数量要满足每天炼油一万吨需要。

有了如此多的准确情报，日本人迅速设计出适合大庆油田开采用的石油设备。当我国政府向世界各国征求开采大庆油田的设计方案时日本人一举中标。

思考：

信息就是资源，信息就是价值。你的信息处理能力符合你的职业岗位需求吗？如果有差距，你有什么方法能提升这方面的能力？

案例二：二战中美国为何忽略中国这份关键情报

池步洲（1908–2003），中国著名的密码破译专家。早年留学日本，抗日战争爆发后国难当头，他毅然回国参加抗日，任中国政府军事技术委员会主任专员，曾破获日军密码，促使“海军之花”山本五十六被截杀。他还破译了日本偷袭珍珠港的情报以及其他重要情报。

仅仅能读会写远远不够，学生还必须精于理解视觉图像。我们的孩子必须学会如何辨别陈词滥调，如何分辨社会旧俗，如何从广告语中甄别出事实，如何解读别人的说笑以及如何从报道中找出重要的新闻。

——【美】欧内斯特·博伊尔（卡内基教学基金会原会长）

池步洲发现，收到的日军密电基本是英文字母、数字、日文的混合体，字符与字符紧密连接，多为（MY、HL、GI……）。他作了进一步的统计，发现这样的英文双字组正好有10组，极可能代表着0～9的10个数字。根据这一发现，池步洲做了一个大胆的猜想：他将这十组假设的数字代码使用频率最高的MY定为1，把频率最低的GI定为9。另外，他还破译了很多日军密电的隐语。

1941年5月开始，他在破译的日本外交密电中发现日本外务省与檀香山日本总领事馆的往来电报数量突然剧增。电报内容是，日本外务省多次要求檀香山日本总领事馆报告：美军舰艇在珍珠港的数量、舰名；停泊的位置；进港、出港的时间；珍珠港内美军休息的时间和规律；夏威夷气候情况等。

1941年12月3日，池步洲破译了一份由日本外务省致驻美大使野村的特级密电：

1. 立即烧毁一切机密文件；
2. 尽可能通知有关存款人将存款转移到中立国家银行；
3. 帝国政府决定采取断然行动。

池步洲判断，这是日美开战的先兆。他做了两点估计：第一，开战时间在星期天；第二，地点在檀香山珍珠港海军基地。

蒋介石获知消息后十分震惊，立刻向美国通报。傲慢的美国精英阶层完全忽视了来自这个羸弱国家的真实信息，罗斯福总统并未重视这一情报。四天后，震惊世界的“珍珠港事件”发生，日本以微小损失直接瘫痪了美国整个太平洋舰队。

美国为什么不相信中国的情报呢？

第一，不相信中国的能力。美国认为中国抗战基本上是失败的，不相信中国政府能够获取日本偷袭珍珠港的情报，而且也担心中国政府制造虚假情报想要把美国拖下水，一起对抗日本，所以不理睬中国的情报。

第二，美国孤立主义盛行。“珍珠港事件”前，美国主流民意一直都是孤立主义，不想卷入二战中，只想作壁上观，两边赚钱。

第三，美国正在寻找借口。有一种观点是，在日本偷袭珍珠港之前，美国精英想要凭借二战称霸世界，只是苦于没有借口，不能说服国内民众。美国对日本施压，迫使日本采取行动。所以，当中国告诉美国日本将会偷袭珍珠港时故意忽略这份情报，想要用日本偷袭珍珠港这一事件引导国内民意。

每一天，我们从主观出发，亲近不同旨归的信息点，要作出明确的判断与选择，这就是整理信息。

最重要的是“珍珠港事件”将一个本来意见不统一的国家动员起来了，让美国坚定地站在了中国这一边。客观上极大地帮助了中国人民的抗战，让二战提前结束奠定了基础。

日本偷袭珍珠港，宣告了太平洋战争的爆发。1941年12月8日，美国和英国对日本宣战。美国为纪念珍珠港战役的失败，将1941年12月7日定为“国耻日”。

思考：

1. 结合历史资料，谈谈你对珍珠港事件的不同看法。
2. 设想一下，如果美国政府相信了中国的可行情报，接下来会是一番什么样的景象？

三、过程训练 Process Training

训练一：整理与汽车相关的信息

（一）描述

在图4-8中，表示“与汽车有关的混乱的信息”，其中包括GDP变化、汽车保有年数、各品牌的市场占有率、本公司的销售额的变化等，各种各样的信息都混杂在一起。

由此可见，要了解某一行业的情况，将涉及范围极为广泛的相关信息，而且这些信息看上去似乎难以整理。但利用分类方法即利用共同项目来归类会顺利地解决。反之，若不利用这种方法，以各种数据混杂在一起的状态去理解事物则比较困难。

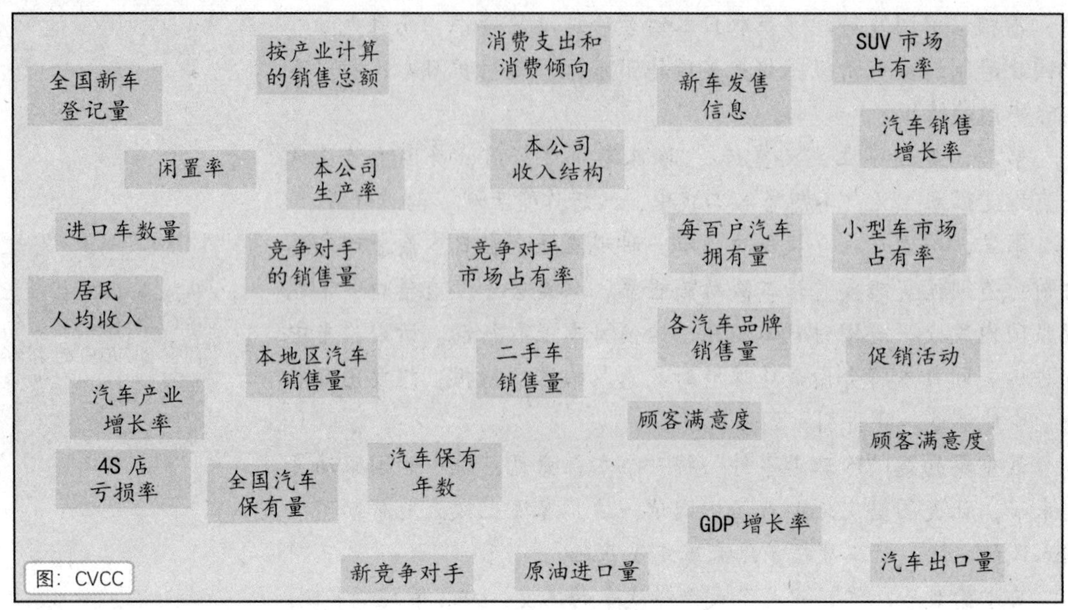

图4–9　与汽车有关的混乱的信息图

（二）整理信息

为了理解这些问题，我们要对其进行归纳整理。我们可按宏观信息、竞争信息、市场信息、本公司信息等来进行分类整理。

表4–4　信息分类整理表

宏观信息	GDP 增长率、按产业计算的销售总额、消费支出和反浪费倾向、原油进口量、居民人均收入
竞争信息	新竞争对手、竞争对手的销售量、竞争对手的市场占有率、4S 店亏损比率、新车发售信息
市场信息	汽车产业增长率、新车登记量、二手车销售量、汽车保有年数、按汽车种类计算的销售量（进口车数量、小型车市场占有率、SUV 市场占有率）、每百户汽车拥有量
本公司信息	本公司销售额的变化、公司收入结构、促销活动、顾客满意度

通过分类整理，我们对各种类型的信息和它的用途就会有更清晰的了解，从而可让信息更好地为我们的决策服务。

训练二：用颜色管理文档

（一）描述

文档的管理是办公室人员经常性的、事务性的工作。怎样才能将文档进行整合，并能够用非常方便实用和有效的方式进行收藏、查阅、使用？用颜色进行检索，是管理文档的方案之一。

（二）操作

利用不同颜色的文件夹，分开不同类型的文档或文件，例如，公司销售部门客户管理中，东北区的用红色卷宗、华北区的用蓝色卷宗、华中地区的用白色卷宗、西北地区的用绿色卷宗、华东区的用紫色卷宗、华南区用粉色卷宗等等，并以斜线贴纸标示每份文件的时间顺序及特性（如红贴纸代表信用状、金色代表往返书信、蓝色代表订单、绿色代表押汇文件……）。如此一来，便可快速地找到所需文件，并可清楚地看出有没有文件被取出。

另外，“批阅”卷宗里，红色代表机密件、黄色代表急件、青色代表一般件，高级主管在有限的时间内可对批阅的顺序做出取舍。

这个方案对于文件夹的管理是相当实用的，尤其是小公司。也就是说，信息的开发和整理并不一定要按照文献或档案的方式进行组织编排，只要方便使用什么方法都是可行的。检索的分类方式有很多，颜色是很形象、直观、方便的一种。

信息利用经典案例

普林斯顿大学物理系学生约翰•菲利普在图书馆借阅公开资料，仅用四个月时间，就画出了一张制造原子弹的设计图。他设计的原子弹体积如棒球大小，重量为7.5公斤，威力相当于广岛原子弹3/4的威力，造价当时仅需2000美元。消息一经发布，一些国家纷纷致函美国驻当地大使馆，竞相购买他的设计。

四、效果评估 Performance Evaluation

评估一：根据旅客信息分析

通过此评估考查一下学员运用推理法分析提升信息处理能力和解决问题的能力。

答题时间：20分钟。

答案在本书某处查找。

（一）描述

在一架飞往伦敦的飞机上，五名乘客并排坐在一排座位上。他们的职业分别是记者、歌手、教师、海军上校和工程师。他们分属下面的国籍：英国、法国、德国、意大利和荷兰。他们的年龄各不相同（21岁、24岁、32岁、40岁和52岁），这些乘客参加不同的运动（手球、游泳、排球、健身和足球），他们到英国的目的地分别是伦敦、伯明翰、曼彻斯特、纽卡斯尔和普利茅斯。他们的信息满足以下15条规则：

1. 工程师坐在最左边。
2. 排球运动员坐在中间。
3. 英国人是一名记者。
4. 歌手的年龄是21岁。
5. 教师的运动项目是游泳。
6. 海军上校的目的地是普利茅斯。

不管是你自己在思考还是你在带领团队或参与团队，一个关键的技能就是恰当地提问。提问是开启思维的扳手，同时也可以获得大量信息。

7. 手球运动员是位法国人。
8. 来自荷兰的乘客要去伯明翰。
9. 去伦敦的乘客年龄是32岁。
10. 健身的人要去纽卡斯尔。
11. 来自法国的旅客坐在德国人旁边。
12. 40岁的旅客坐在去曼彻斯特的旅客旁边。
13. 24岁的旅客坐在去伯明翰的旅客旁边。
14. 意大利人坐在工程师旁边。
15. 最右边的乘客比来自荷兰的乘客年纪大。

（二）问题

你能推测出他们每个人的具体信息吗？请将你能确定的信息填到下表中。那么海军上校的年龄多大？爱好踢足球的是哪国人？

表4–5　旅客信息分析表

方向	左←				→右
座次	1	2	3	4	5
职业					
国籍					
年龄					
目的地					
运动					

评估二：你能用MECE方法来分析信息吗

（一）情景描述

假设你是公司总经理秘书，在老总身边工作。总经理发现今年的利润率20%比去年的35%低了不少，但也提不出更有效的办法，认为员工的工作时间不够，效率不够高，决定从现在开始，全体员工要加班加点完成今年的销售任务，所有员工由每周工作五天变成工作六天，工作时间从“朝九晚五”改为“朝八晚六”。听到这个消息，员工虽然没有表现出明显的反对，但能感受到士气低落，这种方法貌似能解决一些问题，但效率肯定不高。

（二）信息分析

作为总经理助理，你能找到信息背后的真正原因吗？

其实总经理提出的增加工作时间并非不是解决办法，只是简单粗暴，实施起来未必能收到好效果。总经理的分析方法只是一维的、单向的。

有经验的管理者在处理问题时总是善于优先对问题进行模块化的分析，然后高效率、有针对性地解决这个问题，而不会盲目采用全员加班这种方式，因为这种方式可能是解决问题效率最低，效果最差的方式。

还有一种二维的、双向的方法，如在延长工作时间的基础上增加广告投入，就要比一维的分析方法来得更靠谱一些。二维分析会比一维结构更复杂，使用场景更复杂。但还没有触及问题的本质。

而采用 MECE 分析方法就有可能帮我们更彻底地理解信息。这是一种全方位的、网状分析法。这也是一种三维结构的方法，也就是我们常说的“结构化思维”，它比一维和二维的分析法更高级、更科学、更有效。你可以根据 MECE 原则对公司的整体结构做分析，不断拆解，做到不重叠也不遗漏。

最后，你把问题拆解成13个子项。进一步分析发现问题的本质是因为客户满意度下降、研发滞后、融资环境恶化、供应商涨价以及消费热点转换等一系列原因，而这些原因并不完全是加班就能解决的，如图4–10所示。

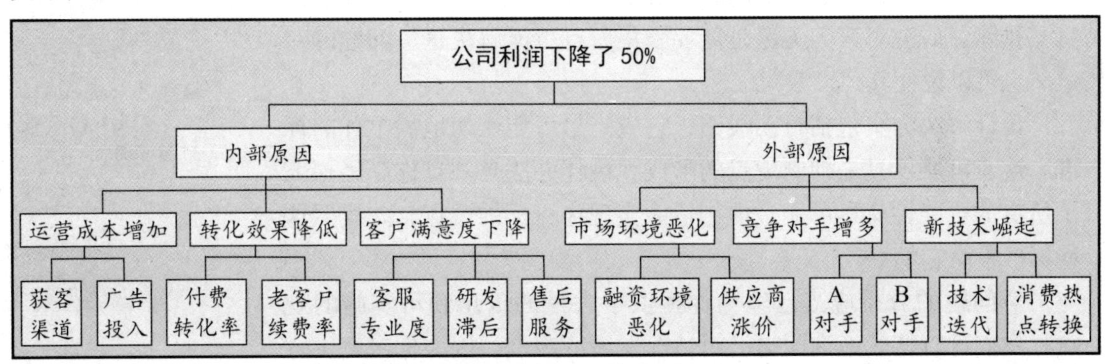

图4–10　公司利润下降 MECE 方法

所以，用第三种方式结构化 MECE 分析整体内部和外部经营环境，针对性地解决问题才是真正能够把问题分析清楚以及找到针对性的、有效的解决方案。面对一个问题，难点有针对性地分析问题，把问题分析清楚了解决问题就不难了，很多问题看似是一个大问题，实际分析过后只是很小的一个模块出现问题了，模块化地解决这个小问题，大问题也就迎刃而解了，这就是结构化思维带来的高效率。你这样分析得到的结果和对应的解决方案交给领导，一定有会有满意的结果。

第三节　设计和优化方案

一、能力目标 Competency Goal

在发现问题并通过思维发散，获得很多信息后我们会得到很多初步解决方案。然后需要将其再次聚集起来。如果一直处于发散状态，可能会陷入无边无际的各种解决方案中，而无法确定哪个更合适，因此需要对所有方案进行系统的整理。

通过本节的学习，我们要学习：

1. 设计解决问题的方案；
2. 优化方案。

（一）针对起因思考对策

如果已经把握导致关键问题出现的原因，下一步就要研究如何将其排除。研究对策的关键是需要收集所有可能解决这一问题的对策（也可以说使其“发散”）。

设计解决方案包括行动线路，它应当尽可能密切地满足你的标准。这有可能反过来抑制观点的形成。最佳办法是一旦你已经探究了所有的可能性就尽可能多地创造能实现你目标的观点，并按照这些标准检测它们。

对问题的分析应当已经为你提供了大量的信息和可实施的观点。我们可以持续地询问自己对情况发展的观点，因为你对解决方法的研究将帮助你探究所有的可能性。例如：

1. 我真的需要实现这一目标吗？
2. 我能用不同的目标来替换吗？
3. 我能以不同的方式实现这一目标吗？
4. 推迟尝试实现这一目标是否有任何好处？
5. 是否有其他人能更加有效地实现这一目标？
6. 这真的是障碍吗？
7. 在处理这一障碍时是否还有更加有效的方法？
8. 我是否能消除这一障碍的诱因？
9. 我是否能用这一障碍使之成为我的优势？

> 在单位最受欢迎的五种员工：
> 1. 做事自动自发的员工；
> 2. 努力寻找方法提升业绩的员工；
> 3. 工作从来不抱怨的员工；
> 4. 做事执行力强的员工；
> 5. 能够提建设性意见的员工。

（二）对策构思的步骤

研究对策时，找到原因就匆忙考虑具体对策方案的做法是不可能制订出有效的对策方案的。按照以下的步骤进行这项工作是非常有效的：

1. 对策构思的发散

考虑对策方案的时候，不是突然就去思考，而是首先要对有效的对策构思列出清单。这里对策的质量如何姑且忽略，但可以发现很多的方法。此时，即使是相近的构思或实现可能性低的构思也无妨，尽可能找出更多的构思。

2. 对策构思的集中

在选定找出的构思时，有效的方法是按照归类、体系化整理、评价这三个步骤进行。

首先，针对找出的构思把内容相似的归为一类（归类）。其次，在构思的分类当中，还混杂着具体构思和抽象构思两类，再把这些构思整理成体系（体系化整理）。然后，再从这个成体系化的构思中选择可以具体实施的方案。在进行选择的时候，对每个对策要从费用和效果的比例关系、所需要的时间、风险等几个角度为其打分、进行评价，这是非常有效的。

3. 对策构思的具体化

从评价结果好的构思开始具体实施工作。在对策构思的具体化方面，首先应该考虑对策会发生怎样的变化，即现在处于怎样的状态以及要将它变成怎样的状态。其次还要确定需要做什么、按怎样的步骤来进行以及谁负责开展工作等。

九点图问题

请你一笔不间断地画出四条直线将九个点都连接起来。

此九点图是非常好的开发测验思维的创新性的例子。请好好思考，看看如何解决。如果你解答不出来，请与你的合作伙伴一起思考。

小思考

一个陌生人向博物馆馆长提供了一个古代青铜硬币。这一硬币从外表上看可信，上面有544BC的日期标志。馆长以前总是通过物品的来源来确认其真假，可这次他立刻叫警察逮捕了这个陌生人。为什么？

请问：这个问题的解决涉及的是一个什么样的认知过程？

（三）评估每个方案的优缺点

大部分可行的解决方案都是在几个方案中选择出来的。需要注意的是，我们经常遇到的每一个方案都有优点和缺点。绝对完美的方案是不存在的。因此，在寻找方案时不要急于否定一个看起来不可能或者有缺陷的方案。很多时候，一个有效的方案是在许多有缺陷的可行性方案基础上提炼出来的。

当有了一些方案后，先挑出看起来最好的方案，把其他不切实际的方案放在一边，暂不完全否定。在选留的方案中进行分类评估，写下每个方案的优点、缺点，进行选择比较，再对这些方案进行完善和提炼，也可以在此基础上进一步提出其他的方案。

（四）系统分析方法

系统分析方法是指把要解决的问题作为一个系统，对系统要素进行综合分析，优化解决问题的方案。

美国兰德公司认为，系统分析是一种研究方略，它能在不确定的情况下确定问题的本质和起因，明确咨询目标，找出各种可行方案，并通过一定标准对这些方案进行比较，帮助决策者在复杂的问题和环境中做出科学抉择。

系统分析方法着眼于整体与部分、系统与环境等方面的相互联系和相互作用，以整体的高度、全过程的通盘考虑来协调和处理具体任务和所需资源，以求得优化的整体目标。

在组织中，一流的员工解决问题，末流的员工抱怨问题。

小知识

系统分析最早是由美国兰德公司在二战结束前后提出并加以使用的。1945年，美国的道格拉斯飞机公司，组织了各个学科领域的科技专家为美国空军研究“洲际战争”问题，目的是为空军提供关于技术和设备方面的建议，当时称为“研究与开发”（Research and Development，缩写为R&D）计划。1948年5月，执行该计划的部门从道格拉斯公司独立出来，成立了兰德公司，“兰德”（RAND）是“研究与开发”英文的缩写。

兰德公司最先以研究军事尖端科学技术和重大军事战略而著称于世，继而又扩展到内外政策各方面，被誉为现代智囊的“大脑集中营”“超级军事学院”。它可以说是当今世界最负盛名的决策咨询机构。

在整个问题定义和解决的过程中，应该定期在头脑中对整个系统的状态以及当前的进展情况进行回顾，对照目标进行评价和校准，以保持正确的方向和清晰的认知。这将有助于前后、上下联系，在更高更广阔的空间中发现问题。

系统分析方法多用于以下两种情况：

1. 能够减少孤立地解决问题所造成的误导的情况。

2. 在分析一些复杂问题的时候，从局部找不到满意的解决方案的情况。

（五）假设与验证

在优化方案的过程中，我们通常会借助于假设或者验证对方案做进一步的分析研究，使其更加完善。

1. 假设

在解决问题的过程中，通过建立假设，确定了研究的方向和具体目标，并在此基础上制订可操作的流程，将分析和研究落到实处。建立假设通常有着结果导向的意味，避免了同时进行许多不相关的分析研究。

一个假设应满足两个基本条件：

（1）能解释已知事实；

（2）能预言或解释尚未观察到的现象或事实。

很多时候，在分析的基础上提出的假设可能不止一种，通过证明或者证伪，都有利于逐渐逼近问题的解决。

由于一个假设只是对问题的一种观点和看法，因此在实际的探究中，个体不能将自己限制在一种假设之中，而要尽可能地提出多种假设，以避免那些有可能局限于某种观点的偏见，从而保证研究的开放性，以获得客观、真实的研究结果。

随着研究和认识的深入，我们会对原来的假设进行修正，或在保留合理部分的基础上建立新假设。因此，假设是一个动态发展过程，而不是一个孤立的静止的命题。假设的发展过程，是一个自身不断修正完善并不断被新的假设替代的过程，也是方案优化的过程。

“有为才有位”。人有了作为自然就有位子，而不是等有了位子才去作为。人的作为就在于工作中能及时、有效、彻底地解决各种问题。对这个问题理解不透是很多初入职场的年轻人的通病。你只有自己去努力，才能让自己得到提升。

小知识

问题解决的任何阶段都涉及有关知识，没有相应的知识不仅难以发现问题，而且缺乏分析问题的基础和提出假设所必需的依据，即使检验假设也必须具有相应的知识。知识对解决问题的影响还涉及在必要时是否能及时忆起已有的有关知识，并恰当地加以应用。

2. 验证

对假设进行检验，通常有两种检验方法：

一是通过心智活动进行推理，即在思维中按假设进行推论，如果能合乎逻辑地论证预期成果就算问题初步解决。特别是在假设方案一时还不能立即实施的情况下，采用这种检验方式很有必要。

二是通过实践检验，即根据假设，针对性地制订方案并实施，如果成功就证明假设正确，问题也得到了解决。必须指出，即使第一种检验证明假设正确，问题的真正解决仍有待实践结果才能证实。

即使前一种检验证明假设正确，问题的真正解决仍有待实践结果才能证实。不论哪种检验如果未能获得预期结果，必须重新另提假设再行检验，直至获得正确结果，问题才算解决。

二、案例分析 Case Study

案例一：隧道尽头的灯

瑞士日内瓦湖上的群山中建成了一条很长的汽车隧道。在投入使用之前，总工程师想起来，她忘了警告汽车司机在进入隧道之前把车灯打开。尽管隧道的照明设施很好，仍然需要预防停电的情况下发生灾难（在深山中这种意外是很可能发生的）。

人们做了一个标牌，上面写着：

"警告：前方隧道，请开车灯！"

他们把标牌挂在隧道入口处，隧道如期通车。问题已经解决，大家都觉得松了一口气。

从隧道东出口再往前400米就是世界上风景最优美的度假胜地，从这里俯瞰，整个日内瓦湖都尽收眼底。每天都有成百上千的游客在此处欣赏美景，放松他们疲惫的身体，还有可能享受一下美味的野餐。

但是，每天当神清气爽的游客返回他们的汽车的时候都会有十来个或者更多的人们意外地发现汽车电池没电了——因为他们下车前忘了关掉车灯！

警察们被迫用上他们所有的资源，好让车启动起来，或者把它们拖走。游客们怨声载道，并且赌咒发誓要劝说他们所有的朋友都不要到瑞士来旅行。

现在，我们暂停一下，回答这个问题：这是谁的问题？

A. 司机

B. 乘客（如果有的话）

C. 总工程师

D. 警察

E. 州长

一个问题两种答案

联合利华引进的香皂包装生产线有个缺陷：常常会有盒子里没装入香皂。他们请一个自动化专业的博士后设计一个方案来分拣空的香皂盒。他组织了一个十几人的科研攻关小组，综合采用了机械、微电子、自动化、X射线探测等技术，花了几十万元，成功地解决了问题。每当生产线上有空香皂盒通过，两旁的探测器会检测到，并且驱动一只机械手把空香皂盒推走。

中国南方有个乡镇企业也买了同样的生产线。老板发现问题后大为恼火，找了个小工来说："你给老子把这个事情搞定，不然你滚蛋！"

小工很快想出了办法：他花了90块钱买了一台大功率电风扇，放在生产线旁边猛吹，空皂盒都被吹走了。

F. 汽车俱乐部

G. 以上都不对

H. 以上都对

因为明确指出了“设计者”或“工程师”，这类问题有强烈的指向性，即问题应由她来解决。建筑师、工程师和其他设计者的职业道德中有这样一条：“他们必须做好所有的事情。”

在这个例子中，工程师考虑了她能够强加在司机及其乘客身上的很多种解决办法：

方法1：她可以在隧道尽头立一块标牌，写上“关掉车灯”，但是这样的话夜晚行车的人们也会关掉车灯。

方法2：她可以装作不知道，顺其自然——不，这本来就是现状，并且政府官员们认为工程师的工作做得一团糟。

方法3：她可以在风景俯瞰处建造一个充电站。但是要维护要花很多钱，并且如果它出了故障人们会更加恼火。

方法4：她可以授权一家私人公司经营充电站。但是这会使风景区变得商业化，这是政府和游客绝对不会接受的。

方法5：她可以在隧道尽头树立一个表意更明确的标牌。

凭借她的直觉，工程师认为一定可以通过某种方法来书写一个更加明确的标牌。她尝试了许多备选方案，最终得到了一个体现瑞士式简约的杰作：

“如果这是白天，并且如果您的车灯开着，那么熄灭车灯”；

“如果天色已晚，并且如果您的车灯没开，那么打开车灯”；

“如果这是白天，并且如果您的车灯没开，那么就别打开”；

“如果天色已晚，并且如果您的车灯开着，那么就别关它”。

等人们读完这个标牌，汽车早已经飞过围栏，并且咕噜咕噜地沉到湖底了——这根本就不是一个可以接受的解决方法。再说了，葬礼要怎么办？必定有更好的方法！

方法6：事实上总工程师并没有把问题复杂化，她用了一种方法，“把问题当作他们的问题”。工程师只是起了一点辅助作用。她假设司机们非常愿意解决这个问题，但是也许需要一点儿提醒。她还假设司机们如果通过了驾驶执照考试，就不可能是那种彻头彻尾的傻瓜。他们所需要的只是在隧道尽头加一块标牌，写上：

“你的灯亮着吗？”

如果司机笨到连这句话都看不懂，那电池耗尽应该只是他们所碰到的问题中最简单的一个了。这个标牌使问题消失，标牌信息足够简洁，上面可以用很多种语言把它写出来。工程师会永远记住她在这次工作中学到的一课：

积极的心理能量可以成就你的事业和幸福的人生。积极心理学之父马丁•塞利格曼教授（Martin Seligman）在《持续的幸福》一书中提出了人生幸福的五元素PERMA：

P：积极的情绪（Positive emotion）

E：投入或敬业（Engagement）

R：人际关系（Relationship）

M：意义和目的（Meaning&purpose）

A：成就感（Accomplishment）

如果人们的灯真的亮着，一个小小的提醒可能比你那些复杂的解决方法都更有效。

那么，你的灯亮着吗？

（——摘自《你的灯亮着吗？发现问题的真正所在》，作者高斯（美）、温伯格（美）著，俞月圆译，人民邮电出版社，2014）

当我们有几种解决方案时，我们就要对方案的可行性、成本、声誉、效果、时间等各种要素进行权衡考虑，选取其中最具操作性的方案。本案例就是其中的一个非常经典的解决方案，它精准地切中了用户痛点。

思考：

1. 总工程师的设计解决方案有什么可取之处？

2. 把问题当作我们自己的问题时，问题解决的创意火花往往很容易出现。你有过类似的经验吗？请举例说明。

案例二：史玉柱的7种创业问题解决方案

探究自己20多年创业生涯，史玉柱总结了众多创业者的失败经验，在其一手搭建的“赢在巨人”计划中，史玉柱提出了他的解决方案。

1. 创业团队融资难

传统的风险投资对于尚未产生绩效的团队支持意向低，如果没有已盈利项目或知名创业人参与，创业团队很难获得风投支持。

“赢在巨人”计划解决方案：

由最资深的专业人才进行团队和项目审核，对游戏行业理解深刻，对市场和核心人才判断准确，愿意承担风险，给小团队甚至个人充分的创业机会，并保证稳定的投资。

2. 创业团队与投资方冲突难免

风险投资者不够专业，经常以个人意愿介入产品的研发，容易与团队产生严重的管理冲突，造成产品开发中途失败。

“赢在巨人”计划解决方案：

巨人网络保证团队最大的自主性。对成功立项的项目，巨人网络主要承担“帮助”而非“监管”的角色，不干涉孵化阶段项目方向与决策，不干涉团队组织架构与人事安排，在创业团队根据自身需要主动提出帮助需求的情况下提供最快、最专业、最大力度的帮助。

优秀员工是最擅长解决问题的员工。只有勇敢面对问题，才能激发我们潜藏的力量，唤醒我们麻痹的问题解决智慧。面对问题的最好办法就是对问题负责，勇敢面对问题，开动脑筋解决问题。

3. 创业团队想法实施难

创业团队往往因为资金需求和资源所限，在产品研发时妥协，牺牲预想的效果，原本很有潜力的策划方案无法实施。

“赢在巨人”计划解决方案：

巨人网络一直奉承精品战略，相信只有最好的产品才能获得最大的成功，在产品开发投入方面有足够的耐心，只要是有能力的人才和团队，我们愿意全力支持团队充分发挥，把产品做到最好。

4. 创业团队人力资源配备不足

小型创业团队难以保证人才配置完整，新创设的团队招聘和管理难度大，创业者无法专心进行产品设计和开发。

“赢在巨人”计划解决方案：

巨人网络提供完善的流程管理工具与指导，配以强大的人力资源平台支撑。我们不要求申请团队必须配置完整，只要团队具备某一方面的特长，巨人网络可以提供策划辅导，美术辅导，客户端、服务器端等全部核心技术引擎。HR部门可以根据团队要求以巨人网络的名义进行社招、内部资源配给甚至猎头服务。可为创业团队提供超过20个专业类别300项课程的培训。

5. 创业团队中途被放弃风险大

绝大多数投资者，没有足够的耐心承受创业团队的失误和挫折，在产品开发遭遇困难时，或者产品上线运营之后发现情况不够理想，中途放弃投资。

“赢在巨人”计划解决方案：

巨人网络有足够的耐心，我们在评估团队的时候更加看重核心人才本身的基本素质，只要我们认可一个人的能力，就愿意给他时间成长，容忍他犯错误，支持他，直到他成功。

6. 创业团队转型成为运营商难度大

运营所需要的资金和经验超越单纯的开发，很多创业团队没有运营条件，产品难以及时有效地推向市场，或者找到的代理商实力有限，投入资源不足，造成运营失败，几年的研发努力都付诸流水。

“赢在巨人”计划解决方案：

创业团队的产品一旦研发成功，会自动成为巨人网络的核心产品，公司负责安排运营资源，利用巨人网络庞大的用户群体、强大的运营推广平台、专业的技术保障和客服队伍，针对产品进行重点集中推广，保证其获得充分的运营资源。同时，巨人网络在“反私服、反外挂”方面有成功的经验，可以帮助创业团队解决运营的后顾之忧。

20世纪40年代德国心理学家K.敦克尔，以大学生为对象进行实验，观察他们如何解决“用射线治疗胃肿瘤”问题。根据实验的结果，他认为：问题解决过程的总趋向，是先确定问题的范围，指出可能的解决方向，再逐步缩小范围，提出问题解决的一般方法和具体特殊方法，一步步进行推理以逼近问题的解决。这种观点是把重点放在“提出假设”与“检验假设”两个阶段，对它做更详细分析所提出的。

7. 创业团队难以拿到足够回报

创业成功后，团队仍然得不到真实兑现的奖励。创业成功的团队常常因为所占股权弱势，失去创业成功后分享利润的机会。

“赢在巨人”计划解决方案：

史玉柱先生以他一贯的诚信担保，巨人网络通过这个平台真诚提供一个与创业团队共同致富的机会，向成功创业项目团队提供该项目最高20%的利润分成，并确保利益准确及时，分配到位。

思考：

1. 针对史玉柱的七种创业问题的解决方案，你还有更优秀的解决方案吗？
2. 请将其中的一种创业方案细化成更为详细的可操作的方案。

三、过程训练 Process Training

训练一：两家公司的故事

（一）案例阅读

有 A、B 两家公司出现了同样的问题：公司发现售货员有骗取并私藏公司售货款的现象。

A 公司的解决方案：

A 公司 CEO 既认真又正直，疾恶如仇。接到报告后，CEO 十分生气，当场叫来人事部长，下令对事实进行调查和处理。又叫来营业部长下令处罚培养出那种下属的上司，调查是否影响到了客户并做出报告。最后还对营业部长本人给予严重警告。还对总务部长下令，利用媒体对此事件进行谴责。

然后对防损部下令，要采取对策来防止类似事件再度发生，并彻底将该对策的内容传达给每一个员工。防损部于是在外部顾问的参与下进行一次彻底的诊断，所有相关人员都被要求出席。

当然，相关者都急了，相关部门的准备工作也不轻松。由于不清楚诊断的范围，所以准备工作就更加让人不知所措。销售活动都笼罩在沉闷的气氛中。

除了被诊断之外，防损部还成立了调查委员会，并且花了三个月的时间，设计了防止问题再发生的、新的销售管理系统。据说，新的系统可以做到万无一失。但是相对于旧的系统，新的系统增多了不少表格和确认印章数。

松下幸之助注重细节，善于发现问题，寻找有价值的信息。有一次，松下幸之助无意中听到了一对姐弟谈话。姐姐正在烫衣服，弟弟想读书，无法开灯（那时候的插头只有一个插孔）。弟弟吵着说：“姐姐，你不快一点开灯，叫我怎么看书呀？”姐姐哄着他说：“好了，好了，我很快烫好了。”“老是说烫好了，已经过了30分钟了。”松下幸之助想如果有两用的插头，不就解决了姐弟俩的问题了吗？于是，他就认真研究这个问题。不久，松下的两用插头面世，立即供不应求。松下电器由此进入了新一轮的成长道路。

一个人如果希望没有问题出现，除非进入天堂。

B公司的解决方案：

B公司CEO为人很认真也很优秀。从第一线得到发生问题的消息后他陷入了沉思："因为我的某个地方工作做得不好，所以才会发生这样的事情吧。"他坚持认为哪怕事件发生在基层，高层也应该是有责任的。

> 解决问题，从沟通开始，好的沟通能力，是解决力提升的利器。

这位CEO马上把人事部长叫来，虽然内心也有对当事人进行处罚的冲动，但还是忍住了。他想，说不定是自己的工作方针或是管理者的工作方法出了差错，这位售货员才会不得已做出那样的事来。他认为如果真是那样的话，还可能有其他售货员也会做出类似事情。要不然，这就可以当作一个个案处理，慢慢商讨也不迟。

作为CEO，能做的事情只是一年一次或两次提出方针，然后去确认其实施的情况而已。如果把发生的事件只当作基层问题来处理的话，那么也就随之变成方针上的问题了。这位CEO决定更进一步了解一下具体的情况，因此命令职员确认发生问题的原因，调查其他地方是否发生了同样的问题。

结果令这位CEO大吃一惊，打折并不是什么问题，但是因为竞争激烈，在接待客户上需要投入一些费用。在这个公司里，根据CEO的要求，全公司对接待及促销费用进行了严格的控制。这位CEO很讨厌接待，所以销售人员有时就自己掏腰包来接待客户，提升销售成绩。业绩好的销售人员可以用奖金来补偿自己多付出的部分，而那些业绩较差的销售人员只能自认吃亏。

因为这个市场的利润率较高，所以公司安排的是一些较优秀的推销员。但是，最近销售人员中有反对自掏腰包的倾向。于是，有人发明了这样一个好方法，而他们的直接上司也一定知道此事并采取睁一只眼闭一只眼的态度。

看来，这位CEO面临的是方针问题，是无视销量的递减继续限制接待费用，还是为了维持销量而放宽关于接待和促销费方面的规定，还是开发出不用促销也可以卖出产品的极有竞争力的产品，或是通过向政府投诉等方法来改掉社会上的不良商业习惯呢？CEO必须做出选择。也许前面的两个方法是属于短期性的，而后面两个方法则是属于长期性的。

（二）解决方案设计

上述两公司的解决方案非常不同，两位CEO对问题产生的责任进行了完全不同的归因，当然其效果差异也非常大。看来解决方案的设计不能体现太多个人的主观因素，要多考虑问题的可行性和实施方案后的影响等因素，不同方案的处理结果自然会有不同的结果和影响，我们要淡化不良的后果而要强化有益的效果。

如果你是CEO，你的组织也遇到了同样的问题，请设计你的解决方案，并将你的方案与案例中两位CEO的方案进行比较，找出三个方案的优缺点。

你的方案要回答如下问题，这时你可以用在第三章中学到的SMART的方法来进行设计：

（1）S（Specific）：你的方案明确、具体吗？

（2）M（Measurable）：你的方案可以用你的预期标准来评估和测量吗？

（3）A（Achievable）：你的方案中的目标可以达成吗？

（4）R（Realistic）：你的方案是切实可行、实实在在且可以被证明和观察的吗？

（5）T（Time & Resources Constrained）：你的方案是受资源约束并在一定的时间内可以完成的吗？

为了让你的方案更加可行，你同时还可以继续问自己如下一些问题：

你有可选择的方案吗？

你如何保证你预期的效果？

SMART原则是目标管理中的一种方法。目标管理由管理学大师彼得•德鲁克于1954年提出。SMART原则便是为了达到这一目的而提出的一种方法，它在企业界有着广泛的应用。它首次出现在1981年12月美国发行的《管理评论》上。

训练二：堡垒问题与肿瘤问题

（一）阅读材料

材料一（堡垒问题）：

一位独裁者对一个小国实施独裁统治，独裁者住在一个牢固的堡垒中统治全国。这个堡垒位于国家的中央，四周都是农场和村庄。堡垒外有许多条道路向远处发散，就像车轮上的轮辐。一位将军率领部队在边境地区发动起义，计划要攻下堡垒，解放全国。将军知道如果整个军队同时发动进攻，就会取得胜利。士兵们停在其中一条通向堡垒道路的起始端，准备攻打堡垒。然后，一个间谍给将军带来了一份令人苦恼的情报。无情的独裁者在每个方向的道路上都埋了地雷，只有小部分人可以避开雷区安全通过，因为独裁者的士兵和工人也要进出堡垒。但是，任何大规模的武装力量经过时都会引爆地雷，这不但会炸毁前进的道路，使攻打行动变得不可能，而且还会毁坏许多村庄。

材料二（肿瘤问题）：

设想一下，你是一名医生，面对一个胃里有恶性肿瘤的病人，不消除肿瘤他就会死去。由于病人的身体问题，只能通过不开刀的治疗方式。有一种射线可以杀死肿瘤，但是如果这种射线以高强度一次性充分接触肿瘤，肿瘤就会被消除。可惜的是，在高强度射线经过时，这种射线同样也会损害健康组织；低强度的射线不会对健康组织造成影响，但是其强度也无法消除肿瘤。

思考：

1. 材料一中将军应该如何成功夺取城堡？
2. 材料二中医生如何利用射线来消除肿瘤？

（二）解决方案设计

以上堡垒问题和肿瘤问题的案例表面看起来毫无关系，但是它们都涉及分散—集中的解决问题策略。军队和射线是消除问题的手段，堡垒和肿瘤是预期目标。

针对堡垒问题的解决方案是：一个好办法是将兵力分散，从各个角度攻入，这样避免了地雷爆炸，也保证有足够的攻城力量。

军队可以分成若干小组，但射线不能分割。射线问题可以采用分散的方法，将几台仪器放到一起并降低射线的强度，即用多个强度不高的射线集中对付肿瘤。

因此，这两个问题在结构上类似，如图4–11，图4–12所示。

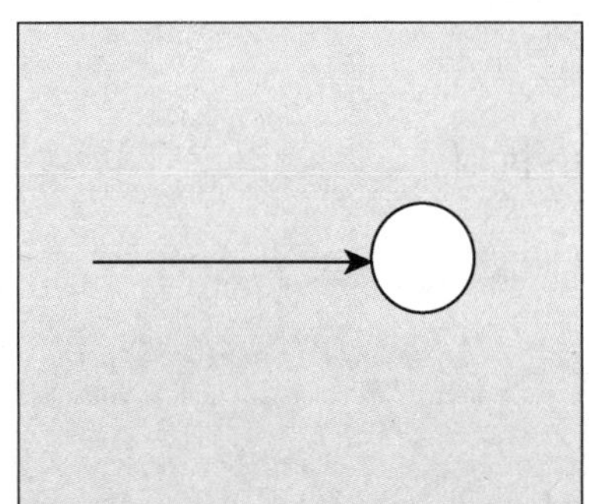

图4–11 堡垒问题示意图

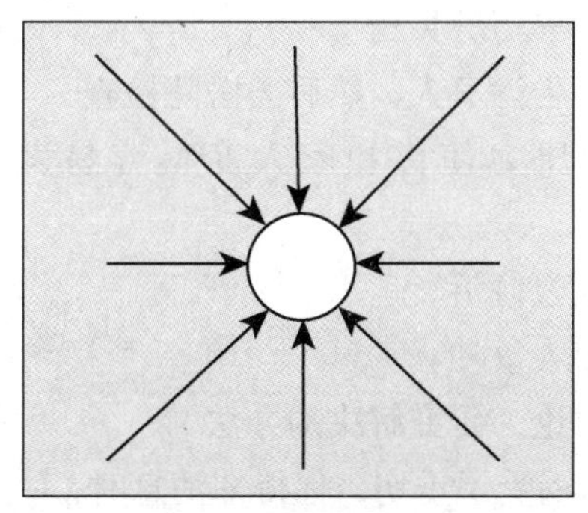

图4–12 肿瘤问题示意图

有个猎人带着猎狗去狩猎，途中主人打伤一只野兔，主人命令猎狗去把受伤的兔子追回来，猎狗听从命令使劲追那只兔子，兔子竟奇迹般地逃回了洞中，猎狗只好空手而归，主人好奇地问，怎么没有把兔子抓回来？猎狗回答说：“我已经尽力了，那只兔子跑得太快了。”主人只好作罢，而受伤逃回窝的兔子被同伴追问原委，一语道破天机，“猎狗追我只是尽职尽责的尽力而为，而我是在拼命。”

试想一下，如果猎狗在面对主人给他的工作时，富有拼命的精神和勇气，肯定会出色地解决问题，不辱使命。由此可见，在面对工作中的问题时，坚决的态度是多么重要。

四、效果评估 Performance Evaluation

评估一：处理问题能力测试

（一）情境描述

下面是10个单项选择题，请在每一个题目的备选答案中选择一个符合你的情况的答案。

1. 如果你的书因水管漏水被浸坏了，(　　)。

A. 你非常不愉快，不停地抱怨

B. 你想借此不交物管费，并写了批评信

C. 你自己擦洗、清理、烤晒图书，并修理水管

2. 节假日你和爱人总会因去看望谁的父母发生矛盾，(　　)。

A. 你认为最好的办法就是谁的父母都不去看望，以减少麻烦

B. 制订个计划，这次看望爱人的父母，下次看望你的父母，轮流看望

C. 决定在重要的节假日里，和你的家人团聚，而在其他节假日里与爱人的家人共度

3. 如果某个朋友要过生日了，要你去参加生日聚会，你当然得送礼物，这时：

A. 事先对对方说你有事不能参加，事实上你并没有什么事情，你只是为了不送礼物

B. 对那些你认为重要的朋友，比如可以给你带来生意上的帮助的人，你才愿意参加生日聚会并送礼物

C. 你不送礼物，但经常收集一些小的或比较奇特的礼物来应付朋友生日这类事情

4. 当你感到身体不舒服时，(　　)。

A. 你会拖延着不去就诊，认为慢慢会好的

B. 自己诊断一下，去药房买药

C. 把这种情况及时告诉家人，然后去医院检查

5. 工作中的各种压力使你和家人变得容易发生争执时，(　　)。

A. 你会想办法向朋友倾诉

B. 你设法避免和家人争吵

C. 你和家人一起讨论，研究解决的办法

6. 你的好友发生车祸受了重伤，你得知消息时，(　　)。

A. 失声痛哭，不知该如何是好

B. 叫来医生，要求服镇静剂来度过以后的几小时

C. 抑制自己的感情，因为你还要告诉其他亲友

7. 当领导交给你一份重要的工作任务时，(　　)。

A. 你会放弃这个机会，因为这项工作的要求太高

B. 你怀疑自己能否承担起这项工作

C. 你仔细分析这项工作的要求，做好准备设法把它做好

8. 你最好的朋友要结婚了，而你认为他们在一起不会幸福，(　　)。

资金没问题，技术没问题，市场没问题，什么都没问题，就是人的问题，一切都是人的问题。人的事情理顺了，你什么事都可以做；人的事情搞不好，迟早要出问题。

A. 你会认真地规劝那位朋友，请他慎重考虑

B. 努力说服你自己，让自己相信时间还允许朋友改变计划

C. 你不着急，因为你相信一切都会好起来

9. 当你和别人发生冲突，解决不了，只得去法庭时，(　　)。

A. 你会因为焦虑和不安而失眠

B. 你不去想这件事，出庭时再设法应付

C. 你把这件事看得很平常

10. 当你和同事发生争执，却没有结果时，(　　)。

A. 你借酒浇愁，想把这件不快的事忘掉

B. 请教律师如何与同事打官司

C. 外出散步或消遣，以平息心中的愤怒

我听过了，我忘了；我看过了，我知道了；我做过了，我记住了。

（二）评估标准和结果分析

选择A计1分，选择B计2分，选择C计3分。

如果10个题目总得分在15分以下，则说明你解决问题的能力较差；

如果10个题目总得分在15～25分之间，则说明你解决问题能力一般，有时稍有迟疑；

如果10个题目总得分在25分以上，则说明你处理问题的能力很强。

评估二：解决问题情境心理倾向测试

（一）情境描述

在上班的路上，从远处你看到一群人在围观，好像有什么事发生了，但由于距离较远，你无法看清楚，你有种不详预感，你直觉这件事会是什么？

A. 交通事故

B. 路人打斗

C. 小偷偷东西被抓了

D. 发生命案

E. 非法集会

F. 免费赠送试用品

只为解决问题找方法，不为逃避责任找借口。

——李嘉诚

（二）评估标准和结果分析

选择A：你行为上较为直观，属于循规蹈矩类型，遇到问题会根据自己的逻辑思维能力来处理。但大部分时候，需要别人的帮忙

才能更好地解决问题。因此你必须在职场上处理好人际关系，在困难的时候才有人及时给你帮助。

选择B：说明你在职场上经常遇到一些问题或者小人，直接影响你的情绪和工作效率，当问题过于严重时，你会采取偏激手法来解决，如同别人争执或者直接辞职，这显然不是好办法，当你遇到问题，应该想想问题的根源，想办法去解决，而不是一味做出不合理的举动。

选择C：选择这个答案的人，属于聪明反被聪明误的人，吃不了一点亏，事实上你很精明、很善于观察别人，当工作上遇到问题时，你会把困难推给别人，时间长了，别人会觉得你特别有心计，因此真正发生大问题时，很少有人会站在你这边。

选择D：你属于职场上的“老好人”，遇到什么问题，都会想办法去解决，不想麻烦别人。但一个人的力量有限，当遇到过多的事情，你无法解决，可以请教上司或者同事帮助，不需要什么事情都要往自己身上扛。

感情的力量虽是无形的，却往往能解决许多棘手的问题，使许多看似不可能的事出现意外的转机。

选择E：你善于交际，很会讨好人，因此有着良好的人际关系，当工作遇到问题时，会得到别人的帮助，但你过于依懒，本身欠缺实力和竞争力，一旦与别人发生利益冲突时，你往往成为别人的牺牲品，因此你必须加强自己本身的实力才能在工作中取得更好的成绩。

选择F：你为人乐观、开朗，经常抱着侥幸之心，对问题看法过于表面和肤浅，遇到问题通常会采取得过且过的逃避方式；因此你应该学会正视问题的根源，采取有效方法来解决，逃避只是治标不治本。

附录：

1. 第一节小训练“灯和开关”答案：

答案：进入有开关的房间，打开开关A，在5分钟后关闭A，再打开开关B。进入有灯的房间，看到亮着的灯为开关B控制，用手摸一下除了亮着的灯以外的两盏灯，哪盏灯较热，它的开关就是A，剩下一盏灯的开关就是C了。

2. 第一节小训练“六根火柴”答案：

两种解决方案都应突破思维的束缚。第一种解决方案是平面的：将几根火柴置于另外几根火柴之上，就会得到答案。第二种解决方案是立体的：必须突破二维空间的限制，在三维空间内进行思考会想到最好的答案。两种解决方案如下图所示：

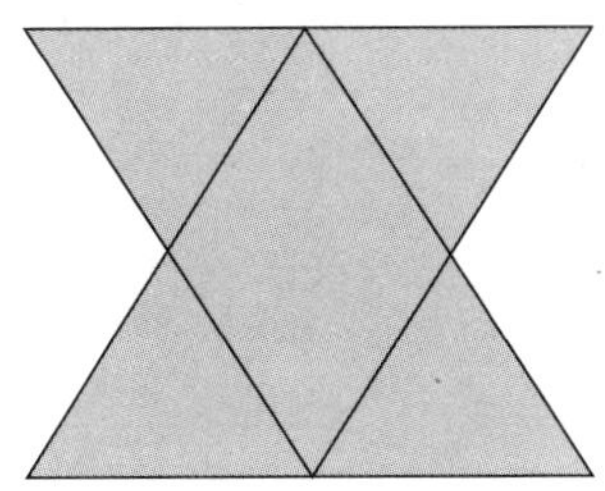

第一种平面方案

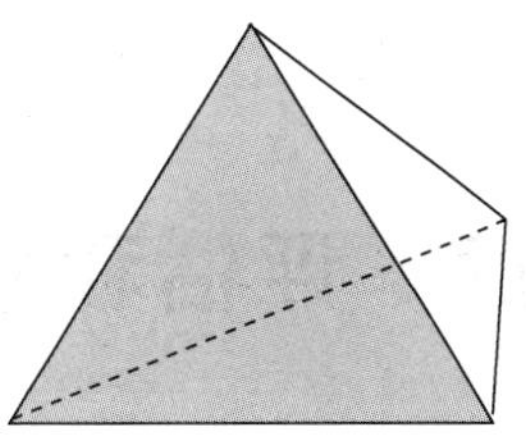

第二种立体方案

3. 第二节过程训练“活动三”答案：

表4-6 旅客信息分析表答案

方 向	左←				→右
座次	1	2	3	4	5
职业	工程师	教师	记者	歌手	海军上尉
国籍	荷兰	意大利	英国	德国	法国
年龄	40	24	32	21	52
目的地	伯明翰	曼彻斯特	伦敦	纽卡斯尔	普利茅斯
运动	足球	游泳	排球	健身	手球

第五章　评估和采纳方案

当我们拥有多个不同的、能有效解决问题的方案时，我们就要对方案进行评估。

首先，我们必须有一个评估解决问题的标准。在一个组织中，评估解决问题的方案有很多不同的标准，在企业中，往往考虑的标准更加全面。有时候，一个解决问题效果最好的方案未必一定是一个领导人可以或应该在组织中推行的方案。一个方案的评估和采纳往往会考虑到组织及环境中的很多因素。

管理就是决策，决策是管理的核心。

——【美】赫伯特·西蒙

通过本章的学习，你将能够：

●掌握解决问题方案的评估方法；

●懂得如何进行方案评估；

●明白如何使方案得到采纳。

第一节　评估方案（一）

一、能力目标 Competency Goal

当你的手上有很多解决方案时，你就会发现每一个方案都有一定的优势和劣势。为了获得最大的效率，你需要对它们进行评估。我们对方案的选择经常是互相冲突的需要之间的妥协，是每个解决方法中的利和弊之间的妥协。这样，我们选定的方案才是一个比较全面的、照顾了各方面资源制约的最优方案。

通过本节的学习，你能：

1. 了解设定评估方案的标准；
2. 了解成本收益法、达成共识法、优先坐标法等评估决策方法。

经验不足或缺乏技巧的决策者常常没有太多的解决方案，如果只有一个方案，那这个问题很可能得不到解决，或者过快地进入二选一的状况，这样就很容易让我们走入死胡同。他们没有留出足够的时间和精力来酝酿至少三个以上的可能的方案。大部分可行的解决方案都是在几个方案中选择出来的。所以，我们要开动脑筋，培养创新精神，进行多样化的设计思考。需要注意的是，我们经常遇到的每一个方案都有优点和缺点。

> 错误的行为源于错误的认知，而错误的认知又源于对问题做了错误的分析和错误的决策。

评估过程分为五个阶段：

（1）设立评估标准或定义理想的解决方法；

（2）排除不能独立存在的，即那些不能满足约束的解决方法；

（3）依据所要求的结果评估其余的解决方法；

（4）评估与最佳的解决方法相关的风险；

（5）做出决策。

（一）设定评估方案的标准

如果将有备选系统化方案都尝试一遍会耗费大量的人力、物力，因而是不可行的。那么优先选用哪种解决方案呢？哪种方案在实施时适合的可能性更高呢？这样，我们就需要一套严格的标准评价所有备选方案，确定它们的优先级别。

1. 解决方案选择的范围

评价标准需要用一定的量来衡量，所以定量化的方法是设定评价标准最好的方式之一。

解决方案的选择范围		
战略的	⟷	战术的
领先优势的	⟷	谨慎小心的
剧烈的	⟷	递增的
痛苦的	⟷	快乐的
革命的	⟷	渐进的
理想的	⟷	现实的
高风险的	⟷	低风险的

图5-1 解决方案选择的范围图

大多数人喜欢一个不费力、低成本、低风险同时又给其所有问题提供了一个革命性的、先进而又完整解答的解决方案。这比我们之前提到的“把海水煮沸”要容易一些。总之，我们永远处于两个极端状态之间的博弈。

我们实施一件无法控制的事情总是很困难的。在考虑替代方案的时候，要在问题拥有人或客户能力范围之内考虑。如果这样比较局限，我们需要在实施过程中和关键人不断地交流。

2. 评估标准的关键点

在设定评估标准时，一般观察的关键点有如下几个方面：

（1）接受度——客户和利益相关者是否同意实施项目？

（2）需要的软件和硬件成本——成本可控吗？

（3）方案所需的时间——实施需要多长时间？

（4）执行的风险——你无法实现预期利润或目标的风险有多大？

（5）方案的可行性和可操作性——方案可行和可操作吗？

（6）质量或效果——项目出色地达到目标的程度如何？

对衡量点的重要性进行评判，要清楚最需要呈现的结果是什么，以此为基础对多种解决方案进行优先顺序排列，给其定位。

> 决不能在没有选择的情况下做出重大决策。
>
> ——【美】李·艾柯卡

3. 通过提问检查自己理想的解决方案

提问是非常有效的决策参考行为，在检查方案前和检查过程中，多问问自己的方案的有效性和适用性：

（1）它是这个环境中最理想的反映吗？

（2）它是否考虑了全部参与人的需要？

（3）是否体现了全部的冲突或矛盾？

（4）在为标准给出相关分值评估时，是否不带任何偏见或其他曲解？

（5）给出的分值与部分和组织的政策相一致吗？

辨别哪一个解决方法对你实现目标最有效，是一个复杂的决策过程，它要求你按照自己理解的解决方法去确定需求，对所有选项进行系统评估。一旦我们做出了决定，通常情况下，难以改变我们自己的意见，即使我们知道自己做出的不是最好的决策。所以，我们要尽力避免如下情况的出现：

A. 对方案的理解缺乏系统和全面的评估；

B. 所有可供替代的方案没有全盘考虑；

C. 没有适当的评估技巧；

D. 对环境信息做出了不准确的预测；

E. 主观判断因信息来源不充分而做出了轻率的决定。

小案例

表5–1 项目评价表

项目评价		定位	评价水平		
			←好		差→
			3	2	1
效　果	实施方案后能获得的效果	3	100小时以上 / 年	10～100小时 / 年	10小时以内 / 年
硬件成本	只限于在实施方案初期产生的费用	2	0～1万元	1万～5万元	5万元以上
运行费用	在开始实施方案后继续发生的费用	3	基本不需要	0～1000元 / 月	1000/ 月以上
所需时间	从开始实施直至完成方案所需的时间	2	一周以内	一个月以内	一个月以上
风　险	方案可能带来的问题及严重程度	3	几乎没有风险	中性	
可行性	方案的可行性	1	好	中性	需要研究

小测试

在一个暴风雨的晚上，你开着一辆车，经过一个车站，发现有三个人正在等公共汽车：

一个是快要死的老人，很可怜。

一个是医生，他曾救过你的命，是你的大恩人，你做梦都想报答他。

还有一个女人（男人），她（他）是那种你做梦都想娶（嫁）的人，也许错过就没有了。

但你的车里只能坐一个人，你会如何选择？

答案：给医生车钥匙，让他带着老人去医院，而我则留下来陪我的梦中情人一起等公交车！

以上所提供的答案，无疑是一个最完美的结果。但是，在解决问题的实际过程中，其发生的概率几乎为零。所以，最优方案是不存在的，存在的只有你自己满意。

（二）成本收益分析

成本收益分析是一种比较技巧，即比较具体行动过程的成本以及结果所获得的财务收益。它是用货币的形式来评估行动过程的可实施性的一种方法。这种方法并没有包括所有类型的成本和收益，例如客户满意度、员工道德或环境敏感性等，因此，最好把它与其他决策制定工具结合起来使用。

1. 确定时间

确定实施成本收益分析的时期。

> 正确的决策来自众人的智慧。
>
> ——【美】T. R. 戴伊

2. 界定项目因素

界定能产生成本或带来收益的所有可能的因素。在这一阶段可以使用“头脑风暴法”。把因素分成能产生成本的因素以及能带来货币收益的因素。一定也要找到隐藏成本，例如平行运行、维护、额外培训等等。

3. 评估

评估每个项目因素并估计一个货币价值。

4. 汇总比较

汇总所有的成本和所有的收益。

小故事

很久以前，一个人偷了一袋洋葱，被人捉住后送到法官面前。法官提出了三个惩罚方案让他选择：

1. 一次性吃掉所有的洋葱；
2. 鞭打一百下；

3. 交纳罚金。

这个人选择了一次性吃掉所有的洋葱。一开始，他信心十足，可是吃下几个洋葱之后，他的眼睛像火烧一样，嘴像火烤一般，鼻涕不停地流淌。

他说："我一口洋葱也吃不下了，你们还是鞭打我吧。"

可是，在被鞭打了几十下之后，他再也受不了了，在地上翻滚着躲避皮鞭。

他哭喊道："不能再打了，我愿意交罚金。"

此人成了全城的笑柄，因为他本来只需要接受一种惩罚，却将三种惩罚都尝遍了。其实，生活中我们许多人都有过这样的经历，由于我们对自己的能力缺乏足够的了解，导致评估和决策失误，而尝到了许多不必要的苦头。

成本收益分析这种技巧可以用于比较替代选择的解决方案（与评估非财务收益一同进行），以便客观地确定最佳的行动路径。这种分析工具真的很好用，展示的结果也很明白。成本收益分析也普遍用于评估具体行动过程的结果。

创业故事

猪很想发达，但一直没有好的项目。鸡知道了猪的想法，就对猪说："有一个项目咱俩合作一定能火。"猪于是很感兴趣，问鸡："是什么项目呢？"鸡说："咱俩合作生产鸡蛋火腿肠吧？"猪一听，很爽快地答应了。

他俩合作猪损失最大：因为鸡只要回去下蛋就行了，而猪却要献出生命。

（三）达成共识法

达成共识法能够用一种有条理、有效率的方法使一群人达成共识。达成共识法包括对协议标准投反对票的个人。但不止如此，因为共识要求可以无异议地接受和支持所选择的解决方案。我们可以通过如下步骤来运用它：

1. 解释作决策的需要并找出观点或方案

审核环境，引导出作决策的需要。确保每个人都理解这一需要。并用"头脑风暴法"找出观点或替代选择方案。

2. 核查理解并协定标准

确保所有在场的人都完全理解了所有的因素；协定你在投票时所用的标准，例如改进服务、最低成本、员工发展、个人满意度等。

3. 投票

给群体的每个成员一个合理的票数。协定一个成员可以给任意一种观点的最多票数。确定这一点的方法是把总选项数乘以0.2，得到选票数（这样可以保证选举遵循"帕累托法则"）。

要求每个成员都把选票用到他们最喜爱的解决方法上，他们可以说出自己的投票，或者在白板上标注，选出投票最多的解决方案。如果有必要的话，可以重复这一过程，将选票只用于那些选择过的解决方案上。

作为投票的一种替代方式，当只有少数选择的时候，可以要求参与者按照喜好顺序或优先顺序把选项进行排名（“1”代表排名最低），然后把这些排名汇总。分数最高的选项是大家最喜爱的选项。（这种做法有时也称“提名的群体技术”。

4. 审核结果并寻求共识

检查所选择的解决方案或要解决的领域是可行的、现实的，其他选择都不如这个结果合适。

要求每个成员都说明他们同意所选择的解决方案。如果不容易做到这一点，问他们为什么做不到的原因就很重要。或者再次审核决策，或者平息疑虑。不然的话，这就会退化成为排名的过程，而不是达成共识。

达成共识法能够使群体里的每个成员都能积极地参与作出决策并清楚地理解其他人的看法。最终选择的观点将获得所有人的高度接受和支持。

达成共识法通过提供架构来加速决策制定，但是不能未经讨论就投票。

（四）优先坐标法

优先坐标是帮助团队决定采用哪种选项或解决方案的一种工具，它使用的标准是报偿结果以及实施的难易程度。

1. 用“头脑风暴法”找出选项并评估结果

评估每种选项具有的报偿结果（若有帮助的话，可做一次全面成本收益分析）。在刻度表上按从高到低的顺序把每个选项进行排名。

评估每个选项实施的难易程度，考虑所需要的时间、资源、即时效果等，在刻度表上按照从易到难的实施顺序排定每个选项。

2. 建立坐标

建立一个坐标方格，标明选项在两个刻度表上的相对位置。使用易事贴，这样就容易沿着坐标移动选项，直到你对它们正确的相对位置感到满意为止。

3. 评估

越接近坐标的右上角，选项就越好。利用所有选项的相对位置来确定哪个选项得到的报偿最大，同时又易于操作。优先坐标是一种简单快捷的工具，可用来区分一系列潜在的解决方案或选项。

试错法是根据已有经验采取系统或随机的方式去尝试各种可能的解决问题方法或答案，进而找出正确的解决问题的方法或答案的方法。试错法经常被用来解决一些相对来说比较简单或有限的问题。

小案例

针对市场份额下降问题的分析

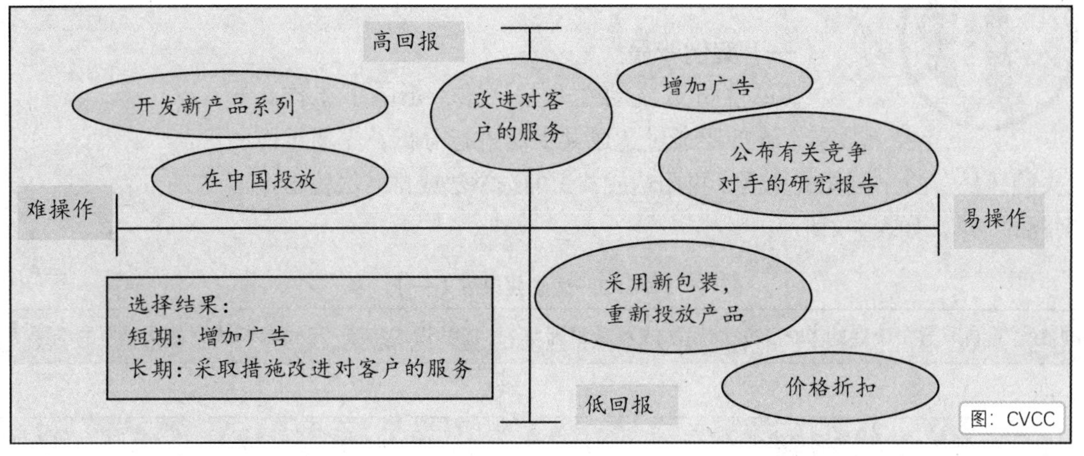

图5-2 优先坐标法图

所谓“最优”，就是最好的资源、最好的组合和利用，获得最好的效益。毫无疑问，这不可能。所谓“满意”，就是满意的资源、通过满意的组合和利用、获得满意的效果，这才是合理的，也是能实现的。

备选方案不是越多越好、越复杂越好，而是要达到能够满足分析对比和实现决策目标的要求，能够较充分地利用外部环境提供的机会，并能较好地利用内部资源。

小故事

两个饿得快要死的人，爬到一块玉米地的边上，这些玉米正好能给他们恢复体力和重新获得生命的机会。其中的一人追求最优，他的想法是，既然要填肚子，那么最好的方式就是找到一个最大的玉米，找到它就能延续生命。于是他在玉米地里不停地爬行寻觅。最大的玉米还没有找到，他就饿死在这寻找的途中。

第二个人追求满意，他想只要能填肚子，一个比较大的玉米就行。于是，在他的手所能触及的范围内摘下来一只最大的玉米。吃下去之后，体力便恢复了一点，于是他在能力所允许活动的范围内继续寻找，再找到一个最大的玉米吃下去，……他的生命终于得救，体力也完全恢复。最后，这块地里最大的玉米被不断寻找满意的他得到了。

二、案例分析 Case Study

案例一：达成共识法分析管理问题

（一）案例背景

某单位员工流动性非常严重，影响了工作效率。管理层通过达成共识法进行分析，先通过“头脑风暴”找出可能的原因，再用达成共识的选举法或排名法找出问题的症结，如表5–2所示：

表5–2 达成共识表（一）

（由“头脑风暴”确定的）员工流动率高的可能原因	达成共识的结果（6位参与人，每人2票的结果）
工资水平	I
工作条件	0
提升的前景渺茫	I
管理方式	IIII
竞争性的劳动力市场	II
招聘的人员差	III

（二）评估分析

通过分析，发现“管理方式”和“招聘的人员差”在参与者看来是高流动率的最可能的原因。这两者可以联系起来。下一步是确切地揭示“管理方式”是什么意思。

如果不用选举，而是用排名的方法，结果将如表5–3所示：

表5–3 达成共识表（二）

	个人排名						分 数	团队排名
可能原因	①	②	③	④	⑤	⑥		
工资水平	2	6	1	3	1	1	14	4
工作条件	1	2	2	2	2	3	12	6
提升的前景渺茫	3	1	3	1	3	2	13	5
管理方式	5	4	6	6	6	5	32	1
竞争性的劳动力市场	4	3	4	5	4	4	24	3
招聘的人员差	6	5	5	4	5	6	31	2

这样，通过这些定量并数字化的表格分析，我们可以清晰地看到我们组织的关键问题所在，我们就可以对症下药来集中处理当中紧急和重要的问题了。

案例二：购买手提电脑的成本收益分析

（一）案例背景

小陈想买一台手提电脑。他想分析一下买一台手提电脑到底值不值或到底能带来多大的收益，于是他想到了曾经学过的一个很好用的工具——成本收益分析。他预计这台电脑的使用寿命是五年。

（二）评估分析

表5-4 购买手提电脑成本分析表

成 本（¥）	年 份					总计
	①	②	③	④	⑤	
购买设备	5000	—	—	—	—	5000
维护成本	—	200	200	200	200	800
其他附加硬件和设备	500	150	150	150	150	1100
软 件	200	100	—	200	—	500
总成本	5700	450	350	450	350	7400

表5-5 购买手提电脑收益分析表

收 益（¥）	年 份					总计
	①	②	③	④	⑤	
节省人工	10000	10000	10000	10000	10000	50000
获得网络信息（简单估计值）	2000	2000	2000	2000	2000	10000
收获娱乐收益（简单估计值）	3000	3000	3000	3000	3000	15000
减少消耗	2000	2000	2000	2000	2000	10000
总收益	17000	17000	17000	17000	17000	85000

成本收益率 = 总收益 / 总成本 =85000/7400 ≈ 1149%；

年净收益 = 年收益 – 年成本，第一年净收益 =17000–5700=11300；

年平均净收益 =（总收益 – 总成本）/5 = 85000–7400）/5=15520。

以上收益没有包括通过这台电脑所带来的创造收益，如果他用这台电脑来进行创作，可将作品卖钱，等等。这样，小陈购买一台手提电脑的成本和收益就通过分析并用数字清晰地展现出来了。

三、过程训练 Process Training

训练一：九色鹿乳业公司的困境

本活动以集体形式参与，时间约120分钟。

（一）活动背景

九色鹿乳业，即你们所在的公司，从事研究、开发、生产和销售健康的乳制品。随着国内市场的不断扩大，这个年轻的企业在迅速成长。

快速扩张和走一流路线是公司的既定方针，目前公司资金短缺，启动成本还在负担。公司除通过专卖店和大商场等传统渠道接触顾客外，还抓住电子商务的机遇，通过网站直销其产品。在过去的三年里，公司已经超越了原定目标，现在正在进行公司的公众化，期待上市。九色鹿乳业在创新进取地开拓市场的同时提供高质量的产品，使其赢得了零售商和顾客的忠诚，并且使它拥有了较高的市场地位和良好的美誉度。

九色鹿乳业产品的标签上有“你可信赖的健康产品”的字样。最近，公司推出了一种含有DHA促成大脑发育和成长因子的婴儿配方奶粉。为了该产品的推出，公司做了很多宣传和大手笔的市场预算。由于产品有较长的柜台寿命加上计划的强势销售，公司已经生产了数以十万计的产品，很快成为最畅销的产品。但市场反馈回来的信息表明，产品在生产中有失误，此产品含有一种过敏源，引发了数千起严重的婴儿过敏事件。

九色鹿乳业力争成为全国最高质量婴儿产品的主要供应商。公司的成功体现在顾客满意、雇员满意和股东满意上。

> 评估方案选择不可能也不是要避免一切风险，而是对可实现决策目标的方案进行权衡，做到“两利相权取其大”“两弊相权取其小”。

（二）活动程序

要求活动参与者扮演九色鹿乳业公司雇员的角色，对造成公司财务和伦理上的困境进行分析。参与者必须考察这个问题并尝试在解决方案上达成共识。这次活动呈现出公司在决策上的不同的优先权和个人价值观。

团队被分成四个部分：市场营销、财务部、公共关系部和生产部。每个部门要求召开紧急会议，并对整个管理部门成员得出的建议达成共识。

1. 你们将会被指定为如下的管理小团队之一：市场营销部、财务部、公共关系与沟通部以及生产部。

2. 你们团队要为九色鹿乳业的下一步行动达成一致。你们可以有如下选择：

A. 撤下货架上的该产品并用新的产品替换库存，同时宣布任何在替换之前购买的产品都可以退货；

B. 撤下货架上的存货并用新的存货替换；

C. 保留货架上的产品，但是替换仓库中的存货；

D. 什么都不做——坚持，在下一个产品周期中做改变（一旦剩余的存货售完）；

E. 撤下并放弃该产品；

F. 其他方法。

3. 准备向大的管理团队介绍你们的决定。

（三）活动步骤

在分团队开会后，你们应将意见提供给更大的管理团队（他们也是该管理团队的成员）并一起工作，就九色鹿乳业的战略达成共识，以便解决他们目前的问题。

1. 使用活动背景中的信息来描述九色鹿乳业的困境。

2. 将团队分成九色鹿乳业的四个部门：市场营销部、财务部、生产部、公共关系部。

3. 阅读活动背景和活动程序，并进行40分钟的部门会议。

4. 听取各个部门的活动汇报。

（四）相关讨论

1. 讨论的内容：将个人价值观和部门优先权纳入议事日程；以公司为大局的必要性；就公司的优先权和价值观达成共识的必要性；基于公司发展优先权基础上制定以公司为中心的决策标准的必要性；作为团体，你们如何将这次经验与现实中的工作联系起来。

2. 达成共识是简单还是困难？如果简单，是什么促成共识的？如果困难，那么又是什么起了阻碍作用？

3. 讨论的问题是否关注于不同个体价值观和共同的目标，例如市场部，生产部等。

4. 几个团队组合起来召开更大的九色鹿乳业管理会议。

5. 委派一人扮演总裁的角色。

6. 要求集体做出公司的管理决策来处理他们的问题。注意：这个活动是为大约20个人的团体设计的。如果团体更大，将团体组

> 如果有一个项目，首先要考虑有没有人来做。如果没有人做，就要放弃，这是一个必要条件。
>
> ——柳传志

织成几个公司，每个公司再分成四个部门。

根据每一种选项怎样符合你的要求以及相反结果的可能程度和严重程度，你现在应该能够找出最佳选择了。不过，要注意的是，尽管具有客观的印象，但这仍然是一个主观工具，依赖于个人观念。

训练二：迷失丛林

（一）情境描述

1. 讲师把“迷失丛林”工作表发给每一位学员，再讲下面一段故事：

“你是一名飞行员，但你驾驶的飞机在飞越非洲丛林上空时突然失灵，这时你必须跳伞。与你们一起落在非洲丛林中的还有14样物品，这时你们必须为生存做出一些决定。

2. 以个人形式把14样物品按重要顺序排列出来，把答案写在第一栏。

3. 当大家都完成之后，讲师把全班学员分为5人一组，让他们进行讨论，以小组形式把14样物品重新按重要次序再排列，把答案写在工作表的第二栏，讨论时间为20分钟。

4. 当小组完成之后，讲师把专家意见表发给每个小组，小组成员把专家意见填入第三栏。

5. 用第三栏减第一栏，去绝对值得出第四栏，用第三栏减第二栏，得出第五栏，把第四栏累加起来得出一个个人得分，第五栏累加起来得出小组得分。

表5-6　迷失丛林分析结果表

	供应品清单	第1步顺序个人	第2步顺序小组	第3步专家排列	第4步（3–1）个人和专家比较	第5步（3–2）小组与专家比较
A	药箱					
B	手提收音机					
C	打火机					
D	3支高尔夫球杆					
E	7个大的绿色垃圾袋					
F	指南针（罗盘）					

续表

	供应品清单	第1步顺序个人	第2步顺序小组	第3步专家排列	第4步（3–1）个人和专家比较	第5步（3–2）小组与专家比较
G	蜡烛					
H	手枪					
I	一瓶驱虫剂					
J	大砍刀					
K	蛇咬药箱					
L	一盆轻便食物					
M	一张防水毛毯					
N	一个热水瓶（空的）					

（二）相关讨论

1. 你所在的小组是以什么方法达成共识的？
2. 你的小组是否有出现意见垄断现象，为什么？
3. 你小组中的有没有个人得分是否高于团队得分？他为什么没能提升整个团队的得分？
4. 你对团队工作方法是否有更进一步的认识？

附录：专家的选择

1. 大砍刀	2. 打火机	3. 蜡烛
4. 一张防水毛毯	5. 一瓶驱虫剂	6. 药箱
7. 7个大的绿色垃圾袋	8. 一盆轻便食物	
9. 一个热水瓶（空的）	10. 蛇咬药箱	
11. 3支高尔夫球杆	12. 手枪	
13. 手提收音机	14. 指南针（罗盘）	

四、效果评估 Performance Evaluation

评估：决策能力测评

（一）情境描述

据兰德公司统计，世界上85%的大企业破产倒闭是由企业家决策失误造成的。只有通过恰当的决策，企业家才可以对企业资源进行优化配置。通过下面的测试题，来看看自己是不是决策高手吧！

1. 你会在决策前发现并确定需要做出决定的问题（　　）。

A. 是的

B. 有时会

C. 不会

2. 你会获取尽可能多的信息和尽可能真实的信息（　　）。

A. 是的，这样利于决策

B. 经常关注，但很难确保取得足够的真实信息

C. 从不在意信息积累

3. 解决问题前你会拟上几个备选方案，以期找到更多的解决方式（　　）。

A. 是的

B. 不一定

C. 你认为这样太费时间

4. 你会让熟悉有关业务的人员参与决策（　　）。

A. 是的

B. 有时这样

C. 不会

5. 你设置了决策机制，来使决策尽量程序化（　　）。

A. 是的，已经设置

B. 正在为此

C. 还没有

6. 对于重大决策，你会让决策经过不同部门的论证（　　）。

A. 是的，这样才会尽可能降低风险

B. 偶尔会让人们去论证

C. 还没有这样做

7. 你会去实施没有反对意见的决策（　　）。

A. 大家一致赞同的意见肯定没问题

B. 多数情况下会马上实施，但有时会想一想

C. 不会马上做，这里可能存在着风险

8. 你会去执行只有一种解决方案的决策（　　）。

A. 是的

B. 有时会

C. 不会

9. 作决策时，你总是表现得决心很大，却忽视了具体情况的复杂性（　　）。

A. 是的，你为此犯过错误

> 解决问题能力是一种可迁移的能力，拥有它你成功的把握与机会更多。

B. 有时是这样

C. 不是，你会综合考虑

10. 你会让参与决策者的能力与决策的难易程度相匹配（　　）。

A. 很少如此

B. 有时会这样安排

C. 是的

11. 对于管理者的个人决策，你会设置一定的制约机制，使其慎重（　　）。

A. 你还没有想过这方面的问题

B. 有这方面的想法，但未付诸实施

C. 是的，你已这样做

12. 对于群体决策，你会对提出建设性意见者进行奖励（　　）。

A. 没有这样做

B. 偶尔会口头表扬

C. 你会在精神和物质方面同时奖励

（二）评估标准和结果分析

1～6题选A得3分，选B得2分，选C得1分；7～12题选A得1分，选B得2分，选C得3分。最后将分数相加。

在企业最容易出现的问题中，“决策失误”排在第一位，可见决策之难。

12～20分，你的决策能力较差，今后你需要采用更加合理的方式，集思广益，三思而后行，以此提高决策的正确性。

21～28分，你的决策能力一般。对一些有利于提高决策准确性的步骤或方法，你有时能自觉运用，但是有可能还没有建立程序化的决策机制，所以你需要在这些方面继续。

29～36分，你是决策高手。决策做出后，通常会面临不可控的风险，你在决策上的慎重，包括你在决策程序上的关注，大大减少了决策失误，降低了决策风险，提高了组织的安全系数。

如果你处于适合的职场，通过解决问题能力的训练，相信你拥有了一系列分析和解决问题的技能。

第二节　评估方案（二）

一、能力目标 Competency Goal

一个问题往往有很多可行方案去解决它，但只有最优方案是成本最低、效果最好的，也是最可行的方案。我们应学会各种评估方法和工具，即使你手中只有一个解决方案，你也必须评估它并决定它是否能够被接受、实施和是否有可操作性。

在没出现不同意见之前，不做出任何决策。

——【美】艾尔弗雷德·斯隆

通过本节的学习，你能：

1. 通过运用决策表、成对比较法、决策平衡单、决策树等工具和方法，对解决问题的方案做出科学的评估；
2. 学会评估方案的风险。

绝对完美的方案是不存在的。在寻找方案时，不要急于否定一个看起来不可能或者有缺陷的方案。很多时候，一个有效的方案是在许多有缺陷的可行性方案基础上提炼出来的。

下面我们继续了解评估和决策工具。

（一）决策表

决策表有助于你从一系列选项中找出最佳解决方案，方法是把每个选项与一系列“必须”“应该”和“能够”来比较。

1. 对想要解决的问题或需要改进的问题做出一个清晰的论断。
2. 用“头脑风暴法”找出达到所需结果的所有可能的解决方案。
3. 确定解决方案需要满足的标准。把这些标准分成“必须”“应该”和“能够”。

“必须”的标准对使解决方案生效至关重要。

“应该”是使解决方案生效所需要的标准，但不是决定“做或不做”的标准。

“能够”的标准如果成为解决方案的一部分就更好了。

4. 制订一个矩阵来评估按照“必须”标准来界定的解决方案的业绩。
5. 去掉不能满足所有“必须”标准的解决方案。

6. 你现在可以继续确定剩下的解决方案怎样满足你的需要，每一项解决方案与其他选择比较起来怎么样。可以用一张加权排名表，包括对每个反映重要程度的“应该”或“能够”赋予一个值。

（1）分配加权因素：赋予最重要的标准为“10”。按1~10点为其他标准配值，显示它们与最重要的因素相比的相对重要性。

（2）对于每一种选项，根据它们符合标准的情况进行排名，分别赋予1~10点的值。在每个格的左上角记下分值。

（3）用分值乘以加权因素，乘积记在单元格的右下角。

（4）对于每一种选项，汇总所有标准的分值。

（5）对于每一种标准，找出分配在任意方案的最大分值，并转到最大值一栏。

（6）汇总最大值。

7. 这个矩阵可以让你根据加权标准找出哪个选项分值最高。比较这个最高分与最大值的分数，就会看出特定的解决方案与最佳可能之间配合得多么紧密。

8. 作为最后一步的检查，用可能发生的相反结果来评估你的选项。

决策表有助于你根据确定的标准列表来系统地评估选项，以便符合逻辑地决定将要采用的最佳选项。

小故事

假设我们要从以下三个候选人中选择一位来造福人类，你会选择哪一位？

候选人1：信巫医和占卜家，有两个情妇，有多年的吸烟史，而且嗜好马提尼酒。

候选人2：曾两次被赶出办公室，每天要到中午才肯起床，读大学时曾吸食鸦片，每晚都要喝1公斤白兰地。

候选人3：曾是国家战斗勤务英雄，保持素食习惯，从不吸烟，偶尔来点啤酒，年轻时没做过犯法的事。

那么，下面看看你选了谁？

候选人1是富兰克林·德拉诺·罗斯福！二战时期的美国总统。

候选人2是温斯顿·邱吉尔！二战时期的英国首相。

候选人3是阿道夫·希特勒！二战时期的德国法西斯头子。

所以，我们必须明白：在做出任何一个选择的时候，一切思考和决断都不要简单化、公式化！

除非决策能够落实，否则不能称为决策。

——【美】彼得·德鲁克

（二）成对比较法

在许多情形下都有几种选择或替代选择，但我们需要确定哪种选择或哪些选择的组合能够提供最好的结果。成对比较法通过在一系列成对组合中进行选择，评估小范围的选项。

1. 列出选项

在表格的左边一列写下需要评估的选项和替代选择，例如改进的可能机会或者替代解决方案等等。

2. 明确评估标准

确定用什么标准来评估成对的选项。比如，哪种选项提供了最大的收益？哪种选项最有可能成功？哪种选项能够最快收效？

3. 成对比较

比较选项1和选项2，确定哪个更好，在表格上圈点更好的选择。

比较选项1和选项3，确定哪个更好，在表格上圈点更好的选择。

继续这一过程，直到选项1与所有其他选项都进行了对照评估。

然后开始用选项2与其他选项轮流进行比较。继续这一过程，直到选项2与所有其他选项都进行了对照评估。

继续上述过程，直到用评估标准评估了所有可能的配对。

小故事

决定怎样花费中奖所得20000元。

表5–7　成对比较法图

序　号	选　项	成对比较法					选择次数	排　名
1	出国旅游	① 2	① 3	① 4	① 5	① 6	5	1
2	装修房子	② 3	② 4	2 5	② 6		3	3
3	投资养老金	③ 4	3 ⑤	3 ⑥			1	5
4	投资股票	4 ⑤	4 ⑥				0	6
5	购买家电	⑤ 6					4	2
6	捐给慈善机构						2	4

通过成对比较法对我的几个选项进行评估后，我对我的决策就会更清晰。

4. 对优先选项进行计数

把每个选项的选择次数加总，按照数字顺序进行排名。如果需要几个不同的标准可以重复这一分析，并把结果合并起来。

成对比较法能够根据一致商定的标准，用迅速而且保质的方法确定优先选择。当选项数目可定的时候，它有助于确定优先选项。个人或团队都可以使用这一工具。

有时候，我们要在非常复杂的情况下做出评估和选择，不过我们要记住，我们可以通过下列措施来做出评估和决策：

（1）列出优势和劣势；

（2）考察每种方案的结果；

（3）以你的目标为准绳检验提案。

（三）决策平衡单

平衡单将事件的思考方向集中到如下四个主题：

（1）自我物质方面的得失；

（2）他人物质方面的得失；

（3）自我赞许与否（自我精神方面的得失）；

（4）社会赞许与否（他人精神方面的得失）。

决策平衡单可以将纷乱无序的各种念头数量化，更能做出理性的决定。

1. 进行开放性的会谈或思考

你对将来这个问题怎么认识，有没有明确、具体的计划？假如今天你必须下决心做最后的决定，你觉得如何？

2. 列出平衡方格单上所需要考虑的项目

以找工作为例，从“个人物质方面的得失”的角度一般考虑的项目会有：收入、工作的困难、升迁的机会、工作环境的安全、休闲时间、生活变化、对健康的影响、就业机会等因素。从“他人物质方面的得失”的角度一般考虑的项目会有：家庭经济、家庭地位、与家人相处的时间等因素。从“个人精神方面的得失”角度考虑的项目会有：生活方式的改变、成就感、自我实现的程度、兴趣的满足、挑战性、社会声望的提高等因素。从“他人精神方面的得失”的角度考虑的项目会有：父母、师长、配偶等因素。

> 不接受“我没有想法”这个答案，而是要把它看成是一种挑战。如同米开朗基罗雕塑大卫一样，把所有不像大卫的部分凿掉，你也必须用尖锐的问题赶走“我没有想法”这样的答案。

3. 各项考虑加权计分

平衡方格单上列出来的项目对决策者而言具有不同程度的重要性，而哪些项目是最重要的？例如，某一名决策者考虑“他人精神方面的得失”时认为，来自父母的意见是最重要的。其次是自己女朋友的意见，最后是师长给的建议。那么，该决策者可以给最重要的加权设定为5（一般采用五点量表），也就是来自父母的意见的得分乘以5。较重要的加权设定为4，也就是来自女朋友的意见的得分乘以4，其他可依此类推。

4. 增加其他的选择

如果觉得有新的目标可以考虑补充进去。虽然原有的各种选择均已完成加权的计分，但是也可以重新填写平衡方格单，按照以上的步骤继续完成平衡单的加权计分。

需要说明的是平衡单内的所有评分和权重设定都是个体的主观评定，对不同的个人来说，平衡单的内容可能会完全不同。因此，平衡单只能用于个体内比较，而不能进行个体间比较。而通过决策平衡单所得出的最后决定也不一定是永久的决定，也许只是暂时的决定。因为它是根据“目前”决策者所能搜集到的资料以及决策者对自己了解的程度所做的决定。

小问题

有这样一种说法：“做什么评估什么，不做什么不评估什么。”你是否同意这种说法？你们团队是否也是采取这样的观点来行事？

（四）“决策树”

“决策树（Decision Tree）”，是在已知各种情况发生概率的基础上，通过构成“决策树”来求取净现值的期望值大于等于零的概率，评价项目风险，判断其可行性的决策分析方法，是直观运用概率分析的一种图解法。“决策树”一般都是自上而下来生成的。每个决策或事件都可能引出两个或多个事件，导致不同的结果，把这种决策分支画成图形很像一棵树的枝干，故称“决策树”。

抓住时机并快速决策和行事是个人成功的基础，也是现代企业成功的关键。

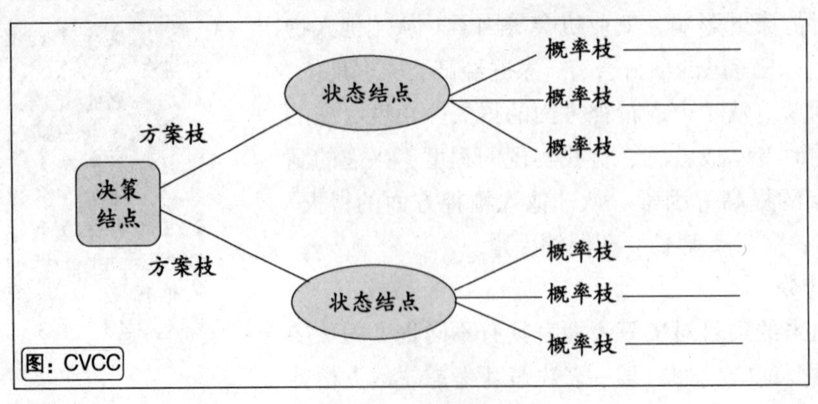

图5-3 决策树图

“决策树”一般由方块结点、圆形结点、方案枝、概率枝等组成。方块结点称为“决策结点”，由结点引出若干条细枝，每条细枝代表一个方案，称为“方案枝”。圆形结点称为“状态结点”，由“状态结点”引出若干条细枝，表示不同的自然状态，称为“概率枝”。每条“概率枝”代表一种自然状态。在每条细枝上标明客观状态的内容和其出现概率。在“概率枝”的最末稍标明该方案在该自然状态下所达到的结果（收益值或损失值）。这样树形图由左向右，由简到繁展开，组成一个树状网络图。

决策树法的决策程序如下：

1. 绘制树状图

根据已知条件排列出各个方案和每一方案的各种自然状态。

2. 赋值

将各状态概率及损益值标于“概率枝”上，计算各个方案期望值并将其标于该方案对应的状态结点上。

3. 剪枝

比较各个方案的期望值，并标于“方案枝”上，将期望值小的（劣等方案）剪掉，所剩的最后方案为最佳方案。

“决策树”易于理解和实现，人们在学习过程中不需要使用者了解很多的背景知识，这同时是它的能够直接体现数据的特点，只要通过解释后都有能力去理解“决策树”所表达的意义。

（五）评估风险

通过对方案的风险进行评估，你可以在有利条件和不利条件之间获得最佳的平衡。这时，你需要做的是检查与这一解决方案相联系的可能风险，这些风险我们能接受吗？我们能把这些风险最小化吗？大多数风险可能出现在发展和评估解决方案期间或实施这一解决方案期间，原因是运用了不准确的信息。这时，你应该询问自己下列问题：

（1）在构建或评估这一解决方案时，是否存在关键的信息？

（2）我做出决策所依据的信息可靠吗？我们要分析它的来源，如，它可能因为某种偏见以及采集这一信息的方法可能有问题，或者提供信息的人没有弄清信息和问题的本质。

（3）是否做出了任何假设？而那些假设通过验证是没有可靠基础的。

（4）我们对可能的结果是否存在一个我们缺乏经验或知识的未知领域？

如果你怀疑所采用的信息的可靠性，就应当重复检查它。若你的怀疑得到证实，就必须确认它对解决方案的可能成功实施会产生

从你的组织在过去12个月所作的决策中挑选出一个真正糟糕的，把它作为案例研究写下来。给自己限定5个可供学习的关于决策的经验教训。如果你有足够的勇气，请将你的分析方案送给你的总经理。

什么样的影响。

小案例

一所大学已经做出决策，通过扩建新的校园设施（包括教学楼、宿舍和食堂等）可以扩大学校的容量，以满足今年预计增加25%的学生需求。面对生源减少这一严酷的事实，学校领导对学校扩大招生规模的想法产生了怀疑，于是对这一数字进行核查和分析并反思，发现原来这一信息只是出自某个领导的一厢情愿，更准确的数字应该是增加0%！

现在该学校面临的问题是，在生源严重萎缩、没有增加的情况下，新的校园设施扩建的计划还是可行的吗？

在对所有可能的方案和可替代的方案进行了评估和检查后，我们要摒弃那些不能满足已经定义的所有约束的方法，记录放弃它们的理由，以便以后我们能进行检查。有时，对其他不可接受的解决方案进行修改，使它能满足约束和得到进一步评估也是可取的办法。

灵感来自观察，理智勤于思考，悟性是观察和思考的积累。做事需要灵感，决策需要理智，机会需要悟性。

小故事

二战结束后，以美英法为首的战胜国几经磋商，决定在美国纽约成立一个协调处理世界事务的联合国。美国著名的家族财团洛克菲勒家族得知后，果断出资870万美元，在纽约买下一块地皮，无条件地赠给了这个刚刚挂牌、身无分文的国际性组织。同时，洛克菲勒家族也把毗邻的大面积地皮全买了下来。对洛克菲勒家族这一出人意料之举，当时许多美国大财团都吃惊不已，纷纷嘲笑说：“这简直是蠢人之举！”但联合国大楼刚刚建成，它四周的地价便立刻飙升起来，相当于捐赠款额的数十倍、近百倍的巨额财富源源不断地涌进了洛克菲勒家族。

至此，我们已了解了几乎所有我们应该掌握的评估方法，剩下的问题是我们要多多练习这些方法。但一定要记住，解决方案必须通过一定的方法来评估，草率决定一个方案可能会对你的工作产生致命的打击。

二、案例分析 Case Study

案例一：上学还是工作，这是一个问题

小张是某职业技术学院的应届毕业生，成绩优秀，家庭收入一般。三年级期间，他参加了专升本考试，并被报考的本科院校录取，同时因表现突出被系部推荐到某公司进行顶岗实习。临近毕业时他的实习单位也同意与他签订正式合同。上学还是工作？这是一个问题。他必须做出人生中的第一个重大决策。在就业指导老师的帮助下，他通过决策平衡单进行了如下加权分析：

表5–8 小张的决策平衡单（分数范围1～5）

选项考虑因素	权重	方案一：就业		方案二：升学	
		+	−	+	−
个人物质得失					
个人收入	4	3（+12）			2（−8）
健康状况	2	3（+6）		1（+2）	
休闲时间	3	2（+6）			2（−6）
未来发展	2	1（+2）		2（+4）	
升迁状况	1	1（+1）		2（+2）	
社交范围	3		1（−3）		1（−3）
他人物质得失					
家庭收入	5	3（+15）			2（−10）
个人精神得失					
所学应用	2	2（+4）		3（+6）	
进修需求	3	1（+3）		3（+9）	
改变生活方式	3		2（−6）		1（−3）
富挑战性	4	1（+4）		3（+12）	
成就感	5	1（+5）		3（+15）	
他人精神得失					
父亲支持	4	2（+8）		1（+4）	
母亲支持	3	3（+9）		1（+3）	
女朋友支持	2		1（−2）	2（+4）	
总分		75	11	61	30
		64		31	

通过决策平衡单的帮助和理性的分析，小张最后做出了就业的

选择。可见，这种分析工具在生活和工作中还是挺有用的。

案例二：转换思维改变人生

有一个小村庄，村庄里除了雨水没有任何水源，为了解决这个问题，村委会决定将送水工作外包，对外签订一份送水合同，以便每天都能有人把水送到村子里。有两个人愿意接受这份工作，于是村里的长者把这份合同同时给了这两个人。

得到合同的两个人中有一个叫阿德，他立刻行动了起来，每日奔波相距3公里之远的湖泊和村庄之间，用他的两只桶从湖中打水并运回村庄，再把打来的水倒在由村民们修建的一个结实的大蓄水池中。尽管这是一项相当艰苦的工作，但是阿德很高兴，因为他能不断地挣钱。

另外一个获得合同的人叫阿林。令人奇怪的是自从签订合同后比尔就消失了，几个月来，人们一直没有看见过阿林。这一点更令阿德兴奋不已，由于没人与他竞争，他挣到了所有的水钱。

> 解决问题的方案应该是：
> 以事实为基础地、系统化地大胆假设、小心求证。

阿林干什么去了呢？他做了一份详细的商业计划，并凭借这份计划书找到了四位投资者，他们合作开了一家公司。6个月后，阿林带来一个施工队和一笔投资回到了村庄。花了整整一年的时间，阿林的施工队修建了一条从村庄通往湖泊的大容量的不锈钢管道。

此时，阿林却在思考：如果这个村庄需要水，其他有类似环境的村庄一定也需要水。于是他重新制订了他的商业计划，开始向全国甚至全世界的村庄推销他的快速、大容量、低成本并且卫生的送水系统。每送出一桶水，他只赚1块钱，但是每天他能送几十万桶水。无论他是否工作，数百万人都要消费这几十万桶水，而所有的这些钱便都流入了阿林的银行账户中。显然，阿林不但开发了使水流向村庄的管道，而且还开发了一个使钱流向自己的钱包的管道。

从此以后，阿林幸福地生活着，而阿德在他的余生里仍拼命地工作，最终还是陷入了“永久”的财务问题。

有一个好的商业模式，成功就有了一半的保证。商业模式就是公司通过什么途径或方式来解决问题并获取利润。快递公司通过解决物流的问题来赚钱；网络公司通过点击率解决信息问题来赚钱；通信公司通过解决远距离沟通问题收话费赚钱；超市通过平台和仓储来赚钱等等。只要有需求的地方，就有商业模式存在。

多年来，阿林和阿德的故事一直指导着人们。每当人们要做出生活决策时，这个故事都能给人以帮助。

三、过程训练 Process Training

训练一：购买小轿车的决策表分析

小王最近发现地铁和大巴太拥挤了，决定买一辆小轿车，理智的他决定用“决策树”来分析一下他应该买什么样的车。

表5–9　选购新车决策分析（一）

选购一辆新车					
选择标准	可能的解决方案				
	模式A	模式B	模式C	模式D	模式E
必　须					
1. 能坐4人	√	√	×	√	√
2. 排气量2.0以下	√	×	√	√	√
3. 成本低于150000元	√	×	√	√	√
4. 从木地经销商处购买	√	√	√	√	√

表5–10　选购新车决策分析（二）

选择标准	可能的解决方案				
	加权因素	模式A	模式D	模式E	最大值
必　须					
1. 能坐4人	10	8 80	9 90	10 100	100
2. 排气量2.0以下	8	7 56	6 48	5 40	56
3. 成本低于150000元	6	10 60	4 24	8 48	60
4. 从本地经销商处购买	7	5 35	6 42	8 56	56
能　够					
5. 具备中央控锁	3	10 30	8 24	8 27	30
6. 具备电动窗	5	4 20	7 35	5 25	35
7. 金属喷漆	2	3 6	8 16	10 20	42
总　计		287	279	316	379

表5-8　选购新车决策分析（三）

选　项	相反结果	可能程度	严重程度
A	例如：价格可能很快上涨	中	高
D	例如：交付时间发生延误	高	低
E	例如：经销商可能会无货	低	低

通过如此清晰和准确地量化分析，小王买车的决定就变得更加具体了。

训练二：区域负责人的挑选

（一）情境描述

现在，设想一下你是某教育机构的人力资源经理。由于各类学校和企业对教育和培训产品的需求日趋旺盛，市场规模急剧扩大，你们单位急需招聘一位负责华北市场的区域负责人。你们在中华英才网、智联招聘以及58同城网上刊登了招聘广告，由于待遇在同类机构中算中等偏上，所以很快收到很多应聘简历。由于应聘者条件都不错，人力资源经理对于取谁舍谁拿不定主意，你当然不能用拍脑袋的方法来决定，因为要平等对待每个应聘者。于是你决定用决策分析方法挑选出哪些人符合或者接受你们的招聘条件：

1. 你热情、友好，并喜欢分享知识。

2. 你喜欢与人沟通，善于当众讲话或演讲，并能与顾客建立良好的关系。

3. 你理解学校及企业的培训需求，乐于接待他们并提供合适的解决方案。

4. 你与其他人相处融洽，非常喜欢帮助别人，并热衷于提供卓越的顾客体验。

5. 你是一个能够快速并且独立思考的人，同时又具有很强的团队合作精神。

6. 你对能够在一个不断变化的和有压力的环境中学习并成长的前景感到兴奋。

7. 你能够在外长期出差，并能有效地管理自己的时间和情绪，且乐意与人分享你的经验。

8. 你的年龄在24～28岁，有大学本科或以上学历且有两年以上教育机构市场推广的工作经验。

通过筛选，你最后确定了三位候选人进入面试环节：

求职者A：男，师范大学教育系本科毕业。一年杂志广告销售

司马光在《资治通鉴》的第一卷中，在讲述智伯这位刚愎自用而唯利是图的大臣把晋国搞跨分裂为韩、赵、魏三国后，发表评论说：

“才德全尽谓之圣人，才德兼亡谓之愚人，德胜才谓之君子，才胜德谓之小人。凡取人之术，苟不得圣人，君子而与之，与其得小人，不若得愚人。君子挟才以为善，小人挟才以为恶。挟才以为善者，善无不至矣；挟才以为恶者，恶亦无不至矣。”

这位儒学典范人物的经典评论很直白地告诉了我们，组织中应该用什么样的人。

经验，两年教育机构课程销售经验。热爱销售行业，身体健康，能适应长期出差要求。喜欢与人沟通，口头表达能力强，在学校主持过多次文艺晚会和大型活动，组织能力强，具有很强的亲和力与团队合作精神。能针对不同的客户需求制订有针对性的解决方案。

求职者B：男，大学工商管理专业本科毕业。有一年的保险行业工作经验，三年咨询公司总经理助理的经验。活泼开朗，能吃苦耐劳，能适应长期加班，勇于迎接新挑战，工作认真细心，积极努力，有责任感。生活中喜欢各项体育活动，能与同事及合作单位建立良好的人际关系。

求职者C：男，大学体育教育专业本科毕业。一年教育公司产品销售经验，一年企业培训部文员工作经验。言谈举止文明，工作中面带笑容，有忍耐力。为人热情、乐观，积极向上，乐于帮助身边的人，有责任感。善于与人沟通并建立良好的关系，对教育产品有深刻的理解。

> 我们在解决问题时所做的假设绝对不能作为答案。不要让强有力的假设变成思想僵化的借口。

（二）面试环节提问设计

根据求职者自己提供的资料并不能完全说明他们的能力，所以，你要设计一系列的问题来考查他们的智商、情商、技能和道德等各方面因素。这些问题能为你的决策提供多方面的参考。你可以从如下问题着手：

1. 你的优势和劣势是什么？你的同学和同事一般怎样评价你？
2. 你是如何让别人接受你的观点或是看法的？
3. 你能适应长期出差的工作吗？你如何掌控自己的情绪和舒缓工作压力？
4. 你如何管理和规划自己的时间？你的职业生涯是怎样规划和设计的？
5. 你为什么会认为你适合这份工作？你能为企业带来什么？
6. 在你过去曾组织的活动中，遇到的最大困难是什么？你是如何解决的？

当然，你还可以按照你的需求设计一些其他方面的问题，但是你设计的问题得为你的决策提供有效的信息。

（三）决策模型

通过面试，最后你把对三位求职者的评估形成一个量化表格（表5-9，设每一项满分为10分，最低为1分）：

表5–11　招聘人员决策模型表

要素＼标准	权重	求职者A	求职者B	求职者C
经验	25%	9×25%	6×25%	9×25%
学历	15%	10×15%	8×15%	6×15%
时间管理与压力管理能力	20%	9×20%	8×20%	7×20%
亲和力、解决问题能力	25%	8×25%	8×25%	9×25%
能当众讲话或演讲	15%	10×15%	7×15%	7×15%
总计	100%	9.05	7.35	7.80

从表5–11A、B、C三位求职者得分的高低我们就会知道哪一位求职者更具有竞争力。

通过这样的决策模型去判断应该录取谁并不是特别困难。可能在工作中，我们的某些决策评估更为复杂。我们有时候选择评估的标准也比较棘手。在工作中，项目的可操作性、有效性、成本、难易程度、风险等都是我们要考虑的因素。学会了运用这种评估和决策工具对我们的工作会有很大的帮助。另一方面，这道题也可帮助求职者去分析企业的需求，这样求职者可以有针对性地训练自己的能力。

四、效果评估 Performance Evaluation

评估：决策能力

（一）情境描述

决策，是团队管理的起始点，也是团队兴衰存亡的支撑点，更是影响领导者业绩和团队命运的关键点。

那么，想成为领导者的你是否具有决策能力呢？身为领导者的你是否又是一个优秀的领导者呢？做完下面的测试你就会知道了：

1. 你的分析能力如何？

A. 我喜欢通盘考虑，不喜欢在细节上考虑太多

B. 我喜欢先做好计划，然后根据计划行事

C. 认真考虑每件事，尽可能地延迟应答

2. 你能迅速地做出决定吗？

A. 我能迅速地做出决定，而且不后悔

B. 我需要时间，不过我最后一定能做出决定

C. 我需要慢慢来，不能太急。如果不这样的话，我通常会把

事情搞得一团糟

3. 进行一项艰难的决策时，你有多高的热情？

A. 我做好了一切准备，无论结果怎样，我都可以接受

B. 如果是必需的，我会做，但我并不欣赏这一过程

C. 一般情况下我都会避免这种情况的出现，我认为最终都会有结果的

4. 你有多恋旧？

A. 买了新衣服，就会捐出旧衣服

B. 旧衣服有感情价值，我会保留一部分

C. 我还有高中时代的衣服，我会保留一切

5. 如果出现问题，你会怎么做？

A. 立即道歉，并承担责任

B. 找借口，说是失控了

C. 责怪别人，说主意不是我出的

6. 如果你的决定遭到了大家的反对，你的感觉如何？

A. 我知道如何捍卫自己的观点，而且通常我依然可以和他们做朋友

B. 首先我会试图维持大家之间的和平状态，并希望他们能理解

C. 这种情况下，我通常会听别人的

7. 在别人眼里你是一个乐观的人吗？

A. 朋友叫我“啦啦队长”，他们很依赖我

B. 我努力做到乐观，不过有时候，我还是很悲观

C. 我的角色通常是“恶魔鼓吹者”，我很现实

8. 你喜欢冒险吗？

A. 我喜欢冒险，这是生活中比较有意义的事

B. 我喜欢偶尔冒险，不过我需要好好考虑一下

C. 不能确定，如果没有必要，我为什么要冒险呢

9. 你有多独立？

A. 我不在乎一个人住，我喜欢自己做决定

B. 我更喜欢和别人一起住，我乐于做出让步

C. 我的配偶做大部分的决定，我不喜欢参与

10. 让自己符合别人的期望，对你来讲有多重要？

A. 不是很重要，我首先要对自己负责

B. 通常我会努力满足他们，不过我也有自己的底线

C. 非常重要，我不能贸然失去与他们的合作

看你能否从一同工作的人中选出三个优秀的决策者和解决问题者。如果可以，问是什么原因使他们自我发展成实践中的思考者。

（二）评估标准和结果分析

选A得10分，选B得5分，选C得1分。

得分在24分以下，说明决策能力差。需要改进的地方有：太喜欢取悦别人、分析性过强、依赖别人、因为恐惧而退却、因为障碍而放弃、害怕失败、害怕冒险、无力对后果负责。测试中，选项A代表了一个有效的决策者所需要的技巧和行为。做表列出改进你决策方式的办法，并考虑阅读有关决策方式的书籍或咨询专业顾问。

得分25～49分之间，说明决策能力属中下。需要改进的地方是：太在意别人的看法和想法、把注意力集中于别人的观点之上、做决策时畏畏缩缩、不敢对后果负责。你需要调整自己的心态并改进你的决策方式。

细节决定成败，对问题的分析应从细节开始，往往抓住了一个细节，就抓住了问题分析的关键。

得分50～74分之间，说明决策能力一般。你可能太喜欢取悦别人，或者你的分析性太强，也可能你过于依赖别人，有时还会因为恐惧而止步不前。要确定自己到底在哪些方面需要改进，你可以重新看题目，把你的答案和选项A进行对照，因为选项A代表了一个有效的决策者所需要的技巧和行为。需要改进你的决策方式。

得分75分以上，说明决策能力不错。虽然有时你可能会遇到思想上的障碍，减缓你前进的步伐，但是你有足够的精神力量继续前进，并为你的生活带来变化。不过，在前进的道路上你要随时警惕障碍的出现，充分发挥你的力量，这种力量会决定一切。

第三节　采纳方案

一、能力目标 Competency Goal

一旦你决定了你要采用的解决方法，你可能需要获得其他人的配合、认同或实施它的权利。面对一般性的问题、很容易达成共识或容易理解的问题，你可以用直截了当、简单易懂的方式，或者说你只要向相关人员通报你的决定以及方案的运作方式以及如何影响别人就行了。但面对复杂和特殊的问题，它需要做出重大变化或动用更多资源来实施，你就必须让其他人参与决策，或更仔细地说明你的方案了。为了做到这一点，你需要理解他人可能的反对、别人拒绝你的原因，你还要通过演讲来说服他们。

通过本节的学习，你将明白以下问题：

1. 方案的采纳必须让他人更多地参与；
2. 如何消除反对的理由；
3. 如何推销你的方案；
4. 如何演说；
5. 方案被拒绝后怎么办。

（一）让他人参与

我们独自一人选择一个解决方法并实施它，而没有其他任何人参与到决定过程中，这是很常见的。但有时，你可能因为关系的需要或者出于对他人的尊重或者问题本来就是组织的问题而非个人的问题而必须与他人商量解决方案。同时，你可能要获得额外的信息或特殊领域的资源和专家的帮助。所以，获得他人的承诺和帮助是有效解决问题的途径之一。

当代管理大师彼得•德鲁克认为，决策就是判断，是在各种可行方案之间进行评估和选择。但它很少是在正确和错误之间进行选择，而主要是在“几乎正确”和“可能错误”之间进行选择。

小故事

美国通用电气公司是一家集团公司，1981年杰克•韦尔奇接任总裁后，认为公司管理得太多，而领导得太少。“工人们对自己的工作比老板清楚得多，经理们最好不要横加干涉”。为此，他实行了"全员决策"制度，使那些平时没有机会互相交流的职工、中层管理人员都能出席决策讨论会。"全员决策"的开展，打击了公司中官僚主义的弊端，减少了烦琐程序。

实行了"全员决策"，使公司在经济不景气的情况下取得巨大进展。他本人被誉为"全美最优秀的企业家"之一。

杰克·韦尔奇的"全员决策"有利于避免企业中的权力过分集中这一弊端。让每一个员工都体会到自己也是企业的主人从而真正为企业的发展着想，这绝对是一个优秀企业家的妙招。

如果你希望部属全都支持你，你就必须让他们参与，而且愈早愈好。

（二）消除反对的理由

我们的方案无论多么完美，如果要让全体参与此事或受到影响的人都参与决策，它的成功或失败有时不能完全由我们掌控。反对声音越大，我们的方案就越有可能被拒绝。即使那些有权批准这一方案的人不提出反对意见，来自其他人的反对也可能影响到他们的决策。因此，必须对潜在的重大反对声音进行辨别，以便我们能为方案的顺利通过制订出制胜的计划。

1. 方案不合适

一个不能有效地处理问题的、一个不切实际的或没有对所有相关的因素加以考虑的解决方案都可能遭到反对。如果方案与问题不匹配，或者有具有不可接受的负面效应，你就不应当提出它。

2. 变革需谨慎

在施行多年的管理体制或方式已产生强大惯性的前提下，任何变革或变化都有可能遭致一些人和一些组织的抵制。只要方案对现行制度和运行体系产生改变，就有可能获得反对的声音，即使它是一个完美的解决方案，它的表达方式也无可挑剔。一些组织由于缺乏调节重大变化的结构或资源，因此，高级管理层可能会否决做出重大变化的解决方案。

事实告诉我们，决定结果的往往不是问题本身，而是看待问题的态度与思考的方向。

小知识

人们总结的问题的解决方法有多种：

1. 解决（Solve）：提出最好的解决方案（最优化）。
2. 妥决（Resolve）：提出适中的解决方案（满足化）。
3. 消除（Dissolve）：通过改变目标或条件消除问题（消去）。
4. 回避（Absolve）：不提出解决方案（等待、遗忘）。
5. 逃避（Antisolve）：主动地，甚至敌对地逃避问题（逃避）

3. 复杂的人际关系

人际关系是一个复杂的表达系统。沟通能力强的人可能更快地建立起自己的人际关系网络。一个年轻的职员也许热衷于应用形成各种变化的技巧，他有可能遭到更成熟、更传统的资深职员的反对和厌恶，或者以前曾经在某个时间、某个地点得罪过某人，他可能对此耿耿于怀或正寻找机会报当年的一剑之仇。消除反对理由的过程是一个说服与沟通的过程，要做有准备的工作。

为了弄清可能遭遇到的反对，我们也可以多问问自己如下一些问题：

（1）这些方案的解决会影响到什么人？

（2）方案的实施有什么样的负面影响吗？

（3）方案要消除的负面影响有哪些？

（4）解决方案会产生重大的变革吗？如果有变革，谁受到的影响最大？

（5）方案的实施是否影响到他人的正常工作或组织系统的正常运转？如果有，它将如何影响？

对这些问题的全面和准确的回答将有助于我们解决方案的顺利通过和被采纳。

（三）推销你的方案

你可以根据情况来决定采取口头方式或书面的方式表达你的解决方案。若你有选择的余地，你可以在会上以口头方式表达，这样你便有立刻得到反馈并对疑问和目标做出有效说服的机会。同时，口头报告即演讲还可以发挥你的演讲魅力。

1. 预测不同的声音

通过对问题、你的解决方案以及你的听众进行分析，你应当对可能出现的反对意见拥有一个良好意识，并为此做好充分准备。详细说明你的解决方案中的有利之处和不利之处都是非常必要的。如果你试图掩饰你的方案的缺点，这将给某些本来有不同声音的人放大你的方案缺陷的机会，给人留下“要么你不诚实、要么方案不全面”的印象。

同时，不要试图压制异议，给予人们提出异议的机会。否则你就可能给人留下你在解决问题上试图掩盖真相的印象。同时，你还失去了消除这些异议的机会。切记：争论只会把问题弄得更糟糕。

19世纪，巴黎发生了一次暴动，军队的指挥官接获命令要对暴民开火以清除广场。他命令部队各就各位，一支支枪对准着群众。接下来，是一阵恐怖肃杀的寂静。这时，指挥官拔出剑来并大声喊道：“各位先生女士，我奉命要对暴民开火，但是眼前我所看到的是一群诚实、人格高尚的市民，我请求你们能够离开广场，好让我们能够瞄准那些暴民！”结果，当他说完这番话，广场的人群不到几分钟就散去了。

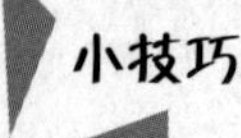

小技巧

职场中，有些工作语言具有明显的画外之音，不妨多加留意（表5-12）。

表5-12　某些工作语言的理解

语句中隐含的“但是”	可以理解为
这个我无权同意	但是——我可以通过努力征得老板的同意
我只拥有其中部分职权，我无权决定其他	但是——在某情况下我可以决定其中的一部分
在现阶段我们不打算讨论这个问题	但是——现在时机不成熟，以后或许可以
至今我打听到的消息是……	但是——我信息不够，请提供更详细的说明

2. 让听众参与

让听众参与是一招非常有效的妙棋。在试图让他们参与时，你可尝试如下方法：

（1）在方案实施前就可让他们参与一部分工作并让他们试着扮演方案中的一些角色。

（2）在你的推销方案的演讲中给他们一个恰当的角色，如，让他们自己亲自说明解决方案是如何实施并影响他们的。

（3）在实施中让他们扮演一个角色，可以直接参与实施，也可以让他们参与监控解决方法的效果。

通过让听众参与的方法能在一开始就表明他们在解决问题中是至关重要的，他们就可能对你的方案更有兴趣，这对你的方案被采纳会提供更多支持。

3. 照顾参与者的利益

如果能在方案中兼顾其他人的需要和期望，这对鼓励他们吸取和尝试理解你的方案有帮助。你可以运用的要素包括给予赞美、释放权利、安全保障、让他们产生自豪感和自尊心、适当奖励。一个方案如果更能体现公平，更能带来红利，它的推销和采纳就更顺利。

4. 适当让步

在你推销方案时，对某些观点和方法适当让步是非常可取的，而且非常有效的。有时，你必须为获得某些人支持或帮助或某些资源的获得让步，暂时的让步是为了你的方案获得赞同和实施。如在谈判中，你可以用某些次重要的东西去交换那些关键资源。

（四）实施演说的方式

你的信息表达方式对你的方案的成功采纳至关重要，所以你的表述应该具备以下特点：

（1）清晰：不能含糊其辞，清晰地表述你所要表述的内容。

（2）简单明了：论点不要太复杂，逻辑不要太晦涩，简单地说明你要表达的观点。

（3）紧扣主题：抓住你要表述的主题并表述关键的要点就行了，不要旁敲侧击、天南地北胡吹。

1. 口头表达

在口头演讲表述中，先要构建你良好的第一印象。同时，观点的次序非常重要。

（1）描述你的问题中的约束条件。

（2）描述你所渴望的结果以及它们如何实现。

（3）描述你运用的评估标准以及这些标准的重要性。

（4）描述你的解决方案的相关风险及其避免风险的方法。

（5）描述你的方案将如何实施。

（6）描述你的解决方案实施后的评估和测量。

很多人在一对一说话时没有任何不适，但天生不会在公共场合面对一群人说话，当众演讲会让人产生恐惧感。他们不仅为口头表达的内容所束缚，还为口头表达的形式所担心，甚至忘记了自己所要表达的内容。所以，口头表达时，记住如下方法会提高你的口头表达能力：

（1）充满自信地开始你的演讲，并通过声音、体态语等表现你的精力和热情。

（2）讲一个相关的经典案例或小故事，把你要讲的内容引入一个设定好的情境。

（3）如果你不能记住你所讲的全部内容，那就运用相关的关键字在小卡片上做笔记。

（4）如果有条件，运用视频和音像设施（当然，前提是必须有助于让他人理解你的观点。）

（5）注视你的听众，从他们的眼神中了解他们对你所说的话的反应，与听众建立良性互动，并谨慎简洁地回答他们提出的问题。

> 遇到困难和问题，我们应该学会改变思路。思路一转变，原来那些难以解决的困难和问题就会迎刃而解。
>
> ——【美】洛克菲勒

2. 书面表达

书面表达的形式可以多种多样，有时你只需要一页纸的提纲，而有时也可以是超过100页以上的大部头。但是，一个好的书面表达应当有如下的部分：

（1）明了的内容：这是首先应该遵守的原则。你应该快速地引导读者切入你的报告要点，这样才能维持读者的兴趣。你的报告越是简洁明了，读者就越有可能去理解和接受你的观点。

（2）严谨的结构：以逻辑思维的方式一步步地表达你的观点。

对复杂问题仅仅在报告内容中列出主要观点，并提出支持性的证据，次要的信息可以放在附录中。

（3）简约的风格：写作风格应该使内容容易阅读和理解。句子和段落应该简约，太过专业的术语不宜放在报告里，晦涩难懂的东西是永远不受欢迎的。

（4）轻松的版面：文字的排版应该为读者提供便于阅读和理解的外观。清晰的、有层次的主标题和副标题，页面不能太拥挤，应该留有足够的边距，重点突出，主次分明。

小案例

股权分配问题如何解决？

创新创业大潮在神州大地开花结果。创业时我们往往会碰到股权如何分配的问题，股权分配不当，会引起很多难以解决的矛盾。下面的分配方法比较合理（表5–13）。

表5–13　创业公司股权分配表

项　目	创始人A	创始人B	创始人C	创始人D	合　计
创　意	70	20	10	0	100
商业计划	15	30	30	25	100
行业专长	30	45	15	10	100
承诺和风险	30	25	25	20	100
责　任	40	20	35	20	100
总　分	185	140	115	60	500
股权分配比例	37%	28%	23%	12%	100%

（五）方案被拒绝

如果方案涉及到事物的重大变化、资源的广泛占用或创新时，方案被拒绝是非常正常的事情。如果你的观点或方案被拒绝，首先，你要审查一下你是否有效地表达了自己的观点。如果不是，若还有机会的话，可能需要重新表述自己的观点。你还可以进行其他选项：

> 当你提出困难时，请你提出解决方法，然后告诉我哪个解决方法最好。
>
> ——李嘉诚

1. 系统思考

你可能没有触及你的陈述对象想要的东西，你考虑的是“点”，而你的上司或其他人需要思考的是“线”，甚至是“面”。你需要做的就是打破你的位置的界限，从他人的角度上来思考整个方案的可操作性，也就是要有建立自己的大局观。比如，当你想设计产品包装时，你就要考虑：消费者买单、经销商信赖、同竞争对手的差异化等等。

2. 找关键人

关键人就是那个能批准并通过你的方案或对决策者施加压力的人。关键人的态度对你的方案通过至关重要。你要对他所看重的要素做精准分析。

3. 成本分析

你在做方案时，可能会抱怨上司没有提供足够的资源来支持自己，可是上司肯定也经常说这样的一句话，只要你能做出相应的成绩，无论你如何都会毫不犹豫地支持你。也就是说，你的上司不是抠门，不是不舍得给你投入资源，而是你需要给他承诺和证明这个方案能够带来多少实际收益，能够产生让他期待的投入产出比。在说服的过程中，你得直接告诉他你的方案能够取得什么目标，是获得利润，还是市场占有率亦或是打击了竞争对手。

收益和风险是一对孪生兄弟，无风险是不存在的，在方案中你要说明你能够有把风险控制在可控范围内的足够能力。

小案例

方案一：投资10万元给你做一次活动，你能给公司带来50万元收益。

方案二：投资50万元给你做一次活动，你能给公司带来100万元的收益。

上述两个方案哪一个更受欢迎？这恐怕要具体情况具体分析了。如果公司较小，你的上司可能更注重成本，方案一是比较好的选择。如果公司的资金比较宽裕，而公司更看重影响和收益，肯定后者更受你上司的青睐。

> 努力地工作，而不是浪费时间寻找借口。要知道，公司安排你这个职位，是为了解决问题，而不是听你关于困难的连篇累牍地分析。
>
> ——【美】杰克·韦尔奇

4. 修订方案

如果有不同意见，如果你的方案被拒绝是因为方案中的一些条款和实施步骤不被人接受，那你完全可以吸收关键人物的决定性信息加入到你的方案中来，然后再一次进行表述。

5. 替代方案

如果有不可逾越的障碍，那就只能寻找其他的解决议案了。

总之，如果你的解决方案没有被采纳，要接受事实。如果你的方案超出人们的理解范围，或者没有现存的准则对可能的结果进行测量时，你的方案肯定不会被接受。但是如果你对自己的方案深信不疑，那么你就坚持它。坚持往往能带来回报。

二、案例分析 Case Study

案例一：汽车内胎气嘴盖拧入作业改进

某卡车轮胎内胎加工厂最后包装工位上需要给气管拧上嘴盖，每天生产数千个内胎，作业者就要用手指拧上数千个气嘴盖，由此导致手指疼痛，作业者都不愿意做这个工作。

该工位的主管想对此作业进行改善，以便让作业轻松一点。于是召集相关人员开了好几次改善会议，尝试了好几种方案，但未能得出好结论。他们本来考虑自己制作自动化设备来代替手工作业，但是花费太大，没有得到公司上层的支持。来工厂辅导的管理顾问决定尝试将这个主管所考虑的问题放在一个时间和空间更大的范围来考虑：

假如问题由制造科长来解决会怎么样？或许他会跑到生产技术科长那里，跟他商量在下一个年度预算中争取购买一些气嘴盖自动拧紧装置。或许还会主张，这个问题不应该从效率的观点来考虑，而要从职工福利或安全卫生方面进行考虑。

而厂长则认为这个问题是自己的问题，也许会把工厂外的因素也纳入他的考虑范围。他明白，内胎是以装箱的形式全部转到加油站或轮胎商店销售的。

加油站或轮胎商店是这样销售的：内胎从包装箱中拿出，并装入到客人的汽车轮胎中去，再充气。

有人会问，既然加油站和商店会取下气嘴盖，那么一开始就不一定要装上啊，用透明塑料袋装上气嘴盖不就行了吗？换胎的人也不用取下气嘴盖，岂不皆大欢喜？

好的方案不一定会被采用。管理顾问于是提出建议：“问题只能由厂长解决，就只能听厂长的意见。”科长于是向厂长提出了建议。厂长表现出极大的兴趣，但必须取得总部销售部长的同意。这样，主管的问题变成了厂长的问题。

> 有效的决策人，首先一定会辨明问题的性质：这是一再发生的经常性问题呢，还是偶然的例外？

不久，公司传来消息：总部不同意这个方案。其原因是：若不安气嘴盖，由于气管的前端是极为尖锐的刀状物，运输及整理的时候极有可能切破内胎，造成质量事故。

工厂的人于是想：可将内胎折三次折成内胎六分之一大小的扇形，让气管的前端统一向着包装箱的中央放置，气管的前端就不可能接触到橡胶了。

然而，销售部门明确反对这一新的方案。于是，销售部长就对这一问题拥有了发言权。至此，这个问题变成了厂长和销售部长两人的上司的问题了。

但厂长不放弃，耐心地打起了游说战：每月给销售部长写一封信，再三陈述改善方案的好处。而销售部长则始终认定方案会有问题。

问题没有任何进展，管理顾问提议大家再次讨论问题。他想，事情已多次发生变化，也许会想出此前一直未能想出的好办法来。不用拧气嘴不能实现，这就需要退一步考虑实现改善的可能性。

复杂的问题简单处理，简单的事情复杂考虑。

有一个人说，销售人员说的阀的尖角会划破内胎。于是大家眼前一亮，想到要把气管的锐边包装起来就行了。于是，大家想出了用几分钱一个的小塑胶套套在气管的头上的方法。作业效率的提高足以超过对塑胶套和装袋的追加投资和追加作业。

解决问题的方案是没有极限的，问题的范围如果超出了限度，就要改变问题的所有者。

在气嘴盖的例子中，由于主管的问题变成了厂长的问题，就找到了好的答案。在探寻好的答案的过程中，改变工作的范围、改变问题的大小，问题的所有者就会发生变化，情况会大不一样。

案例二：和尚分粥方案的形成

从前，山上的寺庙里有七个和尚，他们每天分食一大桶粥，可是每天可以分食的粥都不够吃。为了兼顾公平，使每个和尚都基本能吃饱，和尚们想用非暴力的方式解决分粥的难题。

一开始，他们拟定由一个小和尚负责分粥事宜。但大家很快就发现除了小和尚每天都能吃饱，其他人总是要饿肚子，因为小和尚总是自己先吃饱再给别人分剩下的粥。

沟通必须适应对方所处的环境，体会对方的感知能力，使用其熟悉的评议。否则，将毫无效果。

于是，在大家的倡议下又换了一个小和尚，但这次却变成只有小和尚和住持碗里的粥是最多最好的，其他人五个人能够分得的粥就更少了。

饿得受不了的和尚们提议大家轮流主持分粥，每天轮换一个人。这样，一周下来，他们只有一天是饱的，就是自己分粥的那一天，其余六天都是肚皮打鼓。

大家对这种状况不满意，于是又提议推选一个公认道德高尚的长者出来分粥。开始时这位德高望重的人还能基本公平，但不久他就开始为自己和挖空心思讨好他的人多分粥，使整个小团体乌烟瘴气。

这种状态维持了没有多长时间，和尚们就觉得不能再持续下去了，他们决定分别组成三人的分粥委员会和四人的监督委员会，这样公平的问题基本解决了，可是由于监督委员会提出多种议案，分粥委员会又屡屡据理力争，互相攻击扯皮，等分粥完毕时，粥早就凉了。

最后，他们总结经验教训，想出一个方案，就是每人轮流值日分粥，但分粥的那个人要等到其他人都挑完后再拿剩下的最后一碗。令人惊奇的是，在这个制度下，七只碗的粥每次都几乎是一样多，就像用科学仪器量过一样，这是因为每个主持分粥的人都认识到，如果七只碗里的粥不一样，他确定无疑将享用分量最少的那一碗，从此和尚们都能够均等地吃上热粥了。

对于分粥的问题，什么是好方案？适合的就是最好的。而所谓合适的方案，就是既符合人性又符合实际需要的方案。我们看到好的方案大多是浑然天成、清晰且精妙，既简洁又高效。这个方案公平且照顾了各方利益，至关重要的是分粥的每一个人都参与了决策，却得到了一致满意的结果，这个方案花费了最低廉的成本，却既实现了对权力的约束又为个人带来了实实在在的好处。适合的方案没有最好，只有更好。

尝试重新定义

你的领导对你很苛刻，所以你最近心里特别烦。

请你重新定义“你的领导对你很苛刻”这一事实，以改变我特别烦的状态。如下是对这一事实的重新定义：

因为我的领导想重用我！

请你试着重新定义这一事实，并给出5条重新定义的结果。

三、过程训练 Process Training

训练一：重新定义的艺术（推销你的方案）

（一）阅读下面的文字

对村中所有的男孩来说，周末午后是放假的日子，但是对汤姆来说则并非如此：汤姆要粉刷30码长（1码等于0.9144米）、高9英尺（1英尺等于0.3048米）的木篱笆。这个时候，生命对汤姆而言，是那么的空洞，而活着也是一种负担。其实并不是这份工作令他不能忍受，而是每当他想到其他的男孩若发现他在工作一定会取笑自己时才令他痛苦万分。在这一黑暗无助的时刻，马克·吐温在《汤姆·莎耶历险记》中写道：一个灵感在汤姆心中一闪而至！当几个男孩走向汤姆，其中之一的班恩以一种嘲弄的口吻说：

“哈啰！可怜的家伙，星期六还得工作？……”

“为什么！是你啊，班恩！我没想到星期六。”

“我要去游泳！你想不想去？噢，对不起，我忘了，你有工作要做，当然不能去！”

汤姆定定地看了班恩一眼说：“你说这是工作？”

“难道不是吗？”

汤姆继续粉刷木板，同时漫不经心地回答道：“嗯，它可能是工作，也可能不是，我所知道的是我做得很爽快！”

“算了！少来了，你难道很喜欢粉刷篱笆？”

汤姆手中的油漆刷子来回不停地刷着。

“喜欢它？嗯，我看不出我为什么会不喜欢做。有哪个男孩每天都有机会刷篱笆？”

汤姆的这番话使得粉刷篱笆这件苦差事翻身了。班恩开始观察汤姆的动作，而且被吸引，有了兴趣！

一会儿，班恩说：

“汤姆，让我刷一下吧！”

案例中汤姆成功地将一件苦差事赋予了新的愉快意义，而他的朋友则跟随着他对现实的重新框定、界定而改变了！他不露声色地将他的业务推销出去了。

（二）类比训练

1. 请找出你工作和学习中曾经有过的重新定义的案例。
2. 在你的案例中，你是如何设计你的方案的？

有效的管理者会问：“我是不是真需要一项决策？”

（三）相关讨论

1. 你的目标容易达成吗？
2. 对你的目标重新定义过程中，是什么阻碍了你的思维？
3. 你的需要被注意到了吗？个人的需求是否曾被提出？
4. 重新定义后的目标是否更容易达成？

训练二：解方程式

（一）规则和程序

1. 器材场地：12～16人一组，每组一条约20米长的编织绳。
2. 活动前依照每组人数，在绳索上取等距打上单结；每个绳结旁均由一人单手握住。
3. 设法用握住绳索的手，将整条绳索的结打开。
4. 过程中不可将绳索离手。
5. 不可借助任何器具及另一只手的协助。

（二）相关讨论

1. 有没有伙伴一开始觉得任务不可能完成的？这样的想法对决策形成有没有什么影响？

2. 当自己的意见与他人相左时，你是如何说服其他人的（或被其他人说服）？

3. 你的团队是偏重决策过程的讨论，还是实际执行？各有什么优点？透过哪些方式可以强化团队的行动力？

4. 当你的结解开后，你是采取旁观，还是继续参与其中？现实生活中，在工作或家庭生活中你是否也采取相同的态度？

四、效果评估 Performance Evaluation

评估一：特殊场合语言应变能力

我们每天都要进行语言沟通，语言应变能力是促成事情完美解决至关重要的一环。下面把日常生活中最容易发生的情境搜集了十种，每种情境各有五种应变方式。如果是你的话，你应该怎样选择，才能使人接受呢？

（一）情景描述

在方案采纳前，一定要未雨绸缪，先要召集关键的相关方进行私下沟通，在他们没有首肯前，千万不可贸然行事，进行公开陈述。

1. 请公寓的房东粉刷墙壁时说（　　）。

A. 我们已经住了两年了，多少也照顾一下我们吧。

B. 比起我们付的房租来，这点费用真是微不足道。

C. 我也帮一部分忙吧。

D. 最近有两三个外地的朋友要来这里做客，他们很想找个合适的公寓租住下来，如果他们欣赏的话，说不定会成为你的房客呢。

E. 如果我是你的话，一定没有第二句话就会将房子彻底粉刷一番的。这里又不是只有你一个人有房子。

2. 在宴会中想使一个醉鬼安静下来，你应该说（　　）。

A. 明天一清醒，你就会后悔的。

B. 有一个好漂亮的小姐在看你呢，安静一点儿吧，我来帮你介绍。

C. 你还不知道吗？大家都在看你呀。

D. 安静一点儿，不要那么大声好不好？

E. 刚才听说你在最近的高尔夫球赛里得到优胜，可以告诉我一些详情吗？

3. 你儿子的成绩不及格，他的任课老师知道大部分的作业是你代他做的，可是你却和她商量要求她让你的儿子及格（　　）。

A. 可是我的儿子确实是用功的，请给他加点分数奖励他吧。

B. 你们的校长是我的老朋友呢。

C. 是我的错，请给他再次改正的机会吧。

D. 我那位当明星的弟弟最近要来，我给你介绍吧。

E. 只要这科让他及格，他就会进入好大学的

4. 你正在为一慈善事业募捐，对方却是个吝啬成性的人（　　）。

A. 只要你捐一点儿钱，我就签一张两倍数目的收据，好让你少付一些所得税。

B. 我想本地的问题由本地人来共同解决，不要让官方插手进来，不知您意下如何？

C. 请你了解，这是身为市民应尽的义务。

D. 如果你能够捐款就够给我面子了。

E. 这是十分有意义的慈善活动。

5. 劫匪拿枪顶着你的背，你不想让他抢你的钱（　　）。

A. 你真倒霉，我身上恰好没有带钱包。

B. 小心一点儿吧，我是空手道三段的名手呢。

C. 老天爷，这是我一周挣的血汗钱哪！

D. 拜托！没有钱叫我怎么好回家见老婆呢。

E. 我的皮夹子在裤子后面的口袋里，尽管拿去吧。

6. 你比老资格的同事先被提升了，却需要和他携手合作（　　）。

A. 这项工作只有靠你的协助才能进展。

B. 上司快要退休了，我接了他的缺后，就升你为科长

C. 真惭愧，他们把我提升了，其实你才是最合适的。

D. 现在我是上司，今后请听我的命令行事。

E. 这是你的新机会，可以表现你的才能。

7. 你的儿子想看电视，你却要他练钢琴（　　）。

A. 你弹得好的话，我会多么开心呢。

B. 好孩子该听话，每个人都不得不做些不喜欢做的事情啊。

C. 我们来约好，我让你看完这个节目，你就乖乖地练琴，不要再啰唆了。

D. 你把琴练好了，会很讨人喜欢的。

> 你的方案被拒绝时就需要妥协。妥协是一门艺术。妥协是适应社会环境的一种健康心态的表现，更是人际关系中的一种良好的黏合剂。妥协不是简单的让步或放弃，而是在知己知彼的基础上达成的一种共识。妥协能满足利益相关方的需求，它有利于打破僵局，尽快脱离尴尬境地。

E. 不练琴，那所有的学费不都是白交了。

8. 你的秘书有个约会，你却不得不请她加班工作（　　）。

A. 把约会取消吧！打完这份报告我请你吃一顿好饭。

B. 老板吩咐，今天非把这份报告书打出来不可。

C. 我明知这是不情之请，可是事非得已，拜托了。

D. 打完这个报告，不然就回到过去的打字部。

E. 我相信这项工作只有你才可以做好。

9. 你想劝你爱人和你一起去度假（　　）。

A. 今天我见了王大夫，他说你得休息。

B. 我建议你出差旅游一下。

C. 你说，到风景宜人的某某处去休假十天，是不是很惬意？

D. 亲爱的，我好想去度个假呀。

E. 不是很妙吗？只有我们两个人一起去度假。

10. 你超速驾车，想请警察法外施恩（　　）。

A. 仅此一次，请高抬贵手吧。

B. 我送给你一些钱，请就这样算了吧。

C. 也许你不相信吧，我一直都是很规矩的。

D. 可能是稍稍开快了些，我只是一时糊涂，没有觉察而已。

E. 实在是事非得已，我有件急事非赶快不行啊。

> 要抵制把初始假设作为答案，而将问题解决流程视为仅对其证明的诱惑。你的思想要保持开放与灵活，不要让强有力的初始假设成为思想僵化的借口。
>
> ——【美】艾森·拉塞尔

（二）评估标准和结果分析

以上问题，如果能够答对八题，说明你的沟通技巧很不错了。如果只答对七题或不到七题的话，你就要努力了。

事实上我们并没有一定的说服要领，重要的还是能随机应变，有时最高明的技巧反而行不通，而最拙劣的方法反而可行。据沟通高手的经验，下面的答案比较可行：

1. 选 D。一般来说，人家只要知道接受你的意见是有利而无害的，那么他必然欣然接受。经济利益有时很能打动人心。

2. 选 E。醉鬼往往是不可理喻的，要是你能够转移他的注意力，诱导他大谈其得意的事情，让他尽情发泄，必会使他安静下来。

3. 选 C。自己不对时应该勇于认错，大大方方地低头。

4. 选 B。精明的售货员都会见机行事，看准对象而使用合适的措辞。

5. 选 E。好汉不吃眼前亏，碰到不得已的场合，与其犹豫不决，不如干脆认命。

6. 选A。要使别人为你做事，最重要的是要抬高别人，使人感到重要。

7. 选C。该妥协，若想大胜一战，有时你得小败一役。

8. 选E。人被信赖而激发起自尊时，最能努力工作。

9. 选A。这是单刀直入的战术可以奏效的少数情况之一。我们对于医生的命令通常都会低头的。只要诉诸人类自我保护的本能，总不难达到目的的。

10. 选D。当你碰到这种无可奈何的场合，乖乖地谦逊低头往往是再好没有的方法。

评估二：你在决策时经常考虑他人利益吗？

人不是孤立的存在。我们的生活和工作离不开团队中他人的协助和参与，社会的群体性决定了现代人离不开他人而独自生存。文明的发展轨迹也展示着我们的动物性在不断地剥离，道德和利他行为及其经典故事经常在我们的耳边回响并长时间地发挥作用，但动物性中自私的基因在我们的日常决策中还是经常性地发挥关键作用。下面的这个“囚徒困境”（Prisoner’s Dilemma）模型（图5–4）再一次告诫我们，只考虑自身的利益，你永远不可能得到你所渴望的。

> 心大则万物皆通，心小则万物皆病。
>
> ——【宋】张载

警察抓住了甲、乙两个嫌疑犯，把他们分别关在不同的屋子里接受审讯。警察知道两个人有罪，但缺乏足够证据来定他们的罪，于是分别告诉他们：如果一个坦白而另一个抵赖，坦白的放掉，抵赖的判刑十年；如果两个人都抵赖，就各判刑一年；如果两个人都坦白，就各判刑八年。

这样，在不能沟通的情况下，两个囚徒都面临着这两种选择——坦白或抵赖。然而，不管同伙选择什么，每个囚徒的最优选择都是坦白，因为他们存在如下博弈：

如果同伙抵赖、自己坦白，自己会被放掉，同伙会被判刑十年；

如果同伙坦白、自己坦白，两个人各判刑八年，但如果抵赖的话是被判刑十年，所以，坦白还是比不坦白好。

结果，由于囚徒无法信任对方，因此倾向于互相揭发而坦白，而不是同守沉默。这样，他们俩各判刑八年。其实，如果两个人都抵赖，各判刑一年，显然是最佳的“双赢”结果。

> “囚徒困境”是美国兰德公司的两位社会心理学家梅里尔·弗勒德（Merrill Flood）和梅尔文·德雷希尔（Melvin Dresher）于1950年拟定的相关困境与博弈的理论，后来由顾问艾伯特·塔克（Albert Tucker）以囚徒方式阐述，并命名为“囚徒困境”。

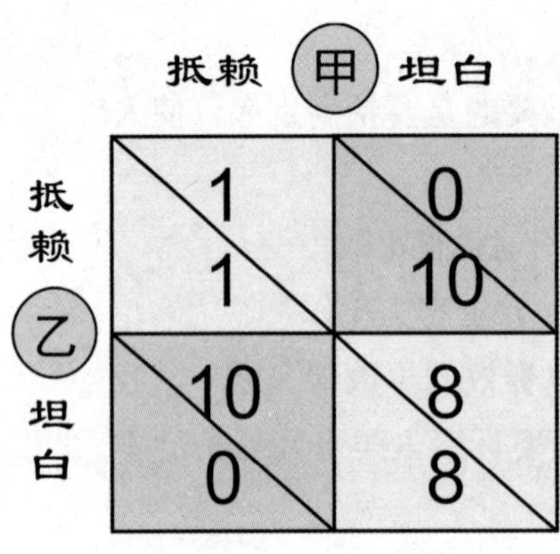

图5-4 囚徒困境博弈图

“囚徒困境”所反映出的深刻问题是人与人之间、人与组织之间以及组织与组织之间永恒的博弈，人类的个人理性有时能导致集体的非理性——聪明人会因为自己的聪明而作茧自缚。这两个囚徒处于信息缺失的状态，由此他们只能用最坏的预期来揣测他人。这就证明了：如果信息不对称或信息缺失，我们很有可能做出糟糕的决定而让我们每一个人都陷入困境。

所以，用“囚徒困境”模型对照检查或评估一下过往的重大问题上我们做出的决策行为，有没有相似的地方？如果有，当时是如何做出决策的？这个模型能让你在今后的决策和行为中更能考虑他人的需求吗？如果你能很好地理解这个模型背后的心理学因素，你的决策会更受他人的欢迎。

丹尼尔•卡尼曼（Daniel Kahneman，2002年诺贝尔经济学奖获得者、以色列心理学家、普林斯顿大学教授）认为，人类在心理上有两条截然不同的决策路径：“第一体系”自动地、迅速地做出决策，而“第二体系”则深思熟虑地、处心积虑地做出决策。而我们经常性地、条件反射地使用“第一体系”，比如当着某个人的面发泄情绪；而在我们权衡利弊做出艰难的决定或试图进行错综复杂的计算时，则会采用“第二体系”。

第六章 方案实施与监控

方案要转化为有效的行动才能解决问题。一旦选择了最终的解决方案，你就要开始制订具体、详细的行动计划。

行动计划的制订必须要明确达到的目标、进行任务分解、合理安排人员与时间、提供必需的资源支持等。再完美的计划也必须要落实到行动中。为保证行动计划的顺利实施，需要确定总体负责人、主抓关键环节、建立监督机制、争取相关支持等。只有这样，方案才能得到有效地实施与落实。

计划往往夭折于实施之前，这或者是由于期望太高，或者是由于投入太少。

当然，行动计划在实施过程中，还必须对其进行监督和控制。监督既可以采用量化的方式进行，也可以采用定性化的方式进行，监督的目的是为了保证行动计划按进度执行。一旦发现偏差，也可以及时做出处理。

通过方案的实施与监控，我们希望问题能够得到最终有效的解决。

本章安排的内容：

● 制订行动计划；
● 落实行动计划；
● 监督与控制。

第一节 制订行动计划

一、能力目标 Competency Goal

做出决策选定方案以后，接下来就是方案的实施。方案实施的效果有赖于一个良好的行动计划及监控程序。所以，制订一个合理的、有效的行动计划是落实问题解决的重要环节。

通过本章的学习，你需要做到：

1. 确定行动内容；
2. 掌握工作分解结构法（WBS）；
3. 掌握工作任务书（SOW）；
4. 掌握“甘特图”的用法；
5. 能制订一份完整的行动计划。

> 机遇从不光顾没有准备的头脑，弱者坐待良机，强者制造时机。
>
> ——【法】居里夫人

行动计划是为了达到特定目标而执行的任务纲要。问题越重要或解决问题所需要的行动越复杂，就越要求全面地制订计划。

（一）行动内容

行动计划要描述所要求的行动是什么，以及为了保证成功我们如何实施。除非问题非常简单，否则你需要制订一个详尽的计划。我们必须全面弄清楚所要求的行动，否则期待的结果就不可能实现。我们还必须辨别出行动的结果或效果，以便你知道它们能什么时候成功完成。

我们为不同的行动和目标选择的顺序由许多因素所决定。在其他行动开始以前，有必要先进行一个行动或一组行动。例如，在建一堵墙以前，你先要打好基础。在每一个行动中为了发挥出自己的可利用的能力而需要运用相同的资源时，行动还必须连续地进行。

任何行动计划运用图表来表达行动的顺序和它们对整个目标的贡献依然是比较明智的选择。

> 计划的制订有时比计划本身更重要。

（二）任务分解

如果你要解决的问题是个小问题，你只需按照先后顺序，把问题逐层分解成不同的小任务即可。但如果需要解决的问题是个复杂的大问题，你就可能需要借助工作分解结构法（WBS，Work Breakdown Structure）进行任务分解了。

工作分解结构法（WBS）可以用于确定要达到目标或结果所必须完成的工作任务，它可以系统地细分每一个目标，直到确定专门的任务。

工作分解结构法（WBS）包括以下几个步骤：

第一，把问题解决的最佳方案分成几个大的阶段（或里程碑），思考要想令人满意地完成每个阶段（或里程碑）都需要做些什么，把它们记录下来，你就有了关键的任务。

第二，看一下每个关键的任务，同样，思考为了令人满意地完成每一个关键任务都需要做些什么，把它们记录下来，你就有了次一级的任务。

第三，继续分解下去，你就会列出问题解决要完成的所有任务。

第四，使每一项任务都处在正确的位置上，使用金字塔形结构图（图6–1）或列表格式（表6–1）来表示工作分解的结果，这就是工作分解结构法。

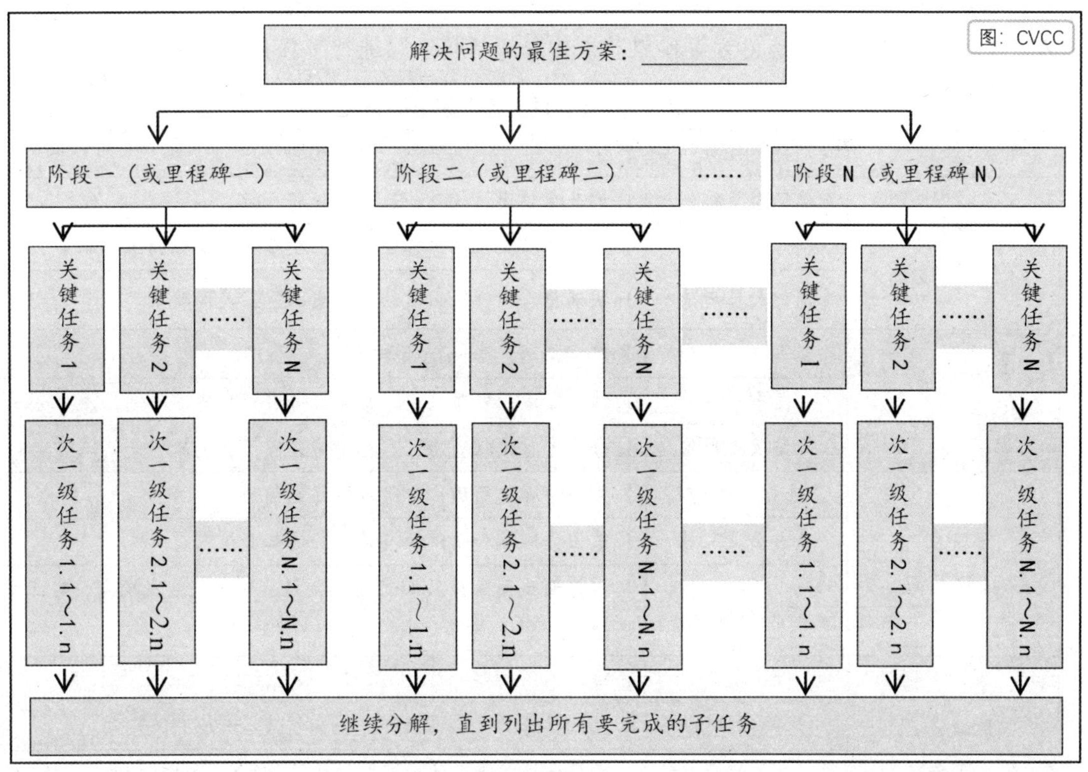

图6–1 金字塔形的工作分解结构法

表6–1 列表式的工作分解结构法

<table>
<tr><th>阶段（里程碑）</th><th>关键任务</th><th>次一级任务</th><th>再次一级任务</th><th>……</th></tr>
<tr><td rowspan="8">阶段一</td><td rowspan="4">1.___</td><td rowspan="2">1.1.___</td><td>1.1.1 ___</td><td rowspan="11">……
继续分解</td></tr>
<tr><td>1.1.2___</td></tr>
<tr><td rowspan="2">1.2.___</td><td>1.2.1 ___</td></tr>
<tr><td>1.2.2 ___</td></tr>
<tr><td rowspan="4">2.___</td><td rowspan="2">2.1.___</td><td>2.1.1 ___</td></tr>
<tr><td>2.1.2 ___</td></tr>
<tr><td rowspan="2">2.2.___</td><td>2.2.1 ___</td></tr>
<tr><td>2.2.2 ___</td></tr>
<tr><td>阶段二</td><td>___</td><td>___</td><td>___</td></tr>
<tr><td>……</td><td>___</td><td>___</td><td>___</td></tr>
<tr><td>阶段 n</td><td>___</td><td>___</td><td>___</td></tr>
</table>

小案例

为解决当前人手欠缺的问题，李总把招聘技术骨干人员作为其解决问题的最佳方案。为有效执行该方案，李总把方案按照“工作分解结构法”进行了任务分解（表6–2）。

表6–2 李总的工作分解结构表

阶段（里程碑）	关键任务	次一级任务
阶段一：人员需求分析	确定人员编制	1. 调查空缺岗位数量；2. 确定招聘人数。
	制订工作描述	1. 明确招聘岗位的工作任务；2. 明确招聘岗位的工作职责。
	制订人员规范	1. 明确招聘岗位所必需的人员要求；2. 其他要求。
阶段二：吸引候选人	撰写招聘广告	1. 撰写招聘广告；2. 领导审核。
	发布广告	1. 选择合适的发布渠道；2. 接洽并进行广告发布。
	接收简历	1. 每天定时接收简历；2. 初步审查简历，淘汰不合格简历。
阶段三：选拔人员	筛选初始申请人	1. 第一轮筛选简历；2. 第二轮筛选简历。
	选出面试人员	1. 选出最终参加面试的人员；2. 通知面试人员。
	面试候选人	1. 组建面试团队；2. 面试题目制订；3. 面试方式确定；4. 正式面试。
阶段三：后期安排	做出决定	1. 决定录用哪些人员。
	通知候选人	1. 通知候选人面试结果；2. 告知候选人其他相关事项。
	体检	1. 选择体检定点医院；2. 安排体检；3. 体检结果接收。
	试用及相关事宜	1. 入职安排与指导；2. 跟踪考核。

思考：

李总的工作分解结构表是否全面地体现了要完成的任务？你觉得还能进一步细分任务吗？

（三）确定工作任务书

通过工作分解结构法，可以确定出解决问题所要完成的工作任务。接下来，要思考的是这些任务该由谁来执行？如果自己独自可以解决问题，那么所有的任务都只需借助自己的力量即可。但现实中，很多问题的解决都需要借助他人的支持与帮助才能完成，为更好地执行方案，解决问题，就必须确定出工作任务书。

今天所做的事情是为了我们有更好的明天。辉煌的未来属于那些能在今天做出艰难决策的人们。

工作任务书（SOW，Statement of Work）是一种确定任务分配的有效方法，它建立在工作分解结构法和参与人员技能及意愿的基础之上。

工作任务书的格式如表6–3所示：

表6–3 工作任务书

阶段（里程碑）	关键任务	具体工作内容	完成人
阶段一：______	1.	1.1______；1.2______。	李先生
	2.	2.1______；2.2______。	张先生
	3.	3.1______；3.2______。	王小姐
……	……	……	……

工作任务书除表6–3的表示格式之外，也可以采用表6–4的方式进行表达。

表6–4 黄某某的工作任务书

阶段（里程碑）	关键任务	工作内容
阶段一：______	______	①______；②______；③______。

（四）行动进度

任务必须按时完成，否则方案的落实就是一句空话，因此，合理安排进度对解决问题至关重要。进度安排可以采用列表式和“甘特图”两种方法。

列表式的表示方法如表6–5所示。

表6-5　某解决问题方案的任务时间分配表

阶段（里程碑）	关键任务	工作内容	完成人	完成时间
阶段一：______	1.	1.1______；1.2______。	李先生	×年×月×日至×年×月×日
	2.	2.1______；2.2______。	张先生	×年×月×日至×年×月×日
	3.	3.1______；3.2______。	王小姐	×年×月×日至×年×月×日
……	……	……	……	

"甘特图"（Gantt chart）是美国人际关系理论和科学管理运动的先驱者之一的亨利·劳伦斯·甘特于1917年所创造的管理工具。

"甘特图"被用来作为规划、控制及评估各项工作进度，为计划与实际进度之时序图。其主要构成是将横坐标等分成时间单位，如年、季、月、周、日、时等，表示时间的变化，纵坐标则记载方案各项工作任务。"甘特图"可以让你一眼看出什么时候有任务、什么时候有空闲、计划与实施是否一致等，如图6-2所示。

"甘特图"又称条状图(Bar chart)。它通过条状图来显示项目、进度和其他时间相关的系统进展的内在关系随着时间进展的情况。以提出者亨利·劳伦斯·甘特（Henry Laurence Gantt）先生的名字命名。

序　号	任务名称	时间段（**** 年 ** 月）										
		1	2	3	4	5	6	7	8	9	…	30
1	任务1	⇒	⇒									
2	任务2			⇒	⇒							
3	任务3					⇒	⇒	⇒	⇒			
4	任务4								⇒	⇒	⇒	⇒
5	任务5									⇒	⇒	⇒

图6-2　"甘特图"

小思考

合理分配任务完成的时间应遵循什么样的原则？

（五）资源配置

任何问题的解决都需要依赖一定的资源进行，这些资源包括资金、设备、工具、信息等。问题的大小及复杂程度不同，所需的资源支持也会呈现较大的不同。需要强调的是，在资源有限的情况下，必须事先对资源进行合理的分配，才能在规定的时间内利用相应的资源保证任务顺利完成。资源分配（或配置）情况如表6–6所示。

表6–6　某问题解决的资源分配表

阶　段	关键任务	完成日期	所需资源	提供时间	提供者
阶段一					
阶段二					
阶段三					
……					

通过以上五个步骤，方案的执行计划基本上就完备了，你可以把任务分解、任务书、时间安排、资源分配等表格组合在一起，构成一个较为详细的计划表，以指导你的工作实践。

（六）预测风险，设计应变方案

计划是面向未来的，而未来会有很多的不确定性因素，为保证决策的顺利有效执行，在制订计划时，应预测未来出现的风险，做好防范的各项准备，设计出相应的应变方案。

小资料

方案在执行前必须要获得领导的支持，如果没有领导的支持，执行计划的制订就毫无意义。要知道，没有人会像你一样对你的方案或计划那么有兴趣，你必须想尽各种办法去赢得他人的支持，只有这样，你才能真正执行你的计划，把解决问题落实到实处。

二、案例分析 Case Study

案例一：粉刷房屋（“金字塔工作细分”）

老刘家的房屋装修好多年了，室内墙壁油漆泛黄并出现了脱落，甚是难看。老刘想请装修公司重新装修一番，上大学的儿子从小就喜欢自己动手，他鼓励爸爸自己动手来粉刷房子。于是，儿子先把粉刷房子的工作做了一个“金字塔工作细分图”（图6–3）。

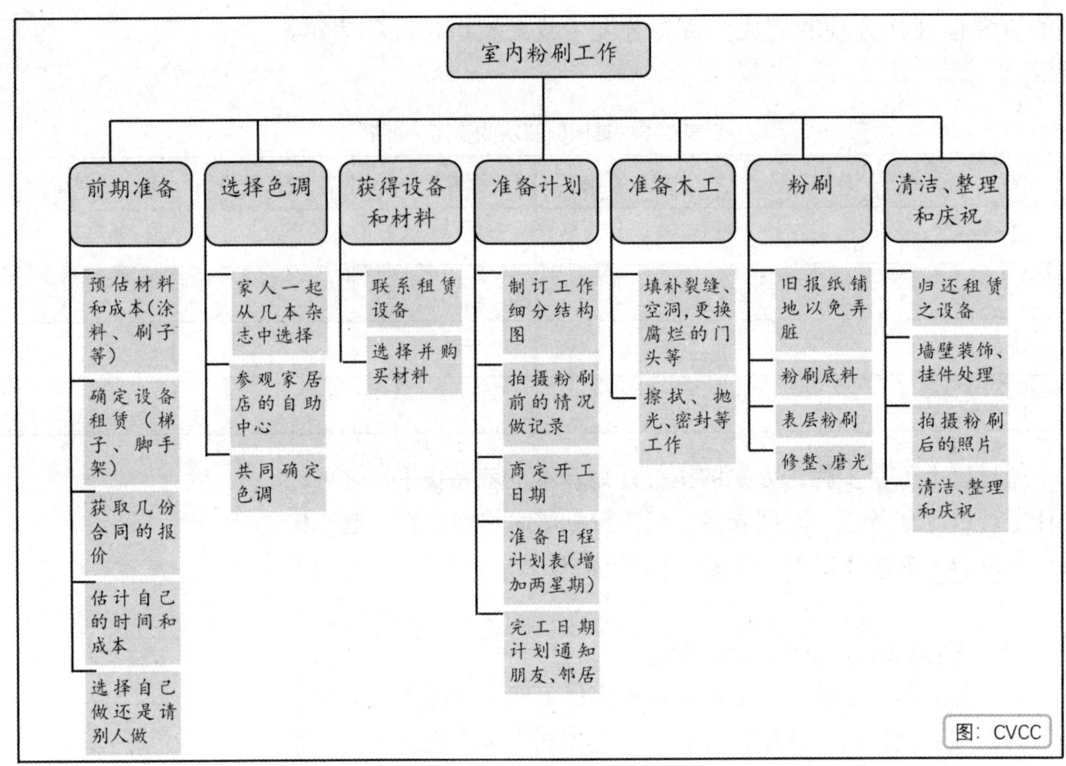

图6–3 “金字塔工作细分图”

有了这么一个工作细分图之后，工作内容和先后顺序就清晰许多，剩下的就是按照这个细分图来操作了。

案例二：消费者投诉处理计划

乐乐是某著名家具城售后服务部经理。3月1日，她一上班就接到一个消费者的投诉电话，说刚买回家的书柜存在严重的质量问题，要求退货。否则，会在3月15日对公司进行投诉曝光。乐乐所属的家具城是全球著名品牌，公司特别重视产品的质量，更看重客户的反应。乐乐感到事态严重，马上致电维修部李师傅亲自到消费者家中进行查看。原来是书柜在运输过程中，有部分木板受到挤压和猛烈撞击，有点变形和裂纹。处理该问题有三个方案：第一个是退货，第二个是更换这几块受到挤压的木板，第三个是整体更换。经过与消费者的沟通，乐乐充分尊重消费者的意见，选择了方案三来解决问题。

为有效执行方案三，在征得领导的同意后乐乐开始制订相应的执行计划：

1. 确立计划执行的目标

乐乐首先确立计划的目标，即争取在3月15日前把新的书柜送到消费者家中，并安装完毕，同时保证书柜的质量，令消费者满意。

2. 进行任务分解

乐乐把方案的执行分成四个阶段（里程碑），每个阶段的关键任务如表6–7所示。

表6–7 乐乐的工作任务分解

阶 段（里程碑）	关键任务	具体工作内容
阶段一：收回书柜	1. 上门回收书柜	1.1联络消费者，确定回收时间；1.2上门回收书柜
	2. 退回厂家	2.1把书柜退回仓库；2.2按照程序把书柜返回厂家
阶段二：下单	1. 为消费者重新下单	1.1重新填单并下达；1.2仓库接单并准备发货；1.3如果仓库没有货，及时联络厂家发货，仓库接货
	2. 准备发货	2.1 仓库下达送货信息；2.2验单，准备出货
阶段三：送货与安装	1. 送货	1.1联络送货人员，分配任务；1.2 联络消费者，确定送货时间；1.3规定时间按时送货，消费者验收
	2. 安装	2.1联络消费者，确定安装时间；2.2联络安装部人员按时安装；2.3 当面确定安装质量，让消费者验收
阶段四：回访	1. 电话回访	1.1电话访问消费者对服务的满意程度；1.2做好记录，以备下次借鉴

3. 确定工作任务书

由于该问题的解决涉及多个部门，乐乐在公司领导的支持下联络相关部门领导，确定了工作任务书，具体情况如表6–8所示：

表6–8 乐乐的工作任务书

阶 段（里程碑）	具体工作内容	完成人
阶段一：收回书柜	1.1 联络消费者，确定回收时间；1.2 上门回收书柜。	吴先生
	2.1 把书柜退回仓库；2.2 按照程序把书柜返回厂家。	杨小姐
阶段二：下单	1.1 重新填单并下达；1.2 仓库接单并准备发货； 1.3 如果仓库没有货，及时联络厂家发货，仓库接货。	李先生
	2.1 仓库下达送货信息；2.2 验单，准备出货。	刘小姐
阶段三：送货与安装	1.1 联络送货人员，分配任务；1.2 联络消费者，确定送货时间； 1.3 规定时间按时送货，消费者验收。	鲁先生
	2.1 联络消费者，确定安装时间；2.2联络安装部人员按时安装； 2.3 当面确定安装质量，让消费者验收。	林小姐
阶段四：回访	1.1 电话访问消费者对服务的满意程度；1.2 做好记录，以备下次借鉴。	乐乐

4. 安排时间进度表

为保证计划按时落实，乐乐制订了时间进度表，如表6–9所示。

表6-9 乐乐的时间进度表

阶 段（里程碑）	具体工作内容	完成人	完成时间
阶段一：收回书柜	1.1 联络消费者，确定回收时间；1.2 上门回收书柜。	吴先生	3月3日
	2.1 把书柜退回仓库；2.2 按照程序把书柜返回厂家。	杨小姐	3月5日
阶段二：下单	1.1 重新填单并下达；1.2 仓库接单并准备发货；1.3 如仓库没货，及时联络厂家发货，仓库接货。	李先生	3月3日 -9日
	2.1 仓库下达送货信息；2.2 验单，准备出货。	刘小姐	3月10日
阶段三：送货与安装	1.1 联络送货人员，分配任务；1.2 联络消费者，确定送货时间；1.3 规定时间按时送货，消费者验收。	鲁先生	3月11日 -12日
	2.1 联络消费者，确定安装时间；2.2 联络安装部人员按时安装；2.3 当面确定安装质量，让消费者验收。	林小姐	3月12日 -13日
阶段四：回访	1.1 电话访问消费者对服务的满意程度；1.2 做好记录，以备下次借鉴。	乐乐	3月14日

5. 资源分配表

乐乐的资源分配表如表6-10所示。

表6-10 乐乐的资源分配表

阶 段（里程碑）	关键任务	所需资源	提供时间	提供者
阶段一：收回书柜	1. 上门回收书柜	运输车、相关费用支出	3月3日	送货部、财务部
	2. 退回厂家		3月5日	
阶段二：下单	1. 为消费者重新下单	正常所需物资	3月3日 -9日	业务部、仓库
	2. 准备发货	传真机、打印机、纸等	3月10日	业务部、仓库
阶段三：送货与安装	1. 送货	运输车、相关费用支出	3月12日	送货部、财务部
	2. 安装	交通工具、相关费用支出	3月13日	安装部、财务部
阶段四：回访	1. 电话回访	电话、记录本等	3月14日	售后服务部

6. 设计应急方案

乐乐明白，未来有许多不可控因素，如果仓库没有货，厂家发货延迟；安装部工程太多无法在规定时间安装等等。为此，乐乐针对每一处风险都设计了预防措施及应急方案。此外，为保证执行的有效性，乐乐经领导同意，确定自己为该问题解决的负责人，来监控整个方案的执行。

思考：

乐乐制订的计划是否科学？存在哪些问题？你觉得该如何改进乐乐的执行计划？

三、过程训练 Process Training

训练一：制订一份新产品上市计划

为解决公司业绩持续下滑的问题，公司高层经过充分研讨，决定选择你提出的“开发符合市场需求的一种新型产品”作为问题解决的最佳方案，并任命你来执行该方案，请结合本节所学知识，与其他学员共同探讨，制订一份新产品上市计划书，你可以参考表6-11来制订：

表6-11 方案执行计划表

阶 段（里程碑）	关键任务	具体工作内容	完成人	完成时间	所需资源	资源提供者
阶段一	1.________	①________ ②________				
	2.________	①________ ②________				
阶段二	1.________	①________ ②________				
	2.________	①________ ②________				
……						

训练二：绘制“甘特图”

请参照本节案例分析中案例一的内容，并根据下面的时间分配表绘制相应的“甘特图”。

表6-12 方案任务时间分配表

关键任务	开始时间	结束时间	持续时间（天）
前期准备工作	2012.3.24	2012.3.31	8
选择色调	2012.4.1	2012.4.5	5
获得设备和材料	2012.4.4	2012.4.12	9
确定承包商	2012.4.10	2012.4.15	6
准备木工	2012.4.14	2012.4.19	6
粉刷	2012.4.20	2012.4.28	9
清洁、整理和庆祝	2012.4.27	2012.5.3	7

四、效果评估 Performance Evaluation

评估：制订计划的能力

(一) 情景描述

请根据你的实际情况，回答下列问题，如果回答“是”，请在后面的括号内打“√”，如果回答“否”，请在后面的括号内打“×”。

1. 在做任何事情前，你都会给自己设定具体的目标吗？( )
2. 你每次确定的目标都能实现吗？( )
3. 你通常会提前谋划几天后的事情吗？( )
4. 你经常会把今天该完成的任务拖到明天吗？( )
5. 对要完成的工作，你经常会进行任务分解吗？( )
6. 你对团队成员的技能和特长都熟悉吗？( )
7. 你安排他人去完成的任务，他们都能顺利完成吗？( )
8. 他人经常抱怨你安排的任务过难或过易吗？( )
9. 你经常会对要完成的工作设定明确的时间界限吗？( )
10. 你是否经常感觉任务重，时间不够用？( )
11. 别人是否经常抱怨你安排的时间不合理？( )
12. 在缺乏各种资源的支持下，你是否能顺利完成任务？( )
13. 你是否经历过因为缺乏资源支持而不得不放弃正在完成的工作任务？( )
14. 在制订计划时，你是否经常会预备几套应急的方案？( )
15. 在制订计划时，你是否经常制订出一套考核系统？( )
16. 你经常会担任某项任务的责任人吗？( )

> 尽管某一计划可能由于其最为现实而被选中，其他的主要选择也不应被忘记。它们可能会是很好的权变方案。

(二) 评估标准和结果分析

1～3题、5～7题、9题、12题、14～16题等11题，如果你选择“否”，即打“×”超过5个，4题、8题、10题、11题、13题等5题，如果你选择“是”，即打“√”超过3个，表明你制订计划的能力非常弱，需要加强学习和训练。以此为标准，低于此标准的表明你制订计划的能力较强。反之，你制订计划的能力就差。

第二节 落实行动计划

一、能力目标 Competency Goal

能否实现目标，取决于“制订行动计划+落实行动计划”这一亘古不变的加法了。计划如果仅停留在书面上或口头上，而没有实际的行动，再完美的计划也是毫无意义的。判断有误的计划，不管多么努力地实行，都不能实现目标。因此，制订了详细的行动计划之后，就必须及时地将计划付诸实施。否则，问题将会越来越大，越来越严重，更别提问题的解决或目标的实现。

通过本节的学习，你需要做到：

1. 计划落实前确定好负责人。
2. 能抓好关键环节。
3. 能采取各种措施赢得各种支持。
4. 能根据环境的变化灵活调整计划。

小故事

西南偏远地区有两个和尚，其中一个贫穷，一个富裕。有一天，穷和尚对富和尚说：“我想到南海去，您看怎么样？”富和尚说：“你凭借什么去呢？”穷和尚说：“我一个水瓶、一个饭钵足够了。”富和尚说：“我多年来就想租条船沿着长江而下，现在还没有做到呢，你凭什么去？”第二年，穷和尚从南海归来，把去过南海的事告诉富和尚，富和尚深感惭愧。

穷和尚与富和尚的故事说明了一个简单的道理：说一尺不如行一寸。行动才会产生结果。行动是成功的保证。任何伟大的目标、伟大的计划，最终必然落实到行动上。

当然，再详细的计划在执行过程中都会遇到诸多的问题。要想保证计划的顺利落实，必须要关注以下五方面内容。

工作中遇到困难是难免的，我们要有改变现状的决心，要能够找到解决问题的方法，更要有实际的行动。

（一）明确总体负责人

每一个行动计划都需要明确一个总体负责人，以保证计划的统一协调推进。负责人的主要职责是确保在计划的执行过程中，各个环节的参与人员都能够正确理解整体计划，能够明确各自任务，能够按照进度表按时完成任务。当然，负责人还必须能够调和各环节之间出现的矛盾，能够及时提供相应的支持与帮助。此外，负责人还必须拥有一定的处分权或惩罚权。

负责人要具有坚定的信念，对目标要有准确的认识，面对困难不畏惧，要以身作则，能增强问题解决参与人员的凝聚力，能带领计划参与人员朝目标正确迈进。

从管理学的角度来看，总体责任人最好是一个人，这样有利于计划执行过程中的统一指挥。在设定总体负责人的基础上，各环节执行任务的完成人，也是各环节任务的责任人。当然，如果任务完成的各环节只有你一个人，那么你既是总体负责人又是执行人，这对你的自我管理能力要求会更高。

（二）重点抓关键环节

执行解决问题方案时，会涉及很多任务和具体的工作内容，这些任务或内容在整个计划执行过程中地位和作用是不同的，我们把那些花费时间长，对问题最终解决影响大的计划任务称为关键环节。

落实计划，重点抓关键环节，在很大程度上能保证计划的顺利实施。关键环节抓好了，次要的任务或内容也就随之得到解决。

小练习

对于宋总来说，最佳的解决问题方案是设立一个培训中心，该方案的执行包括以下关键任务：选定培训中心地址、市场需求调研、开发培训课程、专家鉴定课程内容、租赁房屋、测试开发课程的效果、装修房屋、招聘培训导师、培训中心开张等，请认真思考一下，你认为该方案在执行过程中关键环节应包括哪些任务？

OEC 管理法

OEC 管理法是海尔以目标管理为基础所独创的一种生产管理模式：

日事日毕，日清日高。即每天的工作每天完成，每天的工作要清理并每天有所提高。具体内容为：

O 代表 Overall（全方位）；

E 代表 Everyone（每人）、Everyday（每天）、Everything（每件事）；

C 代表 Control（控制）、Clear（清理）。

（三）寻求各种支持

任何解决问题的方案在执行过程中都会或多或少需要他人或资源的支持，特别是复杂性的大问题，执行方案时更要获得多人或多部门、多资源的支持。因此，寻求各种支持，是保证计划落实的基础性条件。

一般而言，各种支持主要包括人的支持、物的支持和财的支持三种类型。人的支持有领导的支持、参与计划制订与执行的人员或部门支持、相关干系人的支持等，物的支持主要包括设备、信息、原料等，财的支持主要指的是资金支持。负责人需要充分沟通，获得以上三种支持，且在执行计划的过程中，保证三种支持能顺利到位。这样的话，计划才能顺利有效地得到落实。

小案例

曾经理是某化妆品集团某品牌事业部的经理，上季度该品牌业绩下滑明显，集团总裁在中层领导会议上点名批评了他，并要求他迅速扭转局面。曾经理经过调研分析，决定采用大量投放广告的方式来提高业绩，该方案也得到了领导的支持。但令曾经理始料不及的是，等所有的准备工作全部到位，计划投放广告时，财务经理明确告知暂时没有多余资金支持，曾经理被迫延迟广告投放。曾经理非常后悔没有事先与财务沟通，以期让财务经理做好资金预算。

（四）灵活调整计划

不管计划制订得如何详细，对风险考虑得如何周到，在执行过程中还是会遇到意想不到的问题。此时，应根据实际情况对计划做出相应的调整与完善。

有时，解决问题的目标会随着外部环境的变化而发生变化，此时，就需要调整计划目标。相应地，资源配置、人员安排、时间安排、任务分解也会随之发生改变。

小技巧

计划偏离轨道时，根据情况有如下多种修正措施供选择：

1. 为适应新情况而适当改变计划；
2. 现场做出反馈和调整以应对产生的不良影响；
3. 开会讨论；
4. 让团队成员自己改正；
5. 加强监督和管理；
6. 修改工作计划和时间表，重新分配工作；
7. 改变工作运行方式；

尽管人类可以利用全世界最先进的电脑取得一切有价值的图表和数据，但他终究还是免不了要对这些信息进行亲自整合、制订时间计划，并且做出切实行动。

——【美】李•艾柯卡

8. 提供额外的训练或培训；
9. 进行技术调整，如对系统进行重新配置；
10. 获取额外资源或重组目前的资源。

当然，接受计划执行人的合理反馈意见，并进行计划的相应调整也是必不可少的。

总之，依据环境或信息的变化适当对计划进行调整，会更加有利于计划的顺利实施以及问题的最终解决。

小测试

你是一个称职的计划人员吗？
1. 我的个人目标能以文字形式清楚地说明。
2. 多数情况下我整天都是乱哄哄的，杂乱无章的。
3. 我很少仓促地作决策，总是仔细地研究了问题以后再行动。
4. 我一直用台历或计划簿作为辅助。
5. 我利用“速办”和“缓办”卷宗对要办的事情进行分类。
6. 我习惯于对所有的计划设定开始日期和结束日期。
7. 我经常征求别人的意见和建议。
8. 我相信所有的问题都应当立刻得到解决。
根据本份问卷设计者的观点，优秀的计划人员可能的答案是：1是；2否；3是；4是；5是；6是；7是；8否。

（五）要考虑的角度

在落实行动计划时，我们要考虑如下几个角度：

1. 物理准备

在落实行动计划时，要设想现在的和对策方案实施之后的状态，确认是否与目前的计划存在差异。把“东西”列出一个表来，如何对这些东西进行安排就成了首要的问题。

2. 环境准备

环境方面的准备如果发生了迟延，实施日期也就有可能延后。如团队工作环境、网络运行环境准备的好坏就会对问题是否能顺利解决产生影响。

3. 针对相关人员的措施

执行人所在岗位的人和因这个方案的实施而被影响到的人就是落实行动计划时要考虑的角度。工作任务分配下去以后还需要切实有效的措施保证每个人能按期完成自己的工作任务。为确保有效执行计划，建立合理的监督和奖惩机制十分必要。如果缺乏这种机

组织中的人应该是这样的：
1. 对上司负责：是上司的替代执行者；
2. 对同事负责：是同事的内部供应商；
3. 对下属负责：做下属的领头雁；
4. 对客户负责：为股东满意提供保障。

制，任务完成比较好的人，由于得不到表扬或奖励，会挫伤工作的积极性；任务完成不好的人，由于没有任何惩罚，会助长工作的消极性。作为负责人，必须要经常检查各项任务的完成情况，评估计划的执行效果，根据评估结果，做出奖惩决定。

小技巧

对于解决方案的行动计划，我们要特别注意如下要点：

1. 设定明确、清晰并且可以衡量的目标；

2. 不仅仅关注结果，也关注过程，制订清晰的执行步骤与核查点；

3. 定期安排会议回顾总结进展。

（六）行动规则

在上述执行环节完成之后，我们可以来设计一个行动规则，以方便行动的落实和问题的最终解决。

1. 构建总体流程图

在解决问题的执行阶段创建一个工作流程图是很有必要的，这个流程图不一定要很复杂，只对关键问题做出回答即可。具体要求如下：

（1）总体上需要完成哪些工作？

（2）由谁负责完成？

（3）最终结果如何？

（4）什么时候必须完成？

> 合理假设是解决问题最好的方法。全球著名的咨询公司麦肯锡关于解决问题的方法有一个重要的忠告就是：从第一天开始，就要求顾问能够通过假设来推动问题的解决。

2. 用内容计划检验假设

所有的问题解决都是建立在对问题分析的假设上，所有原因的分析都是建立在可能性的假设之一。内容计划是分工过程中的一个要素，对问题解决的效率最具影响。一旦我们明确了关键要素，就可以画出议题树（信息树或决策树）来建立一个或多个假设，然后开始对假设验证，如果所有的子假设正确，那么总体假设一定正确。

3. 设计故事线索

每一个问题从陈述到解决的流程，都是一个故事从发生到结束的过程。有效解决问题的秘密之一就是从问题开始解决的第一天起，就应开始准备最终汇报。当计划完成后，并在着手搜集系统数据前，问题解决团队应该先形成某个初始故事，以便大家对故事线索以及如何展开故事进行集思广益。故事可能会发生变化，所以，我们也应该更具灵活性。

二、案例分析 Case Study

案例一：小李的难题

为解决公司服务标准不统一，从而导致顾客抱怨比较大的问题，王总决定选择“重新编写公司统一服务标准”这一方案来解决该问题，并委托小李作为负责该方案的计划制订与执行人。

小李参加工作不到两年，在公司还属于新人，但精力充沛，敢做敢当，不怕困难，业务能力比较强，很得王总的信任。

成为该问题解决的执行人，小李非常开心，于是他马上着手制订计划。他把该方案分为四个阶段，即分析、准备、制订、评估，并围绕每个阶段划分出了关键的任务，并制订了任务书，安排了完成时间，也预测了所需的资源。

计划准备妥当，接下来就是执行了。小李于是召集各细分任务的执行人和所涉及部门的相关领导开会。令小李没有想到的是自己满意的计划却受到了集体的抵制，很多分任务的执行人都说小李事先没有和他们商量就安排完成时间，涉及部门的领导也说按照计划到时也很难提供相应的资源支持，甚至有部分执行人说对该任务根本没有兴趣。小李一下子慌了，不知该如何办。于是他请示王总，王总到会场给大家下了通牒，全力配合小李完成任务，其他的都暂时搁置一边。

> 除非决策能够落实，否则不能称为决策。
>
> ——【美】彼得•德鲁克

小李非常欣慰，接下来他决定要一项一项督促任务的按时落实。但又令小李始料不及的是很多分任务的完成都存在超时的现象，按照这种情况发展，到期肯定无法完成服务标准的编写与评估工作。于是小李就逐项来跟进，但却令小李感觉非常累，连最重要的编写大纲的确定还没有来得及商定他就病了一场。

更棘手的是，行政部文员婷婷根本没有按时提供编写场地，导致很多编写人员在公司大厅等了近两个小时。小李斥责婷婷，但婷婷不以为然，说小李不属于行政部，无权管束她。还有，有些相关部门领导故意拖延资源提供时间，小李也是敢怒不敢言。没办法，小李只能低三下四地请求他们来完成。

更令小李沮丧的是，王总要求服务标准的制订要更高一层，因为竞争对手刚刚制订了一份服务标准，内容比小李的还要好。

小李非常困惑，可能又要重新修改计划了。

思考：

小李遇到了哪些难题？是什么原因造成的？如果是你，你会如何执行该计划。

案例二：可怜的安妮

安妮是一个可爱的小姑娘，可是她有一个坏习惯，那就是她每做一件事时，总是爱让计划停留在口头上，而不是马上行动。

安妮想买一个高档的文具盒，但这个文具盒需要15元，安妮不想向父母要钱，而是想自己挣钱买。

安妮想了各种挣钱的方案，但都因为自己太小而无法实现。在她最彷徨的时候，她发现了一个可行方案："村口卖水果的詹姆森先生正在收购草莓，而隔壁卡尔森太太家的牧场里有很多长势很好的草莓，她允许所有人去摘！我可以去摘，然后卖给詹姆森先生啊！"

于是安妮兴冲冲地来到詹姆森面前，问到："詹姆森叔叔，我摘一斤草莓你可以给我多少钱啊？"

"2.5元。"詹姆森叔叔笑着答道。

安妮开心极了。于是她迅速地跑回家，拿了一个篮子，准备马上就去摘草莓。

这时，她不由自主地想到，要先算一下采5斤草莓可以挣多少钱比较好。于是她拿出一支笔和一块小木板，计算结果为12.5元。

"要是能采摘6斤草莓呢？"她计算着，"那我又能赚多少钱呢？"

"上帝啊！"她得出答案，"我可以得到15元呢！我能买到文具盒啦！"

安妮接着算下去，要是采摘7斤、8斤、10斤，詹姆森叔叔会给她多少钱。她将时间花费在这些计算上，一会儿就到了中午吃饭的时候，她只得下午去采摘草莓了。

安妮吃过午饭，急急忙忙地拿起篮子向牧场赶去。而许多男孩子在午饭前就到了那里，他们把熟透的草莓都摘光了。可怜的安妮最后1斤草莓都没有摘到。

> 像产品和服务一样，计划如果被管理者作为进行战略决策的工具，那么它本身也必须被加以管理和塑造。

方案选择之后要及时行动，如果没有及时行动，很可能因为环境因素的改变，最终会像小安妮一样一无所获，更别提目标的实现了。

思考：

在工作中如何避免出现安妮的这种困境？

三、过程训练 Process Training

训练一：蜘蛛网

（一）项目介绍

蜘蛛网有时也称电网，是一个训练解决问题能力中典型的合作类项目，它不仅能够锻炼学员的分析问题能力，也能锻炼学员的解决问题能力，包括确定目标、选择解决问题的方案、做出决策、制订计划、执行计划以及回顾总结等，其中制订方案执行计划和落实计划是该项目训练的核心内容。

（二）训练场地道具

1. 室外宽阔的平坦场地，要求有可用的树桩或固定立柱，主要用来支撑蜘蛛网。

2. 尼龙绳或其他类似的绳子，主要用来编织蜘蛛网。

3. 编织的蜘蛛网要求宽3～4米，高1.6～2米，根据实际情况可以适当调整。

4. 蜘蛛网的最低处离地面不少于40厘米。

5. 蜘蛛网上要有适量的足够大的网眼，以便学员能够从中钻过去。注意三角形的网眼尽可能少点，以适当降低学员的心理冲击力。

6. 蜘蛛网上可以放一些橡胶蜘蛛和一个铃铛。橡胶蜘蛛可以烘托气氛，小铃铛可以充当报警器，只要有人触网就可以发出警报声。

> 计划实施过程中，要把最主要的精力放在“关键环节”，抓好了关键环节，计划就会顺利实施了。

（三）训练步骤与要求

1. 利用场地、道具编织蜘蛛网，蜘蛛网上的网眼数是参与人数的1.1～1.2倍。

2. 要求所有的队员在规定的时间内从网眼中穿过，到达蜘蛛网的另一边。

3. 每个网眼只能通过一人次，通过后即封闭。也就是说，不同的人必须从不同的网眼中穿过去。

4. 任何人、任何物品不可以触网，只要触网，触网部位所在的网眼即被封闭，正在通过的人退回原地重新选择网眼通过。

5. 过网的唯一通道就是未封闭的网眼，不允许两边的学员从网外来回晃动。

6. 身体的任何部位都不能触网，否则视为违规。

7. 如有需要，可以使触网的学员变成“哑巴”。

（四）安全注意事项

1. 确保训练场地没有尖锐物体。
2. 确保绳网与立柱或树桩牢固可靠。
3. 规范学员的行为，坚决制止违反安全规则的动作和行为。
4. 注意防范学员从网眼中跌落下去。

成功的关键并不是为日程表上的事务安排先后次序，而是用具有优先权的事情来安排日程表。

——【美】史蒂芬•柯维

（五）训练提示

1. 每组训练人数以15～20人为宜，训练时间为45分钟。

2. 每组学员要围绕确立目标，讨论解决问题的方案，选择最优方案、制订计划、落实计划几个方面展开。

3. 老师或培训师要做好监控工作，要对每组执行计划情况进行分析与评价。

训练二：职场解决问题能力讨论

（一）案例阅读

张东到公司工作快三年了，比他后来的同事王强却得到了升职的机会，他却原地不动，心里颇不是滋味。有一天，冒着被挨骂的危险，他找老板理论。

张东：“老板、我有过迟到、早退或乱章违纪的现象吗？”

老板：“没有。”

张东：“那是公司对我有偏见吗？”

老板一怔，继而说：“当然没有。”

张东问：“为什么比我资历浅的人都可以得到重用，而我却一直在微不足道的岗位上？”

老板一时语塞，笑笑说：“你的事咱们等会儿再说，我手头上有个急事，要不你先帮我处理一下？”

一家客户准备到公司来考察产品状况，老板叫张东联系他们，问问何时过来。

张东不忘调侃一句：“这真是个重要的任务。”

一刻钟后，张东回到老板办公室。

老板：“联系到了吗？”

张东：“联系到了，他们说可能下周过来。”

老板：“具体是下周几？”

张东：“这个我没细问。”

老板：“他们一行多少人？”

张东：“啊？您没问我这个啊！”

老板："那他们是坐火车，还是飞机？"

张东："这个您也没叫我问呀！"

老板不再说什么了，他打电话叫王强过来。

王强比张东晚到公司一年，现在已是一个部门的负责人了，他刚才接到了与张东相同的任务。一会儿工夫，王强回来了。

王强答道："他们是乘下周五下午3点的飞机，大约晚上6点钟到。他们一行5人，由设计部王经理带队，我跟他们说了，我公司会派人到机场迎接。另外，他们计划考察两天时间，具体行程到了以后双方再商榷。为了方便工作，我建议把他们安置在附近的国际酒店，如果您同意，房间明天我就提前预订。还有，下周天气预报有雨，我会随时和他们保持联系，一旦情况有变，我将随时向您汇报。"

从这个职场故事中可以看出，如果从资历、经验等方面来衡量，故事中的张东肯定比王强要强，但两人做事的方式完全不同，工作结果也相差很大。老板叫张东做什么就做什么，对工作缺乏全面思考和计划，从质量上讲根本就没有完成老板交给的任务。而王强对问题考虑得非常周到、全面，并把后面几天的事情也都想到了，把老板所关注的问题全都做了妥善安排。

"冰山模型"是美国心理学家、哈佛大学教授戴维·麦克利兰于1973年提出的。他将人的素质比喻为"海面上的冰山"。冰山划分为海平面以上的、表面的冰山部分和深藏在海平面以下的部分。海平面以上部分包括基本知识、技能，是外在表现，而海平面以下部分包括社会角色、自我形象、特质和动机，根据中国人的思维习惯，我们可以理解为能力、个性、动机三个方面。

（二）讨论解决方案

我们把在上述案例中两人身上体现出来的区分优秀人才与一般人才的差异性特征叫做"胜任力"。其实这就是执行力、解决问题能力，也是职业核心能力。这种能力不像专业技能，看得见，很容易感受得到，而且经过短时间培训和学习就能掌握，而这种能力核心能力或者说是关键能力，就像冰山模型所说的，是隐藏在海面之下的、看不见的、需要经过长期训练和学习才能得到的能力，也就是这些能力才决定一个人职业的成败。像张东这样的员工在职场比比皆是，但他们经过训练和学习是能提升能力的，那么我们如何提升这种能力呢？

请培训师或教师组织学员进行讨论，形成小组讨论意见和建议，每组设计一个可行的提升解决问题能力的方案。

四、效果评估 Performance Evaluation

评估：你落实计划的能力

（一）情景描述

下列陈述中，每一个问题都有4个答案：

A. 表示总是；B. 表示经常；C. 表示很少；D. 表示从不。

请根据你的实际情况，实事求是地选择最符合你的情况的答案：

1. 做任何事情前，都清楚要实现的目标是什么。
2. 能成功地向计划参与人员传达要实现的目标与任务，并能得到他们的积极响应。
3. 计划执行人员都很关心问题的解决，都能积极向你提供反馈意见。
4. 执行计划时，能按时完成所分配的任务。
5. 执行计划时，为获得上司、相关部门的领导及其他参与人员的支持，平时就已加深了与他们的沟通与交流。
6. 执行计划时，经常能搜集到与之相关的各种情报信息，并加以利用。
7. 完成任务的效果超出领导的想象。
8. 经常关注关键性任务，并能多花时间来完成。
9. 言行一致，率先行动。
10. 针对任务的分配与执行，会与相关人员或同事一起进行深入研究和探讨。
11. 当环境发生变化时，会立即调整计划并执行。
12. 尽管对上司的意见不满意，仍会坚定不移地去执行。
13. 有了新想法，会立即报告给上司或完善计划去执行。
14. 在执行计划时，常常有节约成本的意识。
15. 能与其他人密切合作，共同完成计划任务。
16. 执行计划时能主动承担责任。
17. 能对计划参与人员做到奖罚分明。

问题越重要，解决问题行动越复杂，就越要求全面地制订计划。

（二）评估标准和结果分析

选项A=4分，B=3分，C=2分，D=1分，以上各题得分之和，为本次测评得分。

58分以上，表明你具有较强的计划执行能力；35～57分，表明你的计划执行能力一般；34分以下，表明你急需提高你的计划执行能力。

第三节　监督与控制

一、能力目标 Competency Goal

计划在执行过程中，需要对其进行监督与控制，以保证解决问题的进程能按照预先设定的计划进行。对于复杂的大问题，由于涉及人员比较多及持续时间比较长，其执行过程中的监督与控制就显得尤为重要。所以，监督与控制对问题的顺利解决具有重要的作用。

通过本节的学习，你能做到：

1. 掌握监督与控制的内容；
2. 掌握监督与控制的方法；
3. 能有效对问题解决进行监控；
4. 监控发现问题能及时给予处理。

监督是对现场或某一特定环节、过程进行监视、督促和管理，使其结果能达到预定的目标。控制是监视各项活动以保证它们按计划进行并纠正各种重要偏差的过程。本节的监督与控制，包含三个方面的内容：一是监督计划按照进度进行，并达到预期目标；二是一旦出现偏差能及时纠正；三是针对外部环境的变化能适当对计划进行调整。

落实计划，做好监督与控制，实现问题的顺利解决，需要关注以下几个方面。

（一）确定监控的内容

对解决问题进程的监督与控制，应重点围绕目标、时间、成本、绩效的进展情况以及相关干系人的满意度来展开。

> 缺乏监督与控制的活动就像一匹没有绳索的野马，到处乱跑，不能按规定的线路行走。

目标决定了问题解决的方向及最终结果，对目标的监控主要关注的是整体目标及分项目标的实现情况；时间也是监控的重点，各项任务是否按照进度表来完成决定了问题能否按时解决；资源是有限的，在解决问题前必须做好预算，通过监控，尽最大可能把成本控制在预算的范围之内。当然，绩效也必须关注，每一项任务的完成质量在很大程度上决定了问题的解决质量。

计划落实的效果如何，相关干系人最有发言权。通过对他们进行调查与访谈，了解其满意度，听取建设性意见，能让问题得到更好的解决。

小资料

绩效（Performance）、成本（Cost）和时间（Time）三者之间互相矛盾。如果想提高绩效（质量），可能需要增加成本和时间；如果想节约成本，可能会影响绩效；如果缩短时间，成本虽然会降低，但绩效可能会受到影响。所以，在监控时，对于解决问题的质量、成本和时间应做好相应的平衡。

（二）监控方法

围绕上述监控内容，可以采用以下几种监控方法：

1. 计划与执行对比表

把计划的核心内容与实际执行情况进行对比，以检查计划的落实情况。计划与执行对比表大概的格式如表6–13所示：

表6–13 方案计划与执行对比表

阶段	任务完成情况			时间进度情况			预算执行情况			完成效果评价（优、良、中、差）
	计划	执行	差异	计划	执行	差异	计划	执行	差异	
阶段一：……	任务1									
	任务2									
	……									
阶段二：……	任务1									
	任务2									
	……									
阶段三：……	任务1									
	任务2									
	……									
……										

表6–13仅为大家提供参考，你可以结合你的实际情况灵活设计样表，但要求必须在目标、任务、时间、资源或成本等方面有计划与执行的对比。

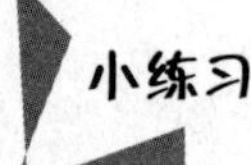

小练习

围绕上述思路，自己设计一个计划与执行对比表的模板。

2. “甘特图”法

计划在执行过程中，任务是否按时完成，是否拖延，都可以在“甘特图”上看出，如图6–4所示：

阶段	具体任务	××年××月											
		2	3	4	5	6	7	8	9	10	11	12	13
阶段一：______	任务1：______						8.3% 未完成						
	任务2：______									100% 完成			
阶段二：______	任务1：______			17% 未完成									
	任务2：______				100% 完成								
______	______												

图6–4 “甘特图”监控法

3. 反馈意见法

通过定期召开会议、面对面沟通、小组会议、一对一谈话、E–mail、微信、电话、报告、视频会议、QQ等方式，及时与解决问题的相关人员联系，了解他们对计划落实的感受与反应，听取他们的意见，能让我们发现解决问题过程中存在的诸多问题及不足，从而使得我们可以及时改进。

小思考

有哪些技巧和方法可以让相关人员积极反馈意见，并且是客观公正地反馈意见？

小故事

一个替人割草的小男孩打电话给一位老太太说：“您需不需要割草的人？”

老太太回答说：“不需要了，我已有了割草工。”

男孩又说：“我会帮您拔掉花丛中的杂草。”

老太太回答：“我的割草工也做了。”

男孩又说：“我会帮您把草与过道的四周割齐。”

不要轻视他人的劝告，他们可能在某些方面上是权威。

老太太说："我请的那人也已做了，他做得很好。谢谢你，我不需要新割草工人。"

男孩便挂了电话。

此时，男孩的朋友问他："你不是就在老太太那儿割草打工吗？为什么还要打这电话？"男孩说："我只是想知道老太太对我工作的评价！"

在实施方案的过程中，一个很重要的环节是与客户、上级以及同事等进行必要的沟通，只有这样，你才能了解自己的处境、自己的长处与不足。

4. 应用PDCA（戴明环）来改进

PDCA循环是美国质量管理专家沃特·阿曼德·休哈特（Walter A. Shewhart）博士首先提出的，由质量管理专家爱德华兹·戴明（W. Edwards. Deming）博士采纳、宣传，获得普及，所以又称戴明环。全面质量管理的思想基础和方法依据就是PDCA循环。

PDCA循环的含义是将质量管理分为四个阶段，即计划（Plan）、执行（Do）、检查（Check）、处理（Act）。这一工作方法是质量管理的基本方法，也是企业管理各项工作的一般规律。PDCA过程如下：

P（Plan，计划）：包括方针和目标的确定以及活动计划的制定；

D（Do，执行）：执行就是具体运作，实现计划中的内容；

C（Check，检查）就是要总结执行计划的结果，分清哪些对了，哪些错了，明确效果，找出问题；

A（Act，行动或处理）：对总结检查的结果进行处理，成功的经验加以肯定，并予以标准化，或制定作业指导书，便于以后工作时遵循；对于失败的教训也要总结，以免重现。对于没有解决的问题，应提给下一个PDCA循环中去解决。

5. 巡视管理

巡视管理并不是要你在工作场所不停地来回走动，而是指花时间与执行成员沟通，以了解工作进程和存在的问题，如去了解成员对目标、绩效标准、进程安排等是否清楚，技术有没有问题，资源是否充足和到位，信息交流是否畅通等。

如何寻求反馈

1. 向意见正确的人。

2. 说明你需要哪种建议或反馈。

3. 保持开放的心胸。让人们了解我们需要反馈，这会让他们更乐于提供反馈。

4. 要注意防止不着边际的反馈。

5. 平静地接受别人批评性反馈。如果我们驳斥、忽略别人的批评性反馈，或者不停地辩解，那么这可能是最后一次获得别人的批评性反馈了。

6. 表明自己理解对方。不要过分敏感、自我保护。

（三）处理问题

监督与控制的目的是为了保证计划能按照进度来执行。但在很多情况下，计划与实际执行之间多多少少会存在一定的偏差，对于这些偏差，必须查明原因，给予及时处理。此外，在监控过程中，如果遇到一些新的环境变化或者一些有益的建议，也需要及时调整计划或改变计划的某些内容。只有如此，问题才能得到顺利有效地解决。

小思考

如果监督与控制只是发现了问题，而不及时地解决问题，后果会有哪些？试举例说明。

（四）建立规则并测量行动是否成功

好的计划不总是以成功实施收场。坚定地执行计划，进行日常进度总结，这和一个组织实行计划还相差甚远。确定有相应的监督机制来追踪结果并使结果定期更新，让专人负责追踪结果。同时，创建一种清楚有趣的方式来表明项目的运作情景。

在开始解决问题的时候，你就可能明白，自己希望实现的目标，并以可量化的术语陈述它们。你需要把已实现的结果与你当初建立的目标进行比较，并在一段时间内定期对结果进行测量。用有刻度的尺去测量目标进度也许缺乏想象力，但它的确比较管用。所以必须建立合适的规则，不然，所有行动都会流于形式而起不到实际的作用。

秦朝末年，群雄并起。刘邦及其将领军队进入关中以后，关心的是财富和美女。而萧何则来到了当时存放秦朝规章律令的地方，把有关书籍全部集中带走。汉朝立国后就知道天下户籍人口、山川险隘、强弱之处的详细情况。同时，还约法三章，保护关中百姓。为刘邦夺取天下立下汗马功劳。萧何不愧为一代名相。

二、案例分析 Case Study

案例：热闹非凡的会议

为更好地执行监督与控制，保证问题的顺利有效解决，杨成在领导的支持下，召开了相关人员参加座谈会，会议的热闹程度超过了杨成的预期。

会议一开始，负责问卷印刷的小李就抱怨按时完不成任务，原因是他们到现在还没有拿到确定好的问卷。问卷审核的老李、老赵提起这件事就很恼火，问卷设计存在严重问题，很多题目都是随便拟定的，根本反映不出要调查的内容。他们要求重来，结果负责问卷设计的两个部门根本就不听他们的。问卷设计部门的领导也抱怨，我按照计划，任务是完成了，你们又没有给予相关设计要求，我们只能按照自己的想法来设计问卷啦！

负责调研的小吴也抱怨，调研1000份问卷，只给我们三天时间，三个人一天得多少工作量啊！再说，调研时我们也想给被调查者发个小礼物，结果就给了1000元预算，我都不知道“1块钱”现在能买个啥礼物？

负责调研结果总结与分析的小王说，公司现有的分析软件太落后，很多指标到时分析不出来，想要买一个新的统计软件，但这需要钱；要不到时就找别人帮忙来统计，但这又耽搁时间。

招标办公室的秘书小林说，公司服务手册编写出来后要找专门的机构进行印制，这就要招标，而负责招标的王师傅因家中父亲病重，已辞职，上午就已回老家了。这该怎么办呢？

顾客小谭说道："你们现在编写的服务手册与另一家竞争对手相比，还是没有人家好，即使编写出来，我估计还是无法吸引大量顾客光顾的。"

……

看着这热闹非凡的场面，杨成非常开心，他的目的已经达到，他很有信心接下来能处理好这些问题。

实践是提升你解决问题技能的最佳方法，任何挑战都可以转变为解决问题的机会。

思考：

杨成采用的是哪种监控方式？其监控的内容涉及哪些方面？座谈会上大家反映的问题具体有哪些？杨成为什么很开心？如果你是杨成，你会如何处理这些问题？

三、过程训练 Process Training

训练：监控你的执行

选择一个你当前遇到的问题，分析原因，选择出最佳解决方案，并制订计划，落实计划。在落实过程中，你需要随时进行监控以保证计划按进度进行。每一次监控之后，请完成下表的填写：

（一）对照计划，你的完成情况

1. 任务完成情况

(1) ______
(2) ______
(3) ______

2. 时间进度情况

(1)______________________________

(2)______________________________

(3)______________________________

3. 预算执行情况

(1)______________________________

(2)______________________________

(3)______________________________

(二)发现的问题

(1)______________________________

(2)______________________________

(3)______________________________

(三)调整策略

(1)______________________________

(2)______________________________

(3)______________________________

(四)总体评价

(1)______________________________

(2)______________________________

(3)______________________________

当然，你也可以采用本节介绍的计划与执行对比表来进行填写。

四、效果评估 Performance Evaluation

评估：对监督与控制的认识

（一）情景描述

下面陈述中给出了一些有关监督与控制的观点，根据你自己的理解与认识，哪些符合你最真实的看法？

1. 对那些自觉的人不用对其行为进行监控。
2. 对那些不自觉的人要加强对他们行为的监控。
3. 对问题解决，监控未必能起到好的作用。
4. 监督与控制会伤害大家的感情。
5. 监控的目的是为了找出新问题。
6. 监控可以是正式的，也可以是非正式的。
7. 监控容易打击执行人的自信心。
8. 监控是得罪人的事情，最好是无为而治。
9. 监控可以使计划按预期目标迈进。
10. 监控可以让我们发现偏差。
11. 为达到目的，监控可以采取极端的方式，如偷拍、偷听等。
12. 监控是为了计划而服务的。
13. 没有监控，问题肯定得不到有效解决。
14. 监控时应明确监控的内容与要点。
15. 监控是领导的事情，与一般执行者关系不大。
16. 监控次数不用太密集，一两次即可。

成为一个更好的解决问题者最好具备以下能力：

自己会感觉对生活和工作乃至人生拥有更多的控制，能更有效地把每一天的事件转化为你的有利条件。

行动起来，让你也尽快拥有这样的技能吧！

（二）评估标准和结果分析

请仔细清点一下，对以上16种说法你有多少是赞成的，有多少是反对的。请与你的学习和工作伙伴一起讨论，你们在这些问题上的意见。赞成的理由是什么，反对的理由又是什么。通过本测试，可以让你很好地认识监督与控制的作用。

附录：

全国职业核心能力认证介绍和解决问题能力水平等级标准

一、全国职业核心能力认证介绍

（一）内容

核心能力（又称为关键能力）是专业能力之外、广泛需要并且可以让学习者自信和成功地展示自己、并根据具体情况如何选择和应用的、可迁移的基本能力。全国核心能力认证 CVCC 项目是北京桑博国际教育科技有限公司和教育部高校毕业生就业协会核心能力分会联合成立的全国核心能力认证 CVCC 办公室研发团队在吸收了英国、美国、德国等西方发达国家最新能力教育和培训成果基础上，组织国内人力资源管理学、心理学、语言学和教育测量学等方面专家开发研制的一项标准化测试。通过培训和测评，就业者可以成功地提升学习和职业场景中的效率和质量。职业核心能力认证课程包括如下模块：

1. 基础核心能力

职业沟通 Vocational Communication

团队合作 Teamwork

自我管理 Self-management

2. 拓展核心能力

解决问题 Problem Solving

创新创业 Innovation and Entrepreneurship

信息处理 Information and Communication Technology

3. 延伸核心能力

礼仪训练 Etiquette Training

营销能力 Marketing capabilities

领导力 Leadership

执行力 Executive Ability

电子商务能力 E-commerce capabilities

CVCC 等级测评由过程测评和笔试两部分组成，总分为500分。其中，过程测评150分，笔试350分。笔试包括专业能力考试和职业能力测评。参加等级测评的考生除参加笔试外，还须在持有《全国核心能力认证 CVCC 指导教师证书》的教师和培训师指导下完成《全国核心能力水平等级认证过程测评文件包》。

（二）测试对象

高中毕业以上（含高中毕业）文化程度的即将就业和已就业人群。

（三）测试用途

全国核心能力认证致力于为所有希望提高职业核心能力的应试者提供服务，并为学校、企事业单位和政府机关提供最优的人力资源解决方案。其主要用途包括以下三个：

1. 为求职人员和在职人员了解、发展自身职业核心能力提供依据；

2. 为高等院校培养学生综合素质、提升毕业生就业率提供有效的教育培养与综合评价手段；

3. 为用人单位在人员招聘、选拔、任免等决策过程中评价相关人员职业核心能力提供参考依据，为用人单位培训与人才测评提供权威而高效的解决方案。

（四）测评流程

1. 报考条件：大中专院校在校学生、在职人士。

2. 测试科目：基础核心能力、拓展核心能力和延伸核心能力中的任一模块，如职业沟通、礼仪训练等。

3. 测试组成：过程测评和笔试两部分成绩加起来构成该测评模块的总体得分，对应初级、中级和高级的认证证书。

过程测评：由CVCC办公室发测评包，参加水平测评的考生在已获得《全国核心能力指导师证书》的教师和培训师的指导下，用两个星期完成《全国核心能力水平测评文件包》，此项成绩满分150分；

笔试：CVCC测试的笔试时间为：每年4月、5月、6月和10月、11月、12月的第三个星期六上午09：00–11：00，由CVCC办公室统一组织考试。此项成绩满分350分。

4. 报考流程：

（1）考点负责人收集考生信息（包括姓名、身份证号、照片等），并根据全国核心能力CVCC认证办公室统一要求，将考生信息整理好后发至CVCC办公室邮箱cvcc@cvcc. net. cn。

（2）全国核心能力CVCC认证办公室审核考生信息，并在统一时间向各考点发放电子版准考证。

（3）成绩查询：考试后30天左右公布测试成绩，请登录全国核心能力网（www. cvcc. net. cn）查询。

（5）颁发证书：测试成绩合格证，根据测试分数的高低，由教育部主管社团高校毕业生就业协会核心能力分会颁发《全国核心能力认证水平等级证书》。

二、全国职业核心能力认证解决问题能力水平等级标准

第一部分　初　级

（一）标准

有基本的问题意识，能用常见的工具和方法分析简单问题并找出导致现状的原因，提出一个以上解决问题的方案，通过支持他人或听从他人的建议，尝试用一个解决问题的办法，按程序逐步检查问题是否得到解决，描述解决结果和提出修正意见。能适应一般工作性对解决问题能力的要求。

（二）过程测评要求

1. 能确认问题的状况和影响，检查是否知道何为正常情况，能正确地收集和处理与问题相关的信息。

2. 在他人的帮助下认识资源和条件，做出工作计划，并决定解决问题的最佳方式。

3. 能简单通过测试、观察、测量或询问等方法进行检查，说明跟踪事态发展结果，采取措施修正和反馈。

（三）原理应用笔试要求

1. 能简单了解问题的类型、分析问题的方法，简单掌握信息收集和处理的方法与技巧。

2. 能理解解决问题的决策程序和方法、创新思维技巧和方法、判断推理的知识与技巧。

3. 能对解决问题案例进行简单分析，做出较为合理的判断并提出评估与修正方案。

（四）职业能力笔试要求

1. 具备最基本的知识水平，基于知识积累和逻辑分析可以对常识做出最基本的判断与选择。

2. 具备基本的言语理解与综合分析能力，具备最基本的文字表达能力。

3. 对数字关系、图形、演绎和概念类比等具备做出一般逻辑推理的基本能力。

4. 具备基本的综合分析数据资料并做出比较、计算和推理判断的能力。

第二部分　中　级

（一）标　准

有良好的问题意识，能用常见的工具和方法分析较复杂的问题并找出导致现状的原因，提出两个以上解决问题的方案，能使用一些不熟悉的资源，至少用一个办法来解决问题，按程序逐步检查问题是否得到解决，清楚地描述解决结果和提出修正意见。能适应较复杂的工作对解决问题能力的要求。

（二）过程测评要求

1. 能清晰明确问题的状况和影响，明确理解何为正常情况，能正确地收集和处理与问题相关的信息。

2. 能正确认识资源和条件，做出工作计划，并合理地决定解决问题的最佳方式。

3. 能基本通过测试、观察、测量或询问等方法进行检查，合理说明跟踪事态发展的结果，采取措施修正和反馈。

（三）原理应用笔试要求

1. 能清晰理解问题，掌握分析问题的方法，能清晰理解信息收集和处理的方法与技巧。

2. 能灵活运用解决问题的决策程序和方法、创新思维技巧和方法、判断推理的知识与技巧。

3. 能对解决问题案例进行合理而较复杂的分析，做出较为合理的判断并提出合适的评估与修正方案。

（四）职业能力笔试要求

1. 具有一定的知识水平，能够基于知识积累和逻辑分析对常识做出较为准确的判断与选择。

2. 言语理解与综合分析能力良好，文字表达较为准确、得体而且具有较强的逻辑性。

3. 能对数字关系、图形、演绎和概念类比等做出较为恰当而合理的逻辑推理。

4. 能综合分析数据资料并做出较为精确的比较、计算和推理判断。

第三部分　高　级

（一）标　准

有清晰的问题意识，能用常见的工具和方法全面分析非常复杂的问题并找出导致现状的原因，提出三个以上解决问题的方案，能使用一些不熟悉的资源，至少用一个办法来解决问题并证明你的解决问题方案的正确合理，按程序逐步检查问题是否得到彻底解决，全面而清晰地描述解决结果和提出修正意见。能适应非常复杂的工作对解决问题能力的要求。

（二）过程测评要求

1. 能正确地收集与处理与问题相关的信息，能通过现状预见问题的发展方向。

2. 能全面利用资源和条件，做出工作计划，并合理地决定解决问题的最佳方式。

3. 能全面通过测试、观察、测量或询问等方法进行检查，合理说明跟踪事态发展的结果，采取措施修正和反馈。

（三）原理应用笔试要求

1. 熟练掌握分析问题的方法，能清晰理解信息收集和处理的方法与技巧。

2. 能全面运用解决问题的决策程序和方法、创新思维技巧和方法、判断推理的知识与技巧。

3. 能对解决问题案例进行合理而非常复杂的分析，做出非常合理的判断并提出全面的评估与修正方案。

（四）职业能力笔试要求

1. 知识丰富，能够基于知识积累和逻辑分析对常识做出合理而准确的判断。

2. 言语理解与综合分析能力优秀，文字表达非常准确、得体而具有很强的逻辑性。

3. 能对数字关系、图形、演绎和概念类比等做出恰当而合理的逻辑推理。

4. 能综合分析数据资料并做出精确比较、计算和推理判断。

全国职业核心能力认证 CVCC 职业沟通、礼仪训练等其他各能力模块等级标准请参阅全国职业核心能力认证网 www. cvcc. net. cn，如有疑问请致电 010–84824728 咨询 CVCC 认证办公室。